Begleiten und Vertrauen
Pädagogische Erfahrungen im Exil 1934 - 1946
Herausgegeben und kommentiert von Inge Hansen-Schaberg
und Bruno Schonig

STUDIEN ZUR BILDUNGSREFORM

Herausgegeben von Wolfgang Keim
Universität – Gesamthochschule – Paderborn

BAND 26

PETER LANG
Frankfurt am Main · Berlin · Bern · New York · Paris · Wien

Charlotte Heckmann

Begleiten und Vertrauen

Pädagogische Erfahrungen im Exil 1934-1946
Herausgegeben und kommentiert
von Inge Hansen-Schaberg und Bruno Schonig

PETER LANG
Europäischer Verlag der Wissenschaften

Die Deutsche Bibliothek - CIP-Einheitsaufnahme

Heckmann, Charlotte:

Begleiten und Vertrauen : pädagogische Erfahrungen im Exil
1934 - 1946 / Charlotte Heckmann. Hrsg. und kommentiert von
Inge Hansen-Schaberg und Bruno Schonig. - Frankfurt am
Main ; Berlin ; Bern ; New York ; Paris ; Wien : Lang, 1995
    (Studien zur Bildungsreform ; Bd. 26)
    ISBN 3-631-48484-4

NE: GT

ISSN 0721-4154
ISBN 3-631-48484-4
© Peter Lang GmbH
Europäischer Verlag der Wissenschaften
Frankfurt am Main 1995
Alle Rechte vorbehalten.

Printed in Germany 1   3 4 5 6 7

INHALTSVERZEICHNIS

VORWORT DES HERAUSGEBERS WOLFGANG KEIM

Die Exilpädagogin Charlotte Heckmann-Sonntag ist selbst in Fachkreisen höchstens dem Namen nach, und zwar als Mitarbeiterin von Minna Specht im dänischen Exil, bekannt. Daß sie Mitarbeiterin Minna Spechts wurde, verdankt sie ihrer sozialpädagogischen Ausbildung am Ende der Weimarer Republik, u.a. bei der Pazifistin und Reformpädagogin Elisabeth Rotten. Diese hatte sie auf das von Minna Specht geleitete Landerziehungsheim Walkemühle aufmerksam gemacht. Als sie sich jedoch dort 1935 um eine Praktikantinnenstelle bewerben wollte, war die Walkemühle längst von SA-Trupps besetzt, Minna Specht mit ihren Kindern zur Flucht nach Dänemark gezwungen wurden. Da Charlotte Heckmann aufgrund ihrer nicht "reinrassigen" Abstammung ebenfalls von der rassistischen Politik der Nazis betroffen war, emigrierte sie nach Dänemark, suchte Minna Specht in ihrer Exilschule in Möllevangen (Sjaelland) auf und wurde ihre Mitarbeiterin in dänischen, ab 1938 in britischen Exilschulen. Diese Zusammenarbeit endete 1940, als Minna Specht und die übrige Lehrerschaft der Schule im Zuge der Ausweitung der Kriegshandlungen als Deutsche interniert wurden. Charlotte Heckmann blieb als einzige von der Internierung verschont. Zwischen 1941 und 1943 leitete sie in der Nähe von Leeds ein psychiatrisches Kinderheim für milieugeschädigte Kinder aus Südengland, die aus Angst vor einer deutschen Invasion evakuiert worden waren, schließlich 1945/46 - vor ihrer Rückkehr nach Deutschland - ein Heim für halb-jüdische Kinder und Jugendliche, die das KZ Theresienstadt überlebt hatten.

Die in diesem Feld zum ersten Mal veröffentlichten Berichte Charlotte Heckmanns dokumentieren ausführlich sowohl ihre Tätigkeit als Mitarbeiterin Minna Spechts in Dänemark als auch ihre Arbeit mit milieugeschädigten englischen Kindern und Jugendlichen sowie mit jungen Überlebenden aus dem KZ Theresienstadt. Inge Hansen-Schaberg stellt im Anschluß daran die Berichte in den historischen Kontext des Exils, während Bruno Schonig die Entwicklung der pädagogischen Persönlichkeit Charlotte Heckmanns wie auch Grundzüge ihrer pädagogischen Praxis charakterisiert, und zwar sowohl auf der Grundlage der vorliegenden Berichte als auch eines ausführlichen Interviews mit ihr. Der Band wird vervollständigt durch Erinnerungen ehemaliger Schüler und Schülerinnen.

Charlotte Heckmann hat in der bisherigen Exil-Forschung immer im Schatten

Minna Spechts gestanden; wenn überhaupt, wurde sie als deren Mitarbeiterin zur Kenntnis genommen. Damit aber wird man ihrer tatsächlichen Bedeutung keineswegs gerecht, zeigen doch ihre Berichte wie deren Analyse durch Bruno Schonig, daß sie einen ganz eigenständigen pädagogischen Ansatz entwickelt hat.

Bruno Schonig sieht das Besondere dieses Ansatzes vor allem in zwei Prinzipien: der Achtung vor der Persönlichkeit der Kinder und Jugendlichen einerseits, der Anerkennung ihrer Bedürfnisse nach Orientierung andererseits. Achtung vor der Persönlichkeit der Kinder schließt für Charlotte Heckmann ein, die sozialen und psychischen Lebensbedingungen jedes einzelnen Kindes genau zu erfassen und zu berücksichtigen. Deshalb hat sie die ihr anvertrauten Kinder so genau beobachtet und über jedes Kind detaillierte Aufzeichnungen gemacht. Diese Fallstudien sind wichtige Bestandteile ihrer Berichte. Im Unterschied zu vielen vergleichbaren Fallstudien, die eher distanziert-analytisch sind, zeichnen sich Charlotte Heckmanns Beobachtungen durch ein hohes Maß an Empathie bei gleichzeitiger Prägnanz aus. Die sozial-gestörten Verhaltensweisen der Kinder werden von ihr nicht als Symptome abweichender oder pathologischer Persönlichkeitsentwicklung *beschrieben*, sondern als Versuche der Selbst-Orientierung und des Überlebens in einer vom Kind und Jugendlichen als brüchig und feindselig erlebten Umwelt *verstanden*. Handelte es sich doch um Kinder aus Emigranten- und Widerstandskämpferfamilien, die den Schock der Trennung von den Eltern verarbeiten mußten, evakuierten Kindern aus englischen Arbeiterfamilien während des deutschen Bombenkrieges gegen England, die ihre vertrauten sozialen Bezüge verloren hatten, und schließlich die durch Konzentrationslager-Erfahrungen traumatisierten Kinder und Jugendlichen, die im Anschluß an ihre Befreiung nach England gebracht worden waren.

Das Verstehen der Kinder und Jugendlichen, mit denen sie es zu tun hatte, ist ein erster wichtiger Schritt in der pädagogischen Arbeit Charlotte Heckmanns. Ein weiterer ist für sie das "Geleiten und Vertrauen". Viele pädagogischen Szenen und Konfliktsituationen in ihren Berichten zeigen, was damit gemeint ist. Wenn nötig, begleitete Charlotte Heckmann die Kinder im wahrsten Sinne des Wortes, selbst bei Aktionen, die sie nicht billigte, und versuchte dadurch, zunächst einmal Negativfolgen abzufangen und vorsichtig korrigierende Lernprozesse einzuleiten. Sie machte den Kindern die Grenzen der Erwachsenenrealität und der Kinderlebniswelt sichtbar, ohne die Konflikte, die zwischen beiden Wirklichkeiten bestanden, zu vertuschen, und das ohne pädagogische Rhetorik, sondern nur durch ihr Beispiel.

Die Bedeutung der vorliegenden Dokumentation für heutige Leser und Leserinnen liegt zunächst einmal im historischen Bereich: Sie erweitert unser Wissen über die pädagogischen Aktivitäten im Exil, deren Vielfalt noch nicht annähernd erforscht ist. Außerdem zeigt sie, welche entscheidende Rolle gerade die Pädagogik im Exil gehabt hat. War sie doch teilweise die einzige Hilfe für die von traumatisierenden Erfahrungen betroffenen Kinder und Jugendlichen in der Zeit des Nationalsozialismus.

Für uns Heutige ist es vor allem der pädagogische Ansatz Charlotte Heckmanns, der von Interesse ist. Angesichts wachsender Zahlen von verhaltensauffälligen Kindern aus zerrütteten Familien wie von Kindern und Jugendlichen, die vor Krieg und Verfolgung in Deutschland Asyl suchen, könnte ihre Art des Umgangs mit solchen Fällen, vor allem ihre Fähigkeit, "ohne Feindlichkeit auf die Feindseligkeit der Kinder zu reagieren", beispielhaft sein.

Paderborn, September 1994   Wolfgang Keim

WIE DIESES BUCH ENTSTAND

Schon öfter habe ich Charlotte Heckmann gebeten, als Zeitzeugin mir etwas aus ihrem Leben auf Cassette zu erzählen, so wie es mit ihrem Mann, meinem Lehrer Gustav Heckmann, vor einigen Jahren gelungen war. Mit beiden bin ich seit vielen Jahren gut befreundet. Im Frühjahr 1992 war sie dann aber doch bereit, von ihren Erfahrungen mit evakuierten schwererziehbaren Kindern in Nordengland und anderen Erfahrungen während des Krieges zu erzählen. Diesen Bericht habe ich abgeschrieben. Dann zeigte sie mir auch einen Text, den sie zusammen mit einer englischen Mitarbeiterin 1946 geschrieben hatte in der Hoffnung, den Bericht in England zu veröffentlichen, wozu es aber nicht kam. Diesen Bericht habe ich aus dem Englischen übersetzt. Es handelte sich um Erfahrungen mit halbjüdischen Kindern, die aus dem Konzentrationslager Theresienstadt 1945 nach England gebracht worden waren.

Beide Berichte fand ich so spannend und auch für die Probleme von Kindern in unserer Zeit relevant, daß ich Charlotte vorschlug, mich um eine Veröffentlichung zu bemühen. Dazu mußte aber noch ein Bericht über die Erfahrungen in Dänemark vorangestellt werden, wo wir uns in der Schule von Minna Specht kennengelernt hatten, und wo Charlottes pädagogische Haltung stark mitgeprägt worden war. Hierbei nahmen wir ihre früheren Berichte zu Hilfe, einen, den sie schon bald nach dem Krieg geschrieben hat, und einen, der Charlotte Heckmanns Beitrag zur Feier von Minna Spechts 100. Geburtstag im Januar 1979 dokumentiert. Dem fügte sie weitere Erinnerungen hinzu.

Professor Wolfgang Keim stimmte dem Vorschlag zu, die Texte, kommentiert und eingeleitet, in seine Reihe "Studien zur Bildungsreform" aufzunehmen. In Professor Bruno Schonig fand er einen interessierten, fachkundigen Interpreten, der im Februar 1994 in einem sehr erfreulichen Gespräch Charlotte Heckmann und ihren Mann kennenlernte und weiteres von ihr erfuhr. Zusammen mit Dr. Inge Hansen-Schaberg, die sich intensiv mit Minna Specht und ihrer Pädagogik befaßt hat, erfolgte im Frühjahr 1994 die fachliche Bearbeitung und Erläuterung. Beiden sei, auch im Namen von Charlotte Heckmann, herzlich für ihre engagierte und einfühlsame Zusammenarbeit gedankt. Vielen Dank auch Brigitte Henning für die sorgfältige Erstellung der Druckvorlage für dieses Buch.

Nora Walter

Charlotte Heckmann, 1994

Charlotte Heckmann

PÄDAGOGISCHE TEXTE

VORGESCHICHTE

Von 1931 bis 1933 befand ich mich in einer Ausbildung als Sozialarbeiterin in Hellerau bei Dresden. In Hellerau war ursprünglich von Dalcroze eine "Bildungsanstalt für Musik und Rhythmus" gegründet, die später von Laban übernommen worden war. Noch später wurde der Gebäudekomplex der Tanzschule anders benutzt: Es entstand eine Ausbildungsstätte für Sozialarbeiter und, von dieser unabhängig, ein Kindergärtnerinnenseminar. Ich war in der Ausbildung zur Sozialarbeiterin.

Diese Ausbildung umfaßte die Fächer Pädagogik, Psychologie, Volkswirtschaft, Rechtskunde, Sozialkunde - all die Fächer also, mit denen ein Sozialarbeiter vertraut sein muß. Die Leiterin dieses Ausbildungsganges, Frau Dr. Uhlig-Beil, war politisch liberal.

Einer unserer Dozenten war Prof. Schulze, Professor an der TU Dresden, ein Blinder, der jedesmal von einem Studenten gebracht und abgeholt wurde. Er beeindruckte mich durch das, was er trotz seiner Blindheit wahrnahm:

Z.B.: Wir Studenten saßen in einem großen Raum an einem großen runden Tisch, und von einem bestimmten Platz aus konnte man die Uhr sehen. Professor Schulze: "Fräulein K., sehen Sie nicht immer nach der Uhr, die Stunde ist noch nicht zu Ende!" Daß sie wiederholt nach der Uhr schaute, muß Herr Schulze wohl an ihren Bewegungen gespürt haben. - Als er über Australien referierte, kam er auf den dort bestehenden Frauenmangel zu sprechen. Jemand unter den Studenten bewegte sich. Darauf Prof. Schulze: "Sie brauchen nicht gleich loszugehen! Das nächste Schiff geht noch nicht!"

Unsere Dozentin für Pädagogik war Dr. Elisabeth Rotten. Sie war aus mehr als einem Grund international anerkannt. Noch mitten im Krieg hatte sie Wege des Kontaktes zwischen französischen Kriegsgefangenen und deren Familien in Frankreich und auch zwischen deutschen Kriegsgefangenen und deren Familien in Deutschland eröffnet.

Frau Uhlig-Beil war unsere Psychologie-Dozentin. Auf den Psychologieunterricht hatte ich mich besonders gefreut. Meine Erwartungen wurden aber enttäuscht. Frau Dr. Uhlig-Beil referierte lediglich zwei Bücher, eines von Charlotte Bühler, das andere von Hildegard Hetzer. Man merkte, sie hatte sie eben erst gelesen. Über Adler und Freud erfuhren wird so gut wie nichts.

Die Prüfungen kamen heran. Alle unsere Dozenten nahmen daran teil. Frau Uhlig-Beil wollte etwas Bestimmtes von mir wissen. Ich verfügte über dieses Wissen und gab es in meinen Worten wieder, nicht genau in der Formulierung, die sie benutzt hatte. Sie wiederholte ihre Frage mehrmals, und ich blieb bei meiner Formulierung. Da unterbrach unsere Dozentin für Rechtskunde, eine Richterin: "Frau Dr. Uhlig-Beil, können wir das jetzt lassen." Die Psychologie-Prüfung war beendet und ich verließ den Raum mit dem Gefühl, nicht bestanden zu haben. Frau Uhlig-Beil kam hinter mir her: "Warum haben Sie mir keine Antwort gegeben?" Darauf ich: "Ich habe Ihnen eine Antwort gegeben, freilich nicht wörtlich die, die Sie hören wollten."

Mein nächster Prüfer war Elisabeth Rotten. Sie fragte mich nach den dänischen Volkshochschulen, ihrem Ursprung und ihren Zielen. Damit hatte ich mich gerade intensiv beschäftigt. So war es reine Glückssache, daß ich darüber fließend erzählen konnte. - Die Gesamtprüfung bestand ich.

Für den Studiengang zur Sozialarbeiterin brauchte ich jedoch noch eine Ausbildung entweder als Krankenschwester oder als Kindergärtnerin oder als Erzieherin. Keine dieser drei Bedingungen erfüllte ich, mußte also eine dieser Ausbildungen nachholen. Ich absolvierte die Ausbildung als Säuglingspflegerin. Damit hatte ich die Voraussetzungen, die für Studium und Prüfung erforderlich waren, erfüllt.

Um die staatliche Anerkennung als Sozialarbeiterin zu bekommen, brauchte ich jedoch noch ein einjähriges Praktikum, das in einem Wohlfahrtsverband oder einer staatlichen oder städtischen Stelle absolviert werden konnte. Alle diese Institutionen aber gaben mir damals eine Absage, weil ich nicht "rein arischer" Abstammung bin. Nur in der Heilsarmee hätte ich unterkommen können, das aber mochte ich nicht.

Elisabeth Rotten hatte uns in ihrem Pädagogikunterricht von den Landerziehungsheimen erzählt, u.a. von der Walkemühle. Was sie über die Walkemühle und deren Leiterin Minna Specht erzählte, sprach mich so an, daß ich mir wünschte, dort mein Praktikum zu machen. Das sagte ich Elisabeth Rotten. Sie erwiderte mir: "Ich kenne Minna Specht, das kann ich vermitteln."

Frohgemut ging ich nach Hause. Mit meinem Bruder schaute ich die Landkarte an: Dresden - Kassel. Ich wußte: Die Reise kann ich nicht bezahlen. Das berichtete ich Elisabeth Rotten. Damals wußten wir beide nicht, daß die Walkemühle schon durch die Nationalsozialisten geschlossen worden war; Hitler war schon an der Macht.

Offensichtlich war es für mich unmöglich, eine Praktikumsstelle in Deutschland zu finden. Da hatte mein Bruder die Idee, es in den ihm gut bekannten Ländern Dänemark oder Norwegen zu versuchen. Nach etwa vierzehn Tagen kam er nach Deutschland zurück. Er hatte etwas erreicht.

Ich kam zunächst in Kopenhagen unter in einem Heim für straffällig gewordene Mädchen, Alter zwischen 14 und 20 Jahre. Im Umgang mit den Erzieherinnen und den Mädchen lernte ich Dänisch. Als Immigrantin bekam ich keine Arbeitserlaubnis, konnte aber als Gast bleiben. Später wurde ich aufgefordert, in ein Kinderheim in Næstved in Südseeland zu kommen. In dem Heim waren Kinder vom Säuglingsalter bis zum elften Lebensjahr. Auch hier arbeitete ich ohne Arbeitserlaubnis. Die Leiterin gab mir ein Taschengeld. Eines Tages wurden sie und ich ins Polizeirevier in Næstved bestellt. Uns wurde gesagt, ich möchte sofort das Land verlassen, da ich ohne Arbeitserlaubnis arbeitete, und die Leiterin erhielt eine Geldstrafe. Aus der Unterhaltung der Beamten, die untereinander Dänisch, mit mir Deutsch sprachen, entnahm ich, daß sie dänische Nazis waren.

In dieser Situation fiel mir ein wichtiger Kontakt aus meinem kopenhagener Aufenthalt ein. Ein leitender Beamter im Erziehungsministerium hatte mir damals gesagt, wann immer ich Schwierigkeiten haben würde, sollte ich mich an ihn wenden. Jetzt bat ich die Polizisten in Næstved, nach Kopenhagen telefonieren zu dürfen. Das wurde mir jedoch strikt abgelehnt, und ich wurde aufgefordert, sofort meine Sachen zu holen. Sie wollten mich in den nächsten Zug nach Deutschland setzen.

Ich lief zurück ins Kinderheim. Von dort telefonierte ich mit Kopenhagen. Als ich dann mit meiner Habe zur Polizei nach Næstved zurückkam, sagten mir die inzwischen etwas kleinlaut gewordenen Polizisten, ich könne im Land bleiben, müsse aber das Heim sofort verlassen.

Da halfen mir die Eltern der Heimleiterin, indem sie mich bei sich aufnahmen.

Wie ich von dort nach Holsteinsminde kam, ein großes staatliches Knabenerziehungsheim, weiß ich nicht mehr. Die Jungen waren in Gruppen, Familien genannt, zusammengefaßt. Die Familienmutter der jüngsten Jungen war eine ältere deutsche Frau. Ihr wurde ich zugeteilt. - Auf der Polizeistation in Næstved hatten die Beamten von dieser Frau gesprochen und dabei erwähnt, daß auch sie nach Deutschland abgeschoben werden sollte. - Mir gefiel die Art ihres erzieherischen Umgangs mit diesen schwierigen Jungen. Ich lernte von ihr.

In Holsteinsminde erhielt ich einen Anruf von meinem Bruder aus Kopenhagen. Er war noch einmal nach Dänemark gekommen, um mir in meiner schwierigen Situation zu helfen. "Ich weiß, wo Minna Specht ist!" Sie war damals in Möllevangen in Nordseeland. Wir verabredeten, daß wir sie gemeinsam besuchen und per Rad hinfahren wollten.

Ich war unsicher auf dem Rade, vor dem Absteigen hatte ich Angst. Ich lieh mir ein Rad und fuhr los, mit Angst. Ich war sehr gespannt, ob diese Schule etwas mit der Walkemühle zu tun hatte und ob Minna Specht der Mensch war, von dem Elisabeth Rotten uns erzählt hatte.

KINDERGARTEN IN DÄNEMARK

An einem Apriltag 1934 trafen mein Bruder und ich in Möllevangen ein. Eine Schule? In dem Wohnzimmer des niedrigen Häuschens saßen um einen großen Tisch herum acht Kinder und drei Erwachsene. Zuerst fiel mir die ältere Frau auf: Rotes Kopftuch, Brille auf der Nase, offenbar eifrig an einem Strumpf strickend. Dann waren da noch eine jüngere Frau - sie nähte - und ein junger Mann - er hatte ein aufgeschlagenes Buch vor sich liegen, zwei Kinder saßen dicht neben ihm. Er las die Odyssee vor, wie mein Bruder und ich gleich erfuhren. Eine kurze, freundliche Begrüßung erfolgte und die Aufforderung, uns zu setzen und zuzuhören.

Das gespannte, intensive, ganz lebendige Interesse der Kinder, die spürbar freundliche Teilnahme der Erwachsenen beeindruckten mich, gefielen mir. Wohl merkte ich, wie genau ich von Minna, der Strickerin mit dem Kopftuch, unter die Lupe genommen wurde; aber das störte mich nicht. Die heitere, konzentrierte Atmosphäre hatte mich eingefangen. Ich erlebte zum ersten Mal eine "Kapelle".

Zu unserer Freude wurden wir aufgefordert, eine Woche zu bleiben. Mein Bruder gab den Kindern Musikunterricht. Ich beschäftigte Kinder und Erwachsene mit Gymnastik. Eines Abends, als die Kinder schlafen gegangen waren, sagte Minna: "Du kannst ja mal raufgehen und dir anhören, was sie sich so erzählen." Peter, sieben Jahre alt, führte das große Wort, und sie sprachen über Religion. Peter sprach über Jesus und machte den derartig "madig"; er war derartig aggressiv, daß ich dachte: Mein Gott, wo bist du denn hingeraten! (Ich war nun wirklich nicht religiös erzogen, und meine Mutter hatte mit der Kirche nie 'was zu tun gehabt - aber so ein Siebenjähriger in seinem Urteil über die Gestalt Jesu, das war mir ein bißchen stark.) Als ich 'runter kam zu den Erwachsenen, fragte ich: "Unterhaltet ihr euch mitunter über religiöse Dinge?" Ich weiß nicht mehr, was geantwortet wurde. Jedenfalls sagte ich: "Was der Peter da geboten hat, scheint mir doch ein starkes Stück zu sein. Das kann ja nicht auf seinem eigenen Mist gewachsen sein." Ich glaube, sie waren sehr erstaunt. Ich kann es nicht mit Bestimmtheit sagen, aber ich hatte den Eindruck: Von diesen Menschen kann Peter nicht so beeinflußt worden sein.

Östrupgård

Von da an bestand ein guter Kontakt zwischen der Schule in Nordseeland und mir in Südseeland und auch gegenseitige Hilfe. Als die Schule dann nach Östrupgård umgezogen war, wurde ich Ende 1934 eingeladen, zum Winterfest - also zu Weihnachten - zu kommen. Was ich bei dem "Winterfest" erlebte, gefiel mir auch.

Etwas später - ich nahm an einem Kursus einer Gymnastik-Volkshochschule teil - wurde ich gefragt, ob ich nicht kommen und mitarbeiten wollte, als Aushilfe für eine Mitarbeiterin, die erkrankt war. Ja, sagte ich, das wollte ich gern. Am 1. Mai 1935 kam ich nach Östrupgård, ich sollte den Haushalt übernehmen! Eine Zeitlang hatte ich ja in einem dänischen Haushalt gearbeitet, aber bei meiner Mutter durfte ich im Haushalt nichts machen, denn man konnte ja was verkehrt machen! Und es konnte 'was kaputtgehen, und was kaputt war, konnte man nicht ersetzen. Mein Bruder durfte keine Schuhe putzen, weil er sich schmutzig machen konnte, und ich durfte nicht abwaschen... Wenn ich 'was tat, dann machte ich's heimlich, und das mochte meine Mutter gar nicht gern. Also ich war für den Haushalt nicht ausgebildet.

Der alte Herrenhof Östrupgård mit seinen schönen Gebäuden, dem großen Gutshof, dem großen Gemüsegarten und der wunderbaren Landschaft, war das neue Domizil der Schule. Zu den acht Kindern, die ich kannte, waren noch einige im schulpflichtigen Alter hinzugekommen, und es sollten noch mehr Kinder aufgenommen werden, vor allem jüngere. Ein Kindergarten sollte aufgebaut werden. Diese Aufgabe vertraute Minna mir an. Die Kinder lebten damals in ihrer Freizeit ganz in ihrer "Indianergruppe". Diese Gruppe, eine Idee, die, soviel ich weiß, schon in Möllevangen entstanden war, nach dem Lesen eines Buches über Indianer in der "Kapelle", fühlten die Kinder als eine moralische Verpflichtung, die auch viel Spaß machte. Paul war der Anführer und, ich glaube, auch Tamen. Jedes Mitglied der Gruppe hatte jeden Tag irgendwelche Pflichten zu erfüllen. Paul, so entsinne ich mich, war recht streng, Tamen dagegen meist vermittelnd.

Wie ernst den Kindern die Sache war, wurde mir eines Tages klar. Ein Besucher, der eben anwesend war und den Appell erlebte, Hans Kakies, fragte freundlich und nichtsahnend: "Darf ich mitspielen?" Nur ein einziges Wort war die Antwort: " S p i e l e n ? " Und doch hatte das Ganze nichts Militärisches oder Verbissenes. Die Kinder waren heiter und gelöst bei ihren *Aufgaben*. Diese Aufgaben bestanden darin, irgendwelche Fertigkeiten zu erlangen. So sagte mir Sonja eines frühen Morgens in Höje Taastrup - die anderen schliefen noch alle, nur sie ging über den Hof - auf meine Frage: "Ich will meine Indianerpflicht erfüllen." Auf meine Frage, worin die bestände, antwortete Sonja: "Ich muß auf einen Baum klettern." So ging die kleine, zarte Sonja und erfüllte ihre "Indianerpflicht". Wie gesagt, hinter diesem Tun stand nicht eine Forderung nach Drill. Es war vielmehr der Ausdruck eines Solidaritätsgefühls mit den Indianern, über deren Schicksal sie gehört hatten und das sie stark beschäftigte. Wie lange diese Gruppe lebte, kann ich nicht mehr sagen. Natürlich gab es auch hin und wieder eine Meuterei. Von Veron weiß ich, daß sie ein paarmal tüchtig schimpfte. Sie liebte es nicht, sich anzustrengen. Bereits in Liseleje - sie war damals für die Zeit der Abwesenheit der Älteren zur Führung der Gruppe, zum Zwecke der eigenen Erziehung, bestimmt worden - war es ihr lästig. Sich selber verspottend, meinte sie mitunter: "Ich bin ein komischer Führer, ich laufe immer hinterher."

Dieses Miterleben des Anderen oder einer anderen Gruppe, die in Not war oder unterdrückt wurde, trat im Leben der Kinder stark hervor. Im Unterricht der älteren Kinder z.B. wurde Afrika behandelt. Die Kinder erfuhren von Albert Schweitzer und seinem Wirken als Arzt in Lambarene. Schweitzers "Zwischen Wasser und Urwald" und "Berichte aus Lambarene" wurden in der "Kapelle" gelesen. Die Kinder verarbeiteten ihre Eindrücke zu einem Theaterstück. Das führten sie vor kopenhagener Freunden der Schule - die Gruppe der älteren Kinder lebte damals in Kopenhagen - auf und sammelten von diesen Geld für Albert Schweitzers Hospital. Das Geld und den Text des Theaterstückes sowie die Berichte über Schweitzers Arbeit, die die Kinder vor den dänischen Freunden gegeben hatten, schickten sie an Schweitzer. Dieser antwortete persönlich, und jedes Kind bekam eine Ansichtskarte von Lambarene mit Schweitzers Unterschrift.

Zum Miterleben mit Unterdrückten gehörte auch das als "Fest der Tiere" gestaltete Weihnachten. Bei der ganzen Ausgestaltung, an der die Kinder lebhaften Anteil nahmen, standen die Tiere im Mittelpunkt. Und eben dieses Mitgestalten brachte den Kindern ein lebendiges Bewußtsein für die Bedürfnisse der Tiere, für die Gefahren, in denen sie leben, und für das Problem des Verhältnisses von Tier und Mensch.

Das Kindergartenhaus in Östrupgård

Anna und Charlotte mit Ruth, Willi, Roger, Renate und Meckerle

Zunächst waren nur ganz wenige Kinder für den Kindergarten da, mit der Zeit waren es dann sechs oder acht. Wir kriegten das Häuslerhaus, das für sich abseits vom Hauptgebäude stand. In das obere Zimmer, das das Spielzimmer wurde, führte eine ganz steile Treppe hinauf. Wir hatten in unserem Häuschen kein Badezimmer. Die große Abendwäsche fand in unserer kleinen Küche statt. Auf dem Kohlenherd wurde das Wasser heiß gemacht, eine große Zinkwanne stand neben dem Herd, und zwei bis drei Kinder waren meist gleichzeitig in der Küche, außer einem Erwachsenen.

Die Kleinen wurden von den älteren Kindern liebevoll "Flöhe" genannt. Ihr Leben gestaltete sich natürlich sehr viel anders als das der Großen, denn die Schulpflicht entfiel. Dafür war der Tag ausgefüllt mit vielen selbstgewählten Aktivitäten. Östrupgård mit seinem großen Innenhof, den Stallungen und Scheunen, dem großen und dem kleinen Garten, der zum Haus des Kindergartens gehörte, dem Wallgraben und seinen Enten, der herrlichen Umgebung, war wie geschaffen für ein gutes Leben der Kleinen.

Unser Nachbar, Bauer Hansen, brachte uns eines Tages eine kleine, ganz junge Ziege, Meckerle. Die Kinder waren begeistert. Meckerle, nur wenige Wochen alt, kam nachts in den Brennholzschuppen, den Tag über lebte es jedoch mit den Kindern, entweder draußen auf der Wiese oder drinnen im Haus. Auch bei der Abendwäsche mußte es dabei sein. Dann lag es friedlich vorm Herd, diesen Platz liebte es sehr. Zogen wir am Tag zu einem kürzeren oder längeren Spaziergang in den Wald, kam Meckerle mit. Dann sah man oft folgende Prozession von Östrupgård ausziehen: Vornweg, laut kläffend, Pitt der Dackel, der bei den Großen seine Heimat hatte, dann die Kinder und ich, und hinter uns hertrabend und springend Meckerle. Mit Meckerle machte der Waldspaziergang viel mehr Spaß. Wir sind sehr viel spazierengegangen. Natürlich habe ich ihnen auch Geschichten erzählt und sie selber mit Plastelin oder anderem Material basteln oder auch malen lassen. Wir hatten ein Klettergerät, und ich machte mit ihnen Gymnastik. Ich hatte ja keine Kindergärtnerinnen-, sondern eine Sozialarbeiterausbildung. Aber die Kinder waren immer beschäftigt.

Als ich mit der Kindergartenarbeit anfing, hatte Minna die Idee, ich sollte nach den Prinzipien von A.S. Neill erziehen. Von meiner Ausbildung her war mir Neill nicht fremd. Er will nicht nur die intellektuellen Fähigkeiten, sondern die Persönlichkeit in ihrer Gesamtheit zur Entwicklung bringen. Dazu ist es erforderlich, daß der Erzieher keinen Zwang anwendet, daß er es vermeidet, Angst und die daraus entstehenden Schuldgefühle bei den Kindern aufkeimen zu lassen. Vollkommene Freiheit! Na, ich habe mich danach gerichtet. Aber die Kinder hatten ja ihre eigenen Ideen.

Eines Tages kamen sie auf die Idee, die großen Kinder oben in der Schule während des Unterrichts zu besuchen, angeführt von Karl-Heinz, dem "roten Bandenführer" (er trug einen roten Pullover). Mit lautem Hallo stürmten sie alle durch alle Schulräume, ohne auf den Unterricht zu achten, der dadurch gründlich gestört wurde. Natürlich paßte das den Lehrern überhaupt nicht. - Dann passierte folgendes: Wir hatten im Garten eine Vorrichtung, die man betätigen konnte, damit oben im Haus eine Dusche funktionierte. Man mußte auf einen Schalter treten, dann lief oben das Wasser, das kostbar war. Der "Heber" hieß die Vorrichtung unten. Karl-Heinz kam auf die Idee, den könnte man doch mal benutzen; er hob den Deckel ab und trat drauf - und oben lief das Wasser weg.

Das war Minna dann zu viel. Ich hatte mit den Kindern mal wieder Gymnastik gemacht, draußen im Garten irgendwo. Minna kam und guckte zu, und dann sagte sie: "Charlotte, ich glaube, du erziehst lieber nicht nach Neill, sondern nach Maria Montessori." Minna hatte kurz vorher Maria Montessori in Kopenhagen kennengelernt. Ich hatte über Maria Montessori ausgiebig bei Elisabeth Rotten gehört. Jetzt widersprach ich Minna: "Nein, das tue ich nicht, ich wechsele nicht von einem Tag zum anderen." Ganz unabhängig davon, daß mir so ein Sprung nicht möglich war, hatten wir ja auch nicht *ein* Stück Montessori-Material. Aber das störte Minna nicht. Sie ging weg und sprach erst mal ein paar Tage nicht mit mir. Natürlich war ich bedrückt, fühlte mein Versagen und sah doch keinen Weg.

Da war es wieder Minna, die den Knoten löste. Sie schlug mir vor, gemeinsam die für die Arbeit unserer Schule wesentlichen Grundgedanken beider Methoden herauszuarbeiten. Bei Neill war es Vermeidung von Angst, Selbsttätigkeit, eigene Initiative, ein großes Maß an Freiheit. Bei Maria Montessori: vorsichtige, gezielte Lenkung, planmäßig und langsam wachsende, zu Disziplin erziehende Anforderungen. Durch diese Erkenntnisse hat meine Arbeit, dank Minnas Initiative, eine Vertiefung erfahren.

Neills Weg und z.T. auch sein Erziehungsziel stand nicht unbedingt in Einklang mit unseren Vorstellungen, aber das erkannten zunächst weder ich noch Minna. Während Neill darauf vertraut, daß die ethischen Werte im Menschen bestimmend werden, wenn er sich frei von Angst- und Schuldgefühlen entwickeln kann, hielten wir es für notwendig, unsere Erziehungsgemeinschaft diesen Werten gemäß zu gestalten. Wir hielten auch eine gewisse Disziplin und Ordnung für notwendig und suchten, in den Kindern das Verständnis dafür zu wecken.

So hatten auch die Kleinen ihre Pflichten. Sie halfen beim Tischdecken, halfen ihre Betten zu machen, halfen sich untereinander beim An- und Auskleiden und, so weit es ging, Ordnung zu halten. Ordnung war ja ein großes Wort in unserer Schule. Ich sah: das, was *meine* Ordnung war, also daß aufgeräumt werden mußte, das war nicht die Idee der Kinder. Dann haben wir ausgemacht: Gut, ihr macht jeden Abend Ordnung, und ihr macht die Ordnung so, wie es *euch* gefällt. Und das taten sie, und das war gar nicht meine Idee. Aber sie taten es und hielten sich daran. Minna sah das und amüsierte sich wahrscheinlich zum Teil darüber, aber sie akzeptierte es.

Die Erwachsenen saßen fast jeden Abend zusammen und meistens besprachen wir pädagogische Probleme. Es waren fast immer aktuelle Fragen, die an konkrete Anlässe aus unserem täglichen Leben mit den Kindern geknüpft waren, die dann auch zu grundsätzlichen Überlegungen führten. Meistens handelte es sich um Probleme mit den größeren Kindern. Lange Zeit hatten wir das Thema "Ordnung und Freiheit" besprochen. Nach meiner Erinnerung ging es dabei um die Frage: Haben wir Erzieher ein Recht, Ordnung zu verlangen?

Ein anderes Thema, das uns in den Besprechungen lange beschäftigte: "Keine Strafe, sondern natürliche Konsequenzen". Das war etwas, was mir nicht neu war, womit ich auch ganz in Übereinstimmung war - bloß: Man kriegt's nicht immer hin. Ein Beispiel: Willi, fünf Jahre alt, hatte im Kindergarten mutwillig einige Fensterscheiben eingeschlagen, und ich sagte ihm, die müßten wieder heilgemacht werden, er müsse zu Kristenmuren gehen und ihn bestellen. Kristenmuren war ein Bauer und Handwerker, der gut eine halbe Stunde von uns entfernt wohnte. Dazu mußte man durch den Wald gehen. Willi wollte erst gar nicht, und ich sagte, dann müßten die Fenster so bleiben. Schließlich entschloß er sich, doch zu gehen. Und wie kam er zurück? Mit einer großen Tüte voll Süßigkeiten! Er verteilte sie auch; und ich dachte: Jetzt hast du die Konsequenzen. Obgleich es ein Angehen für ihn war, da hinzugehen, war das Resultat recht befriedigend für ihn. Immerhin hat er keine Fenster mehr zerschlagen.

In unseren Besprechungen zu diesem Thema erörterten wir ein anderes Beispiel aus dem Kindergarten sehr ausführlich. Das Hauptgebäude von Östrupgård ist umgeben von einem Wallgraben. Lange Zeit bedeutete er keine besondere Attraktion für die Kleinen. Eines Tages änderte sich das jedoch. Die Kinder des Kindergartens hatten alle Lederschaftstiefel mit dicken Holzsohlen bekommen. Sie fanden es herrlich, konnten sie doch nun, ohne nasse Füße zu bekommen, durch alle Pfützen waten. Aber es blieb nicht bei den Pfützen. Jetzt wurde, jedenfalls für Claus, Willi und Renate, der Wallgraben erst interessant. Für diese schon größeren Kinder bedeutete der Graben keine Gefahr. Anders war es für Ruth und Lasse, die beiden jüngsten. Ich sprach mit den Kindern, erklärte ihnen die Sachlage und bat sie, den Graben bei ihren Spielen nicht zu benutzen. Das half wohl ein paar Tage, aber dann fand ich die drei älteren doch immer wieder im oder dicht am Wasser, die kleinen in ihrem Gefolge. Ich sah: Ich drang nicht durch. Was sollte ich tun? Unausgesetzte Aufsicht wäre weder gut, noch wäre sie möglich gewesen. Ich mußte mich auf ihre Bereitschaft verlassen können. So sagte ich den Kindern, daß ich die Stiefel für längere Zeit wegnehmen müßte, wenn sie meiner Aufforderung nicht nachkämen. So geschah es denn auch; die Stiefel wurden eines Tages konfisziert. War das nun Strafe? War es die natürliche Folge einer Handlung?

Intensiv wurden an solchen, oft ja rein intuitiven Reaktionen des Erziehers grundsätzliche Erziehungsfragen behandelt, und es wurde auf psychologische Tatsachen, soweit sie uns damals klar waren, eingegangen.

Mir haben diese abendlichen Arbeitsgemeinschaften sehr viel bedeutet. Ohne diesen engen Kontakt, diese intensive Auseinandersetzung mit den anderen Mitarbeitern, ohne Minnas immer lebendige in die Tiefe dringende und einfühlende Führung hätte ich meine Aufgabe bei den Kindern des Kindergartens sicher nicht bewältigen können.

Nachdem ich einige Monate in Östrupgård mitgearbeitet hatte, gab Minna mir eine Arbeit, die sie im Rahmen einer Denkschrift über die Schule geschrieben hatte.

Noch heute spüre ich den starken Eindruck, den Minnas Gedanken auf mich machten. Es war, als ginge mir plötzlich ein Licht auf - Gedanken, die heute, 45 Jahre später, einen anderen Stellenwert besitzen. Im einzelnen kann ich die Gedanken dieser Arbeit nicht wiedergeben. Doch der Leitfaden ist mir lebendig.

Minna machte klar, daß unter Erziehung weit mehr als die Entwicklung des Intellekts zu verstehen sei. Die Formung und Entwicklung des Charakters ist die zentrale Aufgabe der Erziehung. Das war mir an sich nicht neu. Zum Aha-Erlebnis wurde mir erst der nächste Schritt.

Auch Erwachsene können kaum den Anspruch erheben, mit ihrer Charakterentwicklung fertig zu sein. Welches Recht haben sie aber dann, den ihnen anvertrauten Kindern, den Schwächeren also, eine Behandlung zuteil werden zu lassen, der sie selber nicht unterworfen sind, obwohl auch sie ihrer bedürften?

Erziehung ist Lenkung, Beeinflussung, ist mit Kritik verbunden, zustimmender wie auch ablehnender. Sie ist kein durchweg angenehmer Vorgang. Im Gegenteil: Nicht selten ist sie schmerzhaft, verletzend, wenn auch unbeabsichtigt, Unlust und Widerstandsgefühle erweckend.

Nur wenn der Erwachsene sich dessen bewußt und bereit ist, selber zu erfahren, was dieses Erzogenwerden beinhaltet, kann er die oft unliebsamen Erfahrungen, die inneren Kämpfe, die die Kinder erleben, wirklich verstehen.

Diese Forderung: Erziehung der Erzieher[1] und ihre Begründung leuchteten mir unmittelbar ein, kamen meinem instinktiven Gefühl entgegen. Ich empfand die Erziehung der Erzieher als eine Aufgabe, die, bedachte ich es recht, eine Selbstverständlichkeit ist.

---

1   vgl. den Text von Minna Specht im Anhang.

Minna Specht in Östrupgård

Doch wie schwer war es, Minnas Erkenntnis in die Praxis des täglichen Lebens umzusetzen. An einem Beispiel will ich zeigen, wie sehr Theorie und Praxis, selbst bei einsichtsvollstem Wollen, miteinander in Konflikt kommen können. Zufällig war ich Zeuge, wie Minna eine Schwierigkeit mit der Mitarbeiterin, die die Verantwortung für den Haushalt hatte, austrug. Die kalte, abweisende Art, die Minna dabei zeigte, empfand ich als ungerecht. Sie erschreckte mich. Sie erschreckte mich besonders, da ich wußte, wie leicht verletzlich diese Mitarbeiterin war. Ich sah K. mit verschlossenem Gesicht bedrückt weggehen.

Ohne daß mir Minnas Forderung der Erziehung der Erzieher im Augenblick gegenwärtig war, fühlte ich mich angesprochen, Minna zu sagen, was ich empfand. Ich war einfach empört.

Aber ich sagte nichts. Zwar war ich im Augenblick gehindert, denn zwei meiner Kleinen waren bei mir. Ich wußte aber: der wahre Grund für mein Schweigen war die Furcht vor einer kalten, abweisenden, überlegenen Entgegnung Minnas.

Das Erlebnis quälte und beschäftigte mich den ganzen Tag. So blieb es nicht aus, daß mir Minnas Forderung der Erziehung der Erzieher in den Sinn kam, diese Forderung, die mir ja *so* sehr als eine Selbstverständlichkeit eingeleuchtet hatte.

Am Abend, als meine Kinder im Bett waren und schliefen, nahm ich meinen Mut zusammen und suchte Minna in ihrem Zimmer auf, um mit ihr über den Vorfall vom Morgen zu sprechen.

Mut - weshalb Mut? Ich hatte Minna sehr gern. Vor allem aber hatte ich in der kurzen Zeit meiner Mitarbeit ihre Überlegenheit erlebt, hatte gesehen, daß *sie* mit ihrem Wollen, ihrer Lebendigkeit, ihrem Ideenreichtum die Seele der Schule war. Zwar hatte ich eine Ungerechtigkeit erlebt, aber wie kam ich, der soviel jüngere, unerfahrene und unbedeutende Mensch, dazu, Minna zu kritisieren?

Minnas Forderung im Sinne - ich hatte mir schließlich klargemacht, daß sie sich ja selber zu den Erziehern zählte - ging ich also zu ihr.

Minna lag im Bett und las. Sicher war sie erstaunt über mein ungewöhnliches

Erscheinen zu später Stunde. Ich brachte mein Anliegen vor. Schweigen. Dann, nach einer Weile, kalt und abweisend: "Hast Du noch mehr zu sagen?" Auf mein Nein die kühle Antwort: "Dann kannst Du ja gehen."

Ich fühlte mich buchstäblich geohrfeigt. Zerknirscht und tief beeindruckt zog ich von dannen, zurück in mein Kindergartenhaus, in mein Zimmer.

An Schlaf war nicht zu denken. Was mir alles durch den Kopf ging, welche Rebellion in mir saß - ich weiß es nicht mehr.

Sicher waren Stunden vergangen. Da hörte ich über den großen Hof Schritte kommen, Holzschuhe auf dem Kopfsteinpflaster. Die Haustür wurde geöffnet, ein paar Augenblicke später meine Zimmertür. "Bist Du wach?" Es war Minnas Stimme. Minna im Schlafanzug, Holzschuhe an den nackten Füßen, setzte sich auf die Bettkante. "Du hattest recht. Laß uns darüber sprechen."

Das hatte ich nicht erwartet, war mein Eindruck doch gewesen, daß Minna meine Kritik als Unverschämtheit empfunden hatte. Und nun kam sie, mitten in der Nacht, den weiten Weg von ihrem Zimmer über den großen Gutshof. Sie hatte nicht bis zum nächsten Morgen gewartet.

Dies war eines der stärksten, der tiefsten Erlebnisse, die ich als noch junger Mensch mit Minna hatte: Diese ihre Fähigkeit, über den eigenen Schatten zu springen und damit sich selber und anderen zu helfen.

Neben dem Kindergarten hatte ich auch noch Haushaltspflichten. Der Küchendienst wechselte ab, und wie alle anderen mußte ich, wenn ich Küchendienst hatte, das Mittagessen zu einer bestimmten Zeit fertig haben, für etwa zwanzig Personen. Die große Küche bot zwar Platz genug für meine sieben bis acht Helfer und mich und auch für die schweren Eisentöpfe. Trotzdem war es etwas anstrengend. Die Arbeit verlief dann meist folgendermaßen: Mit meinem Kinderschwanz zog ich in den Garten, um das Gemüse oder den Salat hereinzuholen. Das war schon nicht ganz einfach, denn irgend jemand hatte bestimmt eine besondere Idee, von der ich ihn, im Interesse der Allgemeinheit und des noch zu bereitenden Mittagessens, abbringen mußte. Waren wir dann glücklich zurück in der Küche, mußte ein jeder beschäftigt werden; zugleich mußte ich zusehen, mein Essen fertig zu bekommen. Für geraume Zeit waren die Kinder eifrig bei der Sache. Aber es dauerte nicht lange, und man hätte sich eigentlich nur noch schwimmend durch die Küche bewegen können! Ich hatte das Gefühl völligen Versagens; denn ich sah ja, daß meine Kollegen etwas verwundert waren, daß ich trotz der "Hilfe" nicht rechtzeitig zum Essen rufen konnte. Besonders Minna war gelinde erstaunt. Erst da wurde mir klar: vom Vorschul- und Kleinkind, seinen Möglichkeiten und seinen Bedürfnissen, seinen Grenzen, wußten meine Kollegen nicht allzu viel.

Ich verzichtete auf die "Mithilfe" der "Flöhe". Da mein Küchendienst zweimal in der Woche blieb, lief ich dann immer zwischendurch hinaus, um zu sehen, was meine Trabanten gerade taten. Mich erstaunt es heute noch, oder vielmehr heute weit mehr, als es damals der Fall war, daß die Kinder meist friedvoll und vergnügt ohne alle Aufsicht ihren verschiedenen Beschäftigungen nachgingen. Da war das Klettergerüst, die große Wiese mit den beiden Kälbern, der Sandplatz, die ausgedehnten Stallungen. Da war Husman Nielsen und seine Frau, mit denen sie sich unterhielten. Oder Bauer Hansen, dessen siebenjährige Tochter Ruth als Schülerin in der Schule war und der eine herzliche Freundschaft zeigte, kam und nahm den einen oder anderen auf dem Traktor mit aufs Feld.

Zum Abendbrotessen der Erwachsenen sollte ich pünktlich erscheinen, meine Kinder mußten dann im Bett sein, wenn ich 'raufging zum Abendbrot. Da passierte es eines schönen Tages, daß ich wieder 'runterkam, ehe das Abendbrot zuende war, und da waren alle meine Kinder munter. Sie schliefen in verschiedenen Zimmern, immer zwei, höchstens drei in einem Zimmer. Da waren unter den Betten Häufchen gesetzt aus Stroh und Holzstückchen und sollten angezündet werden! Ich war zufällig wieder 'runtergekommen - Intuition. Die Kinder wollten sich 'nen Spaß machen und Feuer machen. Von da an wußte ich: Du kannst hier nicht weggehen, bevor die Kinder schlafen. Das akzeptierten sie auch. Sie schliefen ja sehr schnell ein, die tobten sich ja aus.

Mit der Zeit wurde deutlich, daß ich den Kindergarten mit eigenem Haushalt einschließlich Garten, den Gymnastikunterricht bei den großen Kindern und den Küchendienst auf die Dauer nicht allein schaffen konnte. Ende des Sommers 1935 kam, nach einigen mißglückten Versuchen, einen Mitarbeiter zu finden, Anna S.

zu mir in den Kindergarten. Anna, Dänin und Gärtnerin, ein kräftiges, recht ernstes Menschenkind, wurde von den Kindern herzlich aufgenommen. Ihre gerade, zupackende und etwas herbe Art sprach die Kinder an. Arbeitete Anna im Garten, so gesellten sich immer ein paar Kinder zu ihr, ohne daß sie auch nur ein Wort der Aufforderung laut werden ließ. Ohne irgendwelchen "pädagogischen" Aufwand teilte sie ihnen in ganz selbstverständlicher Weise kleine Arbeiten zu. Sie sprach wenig, aber wenn sie etwas forderte, dann sehr bestimmt. Ein kleines, typisches Erlebnis ist mir da in Erinnerung. Martha Friedländer, eine Lehrerin, die vorübergehend in Östrupgård war, hatte sich vorgenommen, den älteren der Kindergartenkinder etwas vom Wachstum der Pflanzen aufzuzeigen. Sie holte sich Renate, Claus, Willi und Karl-Heinz, erklärte ihnen, was sie vorhatte, und wollte dann anfangen, Pflanzkästen zu basteln, Sand und Erde zu mischen und schließlich die Samen hineinzugeben. Die Kinder hatten aufmerksam zugehört, denn sie mochten sie gern in ihrer freundlichen und den Kindern zugewandten Art. Doch als es dann an die Ausführung ging, verschwanden sie einer nach dem anderen. Als ich 'nen Blick aus unserer kleinen Küche in den Garten warf, sah ich Anna auf ihre Arbeit konzentriert und die verschwundenen Kinder ebenso konzentriert beim Jäten. Auch bei Anna lernten sie, nur auf eine ganz andere, für sie offenbar verständlichere und direktere Weise.

Es brauchte einige Zeit, bis die so verschiedenen, aus unterschiedlichen Gegenden kommenden Kinder zueinander fanden.

Claus, ein Einzelkind, wurde von seiner Mutter Else D. gebracht, als er vier Jahre alt war, denn seine Eltern arbeiteten beide im Widerstand, und Claus hatte während einer Haussuchung zu den Gestapo-Leuten gesagt: "Mein Vater hat gestern die Kartei weggebracht." Da haben die Eltern gedacht: Jetzt ist es hohe Zeit, daß er wegkommt. Aber das hat Claus natürlich nie verstehen können. Er hat sehr an seiner Mutter gehangen. - Claus konnte sich ganz konzentriert beschäftigen. Richtig schwere körperliche Arbeit hatte er am liebsten; dabei zeigte der Bursche ein reges geistiges leben. "Grete, Grete", hörte ich ihn über den Hof rufen, "was ist die größte Zahl?" Später sah ich ihn dann auf dem Abwaschtisch in der großen Küche sitzen, seine großen, aufmerksamen Augen auf Grete Hermann gerichtet, die, Gemüse putzend, ihm erklärte, was er gerade zu wissen wünschte.

Doch Claus neigte sehr zum Jähzorn. Er wollte bestimmen, was gespielt wurde oder was der eine oder andere tun sollte. Weigerte sich jemand, so bekam dieser explosionsartig die zähe Kraft von Claus zu spüren, ohne Rücksicht auf Verluste. Ob er diese Anfälle von Jähzorn schon vor der Trennung von seiner Mutter hatte, oder erst danach, weiß ich nicht.

Da passierte es einmal, daß ich Ruth, die jüngste, gebadet hatte, sie auf einem Badetuch auf dem Küchentisch stehen hatte und sie abtrocknete. Claus kommt und zieht an dem Badetuch, und ich konnte die Ruth gerade noch so auffangen und sagte: "Claus!!!" Mir war in der Empörung nur das eine Wort Claus 'rausgefahren. Claus war offenbar so erschrocken über das, was er selbst getan hat, daß er hinter mich sprang und mich ins Gesäß biß. Dann habe ich die Ruth fertiggemacht, hab' mir den Claus genommen und hab' ihn vor mich hingesetzt auf meinen Schoß. Weiter gar nichts. Und plötzlich holt Claus aus und haut mir eine 'runter! Und da habe ich ihm auch eine 'runtergehauen. Das ging klatschklatsch!

In den nächsten Ferien fuhr Claus nach Hause nach Berlin zu seinen Eltern. Und als er wiederkam, brachte Else D. ihn. Eine Bemerkung von ihr verdutzte mich: "Charlotte schlägt die Kinder." Ich fragte mich: Wie kommt denn Claus dazu zu sagen, ich schlage die Kinder? Dann kam folgendes 'raus: Eine Freundin von Else D. hatte Claus gefragt: "Was macht Charlotte, wenn ihr ungezogen seid?" Nun, das Wort "ungezogen" kannten die Kinder nicht, die wußten gar nicht, was das ist. Dann hat er gesagt: "Gar nichts." Sie hat immer wieder danach gefragt, und wahrscheinlich hat sie ihm irgendwelche Beispiele gegeben. Und da hat er gesagt: "Dann schlägt sie uns."

Wenn Claus jähzornig war, schlug er oft auf Renate los. Renate wehrte sich natürlich, sie war kräftig. Meistens holte ich ihn mir dann und sprach mit ihm. Später in England war er in Liselottes Gruppe, da kriegte er auch mitunter solche Wutanfälle. Da habe ich ihm mal gesagt: "Claus, wenn du merkst, daß sowas kommt, wo immer du bist, rufst einfach 'Charlotte, Charlotte!', und ich antworte dir, und dann kommst du angerannt und hältst dich an der Schürze fest oder wir sprechen miteinander." Und das klappte. Wenn er so einen Wutanfall kriegte, hörte ich manchmal "Charlotte!", und wenn ich ihm sagte, wo ich bin, kam er angerannt und hielt sich an meiner Schürze fest - und dann war's vorbei. Es half. Diese Ausbrüche führe ich darauf zurück, daß er, ohne daß er es verstehen konnte, plötzlich von seiner Mutter getrennt wurde und in eine völlig fremde Umgebung kam.

Inge, auch ein einziges Kind, kam aus einem Elternhaus, in dem die Eltern wohl manche Schwierigkeiten mit sich selber hatten, und die sehr intelligente Inge hat in den ersten sechs Jahren ihres Lebens davon mehr mitbekommen, als ihr gut war. Voller Ideen, ein ganz lebendiges Menschenkind, auch herzlich und warmherzig, konnte sie mitunter voller Haß sein, Haß auf Erwachsene und Kinder. Ja, mitunter war sie ausgesprochen biestig.

Die Schwestern *Ruth* und *Renate*, zwei und vier Jahre alt, wurden von ihrer Mutter Erna L. aus Palästina gebracht. Sie hatten bereits ein unruhiges Leben hinter sich. Die Eltern waren von Berlin nach Palästina ausgewandert, als Ruth noch ganz klein und Renate drei Jahre alt war. Ruth, ein zartes kleines Ding, sprach kaum. Das Sprachgemisch, das sie bisher erlebt hatte, war der Sprachentwicklung nicht allzu förderlich gewesen, und nun, in Dänemark, kam eine neue Sprache hinzu. Renate schien robuster; wache, forschende Augen, alles beobachtend und nachdenklich verarbeitend. Renates ausgesprochenes Gerechtigkeitsgefühl war für mich das Auffallendste und ihr kritischer Verstand. Nachdem die Mutter einige Tage mit den Kindern bei uns gewesen war, wollte sie sehen, wie sich die beiden einlebten, und ging für einige Zeit weg. Als sie zurückkam, beschwerte sich Renate bei der Mutter: Sie habe ihr gesagt, in dieser Schule würde nicht geschlagen; das stimme nicht. Erna L. war erschrocken und fragte: "Schlägt Charlotte euch?" "Nein", war die Antwort, "aber Claus!" Renate war das Opfer eines von Claus' Wutanfällen geworden.

Beide Kinder, sowohl Renate wie Ruth, zeigten im Laufe der Zeit ein besonders sensibles Einfühlungsvermögen, wenn es um das Erspüren menschlicher Beziehungen ging. So geschah es mir einmal, daß mich Renate, immer den Zipfel meiner Schürze haltend, als ich das Essen für uns in der großen Küche holte, fragte, indem sie mich aufmerksam forschend ansah: "Wirst du traurig sein, wenn ich zu den anderen Kindern gehe?" Ich war recht erstaunt: Weshalb diese Frage, und das gerade von der selbständigen Renate? "Weil du traurig bist", sagte sie einfach, meine Frage beantwortend. Renate war mir, wie oft eines der Kinder, zum Essenholen in die Küche gefolgt; dort war mir von irgendjemandem, wahrscheinlich von Minna, etwas gesagt worden, was mich verletzte, was ich selber aber noch gar nicht recht aufgenommen oder mir bewußt gemacht hatte. Renate hatte es gespürt und das Gefühl gehabt, mir nahe bleiben zu müssen. Mit Ruth hatte ich, als sie in dem gleichen Alter war, ähnliche Erlebnisse.

Ehe ich abends 'raufging, erzählte ich den Kindern immer noch eine Geschichte. Besonders Renate war sehr darauf aus, Geschichten zu hören. Ich mußte aber auch aufräumen und saubermachen, die Küche, die als Badezimmer benutzt wurde, in Ordnung bringen, das Feuer im Ofen auslöschen. Und eines schönen Tages kam es zu keiner Geschichte: Die Kinder schliefen alle! Also bin ich 'raufgegangen. Und mitten in der Nacht steht Renate in der Tür, Daumen im Mund: "Du bist gemein, Charlotte! Du bist gemein!" "Warum?" "Du wolltest 'ne Geschichte erzählen und hast sie nicht erzählt!" Als ich ihr erklärte, sie hätten doch alle geschlafen, meinte sie: "Dann hätt'st du uns wecken müssen!" Das war Renate.

Die Brüder *Willi* und *Werner* aus Köln, der eine vier, der andere drei Jahre alt, als sie zu uns kamen, waren offenbar auf der Straße aufgewachsen - ihr Wortschatz, ihre Derbheit verrieten es. Vor den ausgefallenen Ideen dieser Wildlinge war man nie so ganz sicher. Willi hatte z.B. einmal unter den Betten in einem der Schlafzimmer Heu und Papier angehäuft, um das Ganze brennen zu sehen. Ich kam gerade dazu, als er das erste Streichholz an einen Haufen hielt.

Im Gegensatz zu Claus und Inge zeigten Willi und Werner kein ausgesprochen geistiges Leben. Ja, beide machten oft sogar den Eindruck von Dummheit. Das kann jedoch sehr wohl ein psychischer Abschirmmechanismus gewesen sein. Beide Kinder waren der sehr nervösen Mutter offenbar schon über den Kopf gewachsen. Wie weit die Eltern in der illegalen politischen Arbeit standen, und wie sich das wieder auf die beiden Jungen ausgewirkt hat, weiß ich nicht. Beide waren sehr anhänglich, und Willi, der ältere, hatte eine ausgesprochen praktische Begabung und war sehr gutmütig.

Werner - er war damals drei, höchstens vier - fiel zurück in die Babysprache.

Woran das lag, kann ich heute nicht sagen. Sicher habe ich auch manches falsch gemacht. Aber er kam ja nun in eine Gemeinschaft, in der es doch bestimmte Regeln gab, die eingehalten werden mußten: Essenszeiten, Schlafenszeiten. Die Jähzornsanfälle von Claus waren auch ein Problem für Werner. Wenn Werner Babysprache sprach, habe ich es nur ruhig wiederholt und richtig gesagt, aber ich habe bewußt vermieden zu sagen: "Das darfst du nicht sagen", oder: "Das sagt man nicht".

Jedenfalls war Werner ein Problem, das sah auch Minna. Öfter kam Dörte Gregersen in die Schule, unser dänisches Vorstandsmitglied. Sie richtete ein Kinderheim ein, und Minna schlug vor - weil ich ja offenbar nicht damit zurande kam - Werner zu Dörte zu geben. Er kam dann in das Kinderheim von Dörte Gregersen und ist auch nicht mehr zurückgekommen. Als wir nach England gingen, ist er bei Dörte geblieben, Willi ist von Lola nach Deutschland zurückgebracht worden.

Hannelore war sechs oder sieben Jahre alt, als sie zu uns kam. Sie wurde von ihrer Großmutter aus Berlin gebracht. Die Mutter war nach Paris emigriert und ist später verschollen. Hannelore war ein Irrwisch, ein blondes, schmächtiges Kind, immer in nervöser Bewegung, ganz unberechenbar in ihren Handlungen. Ein freundliches Kind, jedoch schnell gereizt und völlig unkonzentriert. Die Kindergruppe versetzte sie erst einmal in große Unruhe.

Karl-Heinz wurde von seiner Mutter Mathilde B. gebracht, da war er fünf, auch er ein zartes Kerlchen. Er war sehr sensibel, die lebhaften, in ihrer Fröhlichkeit lauten Kameraden erschreckten ihn. Sprachen Claus oder Willi plötzlich, riefen sie etwas laut durch den Raum, zuckte Karl-Heinz heftig zusammen. Mit leiser Stimme sagte er dann zu mir: "Es ist so laut." Aber diese Abneigung gegen Lärm hat er radikal überwunden. Aus dem stillen Karl-Heinz war nach ein paar Wochen der lauteste, impulsivste Bursche des Kindergartens geworden. Mitunter zog er, als der "Rote Bandenführer" vorweg, hinter ihm die ganze Kinderschar, laut rufend hinauf zu den Großen. Ohne Scheu brauste er mit seiner Garde durch die Schulzimmer; der Unterricht dort störte *ihn* nicht! Auch sonst war seine Stimme vor der aller anderen zu hören.

Eine besondere Schwierigkeit gab es mit Karl-Heinz von Anfang an: Er war Bettnässer. Ein Problem für mich war dabei: Er war mal zwei Tage trocken und wir waren in gutem Einvernehmen, aber sobald ich eine Kritik hatte, etwas ungeduldig wurde oder für ihn etwas in der Stimme hatte, was ihn verletzte, war bestimmt in den nächsten Nächten das Bett wieder naß. Er kriegte Entzündungen in den Kniekehlen dadurch, es war für mich ein ganz schwieriges Problem. Einmal meinte Hedwig Urbannn, die für den Haushalt verantwortlich war, das könnte doch nicht so schwer sein, sie würde das hinkriegen. Und dann hat sie ihm wohl irgend etwas versprochen, wenn das Bett trocken bliebe. - Am nächsten Tag war das Bett trocken. "Siehste", sagte Hedwig. Aber am Tag darauf war das Bett dann wieder naß. Er ist, solange er bei uns war, nicht vom Bettnässen losgekommen.

Roger war zweieinhalb Jahre alt, als er zu uns kam. Soweit er sprechen konnte, sprach er nur französisch. In der ersten Zeit mußte ich mir Lola oder Minna als Verständigungshilfe holen. Nur, Roger hielt von Minnas Französisch offenbar nicht allzu viel. Sprach sie in dieser Sprache mit ihm, so drehte er den Kopf weg. Roger, mit Ruth gleichaltrig, war weit stämmiger, erdgebundener und schneller in seiner Auffassungsgabe. Roger machte keine Schwierigkeiten. Eines Tages rief er: "Charlotte, komm, hier ist 'ne Riesenschlange!" Es war ein Regenwurm! - Paul, einer von den großen Jungen, der sehr gut zeichnen konnte, hat die Wand im Spielzimmer der Kleinen mit Tieren bemalt: Elefant, Giraffe, Pinguine, Pferde... Nun weiß ich nicht mehr, ob Roger das Pferd an der Wand französisch benannte oder das auf der Wiese. Jedenfalls benannte er das gleiche Tier einmal französisch und einmal dänisch. Diesen Unterschied machte er immer. Er akzeptierte nicht, daß es sich beide Male um das gleiche Tier handelte. Er erkannte es wohl, aber er benannte es in beiden Fällen verschieden. - Mit etwa drei Jahren zeigte er eine besondere Eigentümlichkeit: Alle Bilderbücher, die er sich ansah, drehte er verkehrt herum, so daß alle Bilder auf dem Kopf zu stehen kamen. Zuerst dachte ich, es sei Zufall; aber auch, wenn man sie ihm richtig herum in die Hand gab, drehte er sie um, immer!

Gerda aus Bremen war etwa fünf Jahre alt, als ihre Mutter Frieda A. sie nach Östrupgård brachte. Die hatte ihrer kleinen Tochter gesagt: "Du bist bloß kurze Zeit hier, dann hole ich dich wieder ab." Frieda wußte, daß sie das nicht tun würde, denn auch sie arbeitete in Deutschland im Widerstand; sie wußte, daß sie

Gerda nicht behalten konnte, aber sie wollte das Kind trösten. Gerda hat sich wohl während der ganzen Zeit ihrer Anwesenheit auf Östrupgård nie glücklich gefühlt. Sie wirkte verängstigt, weinte viel. Ich kann mich nicht erinnern, sie wirklich fröhlich gesehen zu haben. Sie war ein recht hilfloses kleines Wesen. Leicht konnten die anderen, besonders Claus und Willi, sie zum Weinen bringen, und das taten sie ausgesprochen gern. Hier nutzte mein Appell an ihre Fairness nur selten etwas. Fast jede Nacht wachte Gerda weinend auf und beklagte sich, daß Östrupgård so groß sei: "Da sind so viele Türen." Gewöhnlich wurden auch die anderen Kinder wach. Einmal war es bei Vollmond, fast alle Kinder waren wach geworden, und Gerda war nicht zu beruhigen. Ich schlug vor, wir wollten auf den Hof gehen und alle zusammen ein Lied singen. Wir taten es, Gerda war beruhigt, ging friedlich ins Bett, und bald schlief alles wieder. Es hat ihr so gut gefallen, auch den anderen, daß dieser Spaß für viele Nächte wiederholt werden mußte. Aber schließlich war der Reiz vorbei, und seitdem schlief Gerda die Nacht durch.

Barbara war auch fünf Jahre, als sie zu uns kam, mit Renate gleichaltrig. Beide freundeten sich sofort an. Barbara war über das Leben im Kindergarten begeistert und sofort zu Hause. Von den Kindern wurde sie augenblicklich akzeptiert und von Renate ganz besonders ins Herz geschlossen. Barbara war wohl das erste Mal unter gleichaltrigen Kameraden. - Ein nettes kleines Erlebnis ist mir deutlich in Erinnerung: Es war kurz nach Weihnachten. Nora B. hatte für ihren Sohn Roger und alle anderen Kinder zum Fest Musikinstrumente geschickt, den Kindern zur Freude, Anna und mir zur Pein. Barbaras Eltern, Bertolt Brecht und Helene Weigel, kamen zu Besuch, und Barbara holte ihren Vater ins Spielzimmer; er sollte doch einmal sehen, *wie schön* es war. Bertolt Brecht war die Stiege hinaufgeklettert und fand sich plötzlich einer blasenden, tutenden, quietschenden Schar gegenüber. Die Kinder wollten ihm natürlich zeigen, was sie hatten und was sie konnten, Barbara rief strahlend: "Ist das nicht schön?" Bertolt Brecht jedoch hielt sich verzweifelt die Ohren zu und rief: "Muß das sein?" Schnell ergriff er, zum Erstaunen seiner Tochter, die Flucht.

Lasse, ein kleiner blonder Däne, war zweieinviertel Jahre alt, als seine Mutter ihn nach Östrupgård brachte.

Jiva war Dänin. Ihre Mutter brachte sie zu uns, als sie zwei Jahre alt war. Die

Mutter, ein einfacher, ja primitiver Mensch, war, so weit ich mich entsinnen kann, Kellnerin. Sie hatte die Kleine bis dahin immer daheim einsperren müssen, wenn sie zur Arbeit ging. Wie die Mutter an uns kam, weiß ich nicht. Auch Jiva war, wie Lasse, ein rundliches, freundliches Kind. Sie sprach mit ihren zwei Jahren noch kein Wort und machte auch keinen Versuch. Nun kam sie in eine Gemeinschaft, in der zwei Sprachen auf einmal, und recht bunt durcheinander, gesprochen wurden, Dänisch und Deutsch. Ich bemühte mich zwar, mit den Kindern hauptsächlich Dänisch zu sprechen, aber auch Deutsch wurde von allen Erwachsenen und Kindern in Östrupgård gesprochen. Nach ganz kurzer Zeit sprach Jiva, und das Erstaunliche war: Sie trennte beide Sprachen ganz klar voneinander. Außerdem machte sie sich den Spaß: Fragte man sie auf Dänisch, antwortete sie auf Deutsch; sprach man sie auf Deutsch an, gab sie ihre Antwort auf Dänisch. Ruth dagegen konnte die Sprachen nie auseinander halten. Jivas Mutter kam oft, brachte für Jiva viel Süßigkeiten mit, suchte sie zu verwöhnen und beunruhige dadurch sowohl Jiva als auch die anderen Kinder. Länger als sechs Monate war Jiva wohl nicht bei uns.

Auch *Frank* war fünf, als er zu uns kam, das Kind deutscher Emigranten, die in Kopenhagen lebten. Er blieb nicht lange bei uns, und so weiß ich nicht sehr viel über ihn zu sagen.

Gerry, fünf Jahre. Sie war ein recht temperamentvolles und eigenwilliges Kind, von den anderen wohl gelitten, trotz aller Sprachschwierigkeiten, denn Gerry sprach nur Englisch. Aber sie war nur wenige Wochen bei uns, dann mußte ihr Vater sie wieder abholen. Er hatte das Kind der Mutter weggenommen und zu uns gebracht.

Natürlich passierte mit diesen verschiedenen Kindern einiges:
Wenn ich große Wäsche für den Kindergarten hatte, dann hatte ich unten im Waschhaus zu tun, und die Kinder waren entweder draußen oder oben in ihrem Spielzimmer. Da passierte es eines Tages im Winter, daß ich bei der Wäsche das Gefühl hatte: Mußt 'mal nachgucken. Da liefen die Kinder oben mit brennenden Hölzern umher. Die Hölzer hatten sie sich geholt, an unserem eisernen Ofen im Spielzimmer angezündet und liefen nun mit ihren Fackeln umher. Den Schreck, den ich kriegte, kann man sich vorstellen. Wir löschten die Fackeln. Ich holte mir

die Kinder zusammen und fragte: "Was machen wir? Ich kann euch ja nicht allein lassen. Was machen wir?" Wenn Kinder etwas vorschlagen, was sie selber als Strafe empfinden, dann schlagen sie meist keine kleinen Strafen vor, sondern sie schießen dann übers Ziel hinaus. Sie haben vorgeschlagen, das Zimmer nicht zu heizen und sie alle im Kalten sitzen zu lassen. Ruth und Roger, die beiden kleinsten, die kamen rauf zu den Großen. Ich hab' gesagt: "Die dürfen nicht im Kalten sitzen, denn die können nichts dafür." Dann saß Werner im Mantel vor dem kalten Ofen, wahrscheinlich einen Tag. Ich hatte ihnen ja erklärt, wieso das schlimm ist, was sie gemacht hatten, und dann habe ich gefragt, was wir machen sollten. Das akzeptierten sie dann, da schimpften sie nicht.

Die Kinder hatten angefangen, sich Webrahmen zu machen, die sollten nun in der Werkstatt der Großen fertiggemacht werden, indem die Kinder in vorgezeichneten Abständen Nägel einschlugen. Da die Tische zu hoch für sie waren, arbeiteten die Kinder auf einer Kiste. Arbeitseifer lag über dem Ganzen. Nun ergab sich eine Schwierigkeit. Die Nägel sollten genau auf der eingezeichneten Stelle eingeschlagen werden, und dadurch mußte bei jedem neuen Nagel besonders genau aufgesetzt werden. Dadurch, daß fünf Kinder zugleich an einer Kiste hämmerten, war es unmöglich, die Genauigkeit zu wahren, da durch die Erschütterung der Nagel verrutschte. Willi merkte das sehr bald und begann die anderen anzuschreien, sie sollten still sein. Keiner reagierte. Ich machte Willi den Vorschlag, den anderen ruhig zu sagen, daß er nicht einschlagen könne, und sie zu bitten, einen Augenblick ruhig zu sein. - Er ging sofort darauf ein und alle hörten mit Hämmern auf und fragten nach einer Weile höflich: "Dürfen wir weiter hämmern, Willi?" Diese Ordnung hielten sie nun alle ein. Sogar als Roger, der jüngste, rief: "Alt auf, isch will Nagell schlagen!", hielten sie still. Infolge dieser Rücksicht auf einander herrschte während der ganzen Zeit eine wunderbare Arbeitsharmonie. -

Die Erwachsenen: Minna Specht, Liselotte Wettig, Gustav Heckman und Hedwig Urbann bildeten den Stamm, waren schon in der Walkemühle zusammen gewesen, wenn sie dort auch in verschiedenen Abteilungen der Schule gearbeitet hatten: Minna und Gustav bei den erwachsenen Schülern, Liselotte bei den Kindern. In Östrupgård kamen dann noch andere hinzu, teils ebenfalls aus der Zeit der Walkemühle, teils Menschen, die vollständig neu zu der Schule stießen. Zu verschiedenen Zeiten waren da: Käthe Wengler, Lene Dutschke, Lola Reitz,

Hans Lewinski, Martha Friedländer, Emmi Rase aus Hamburg. Dann waren da unsere dänischen Mitarbeiter: Karl Lund, Anna Sörensen; nur kurz waren da Karen Skytte und ein anderer dänischer Lehrer, dessen Namen ich vergessen habe.

Das Besondere in dieser Schulgemeinschaft war, so scheint es mir, daß die Kinder wußten, es zum Teil erlebt hatten und immer von neuem erfuhren: Die meisten Eltern, obgleich abwesend, gehörten noch zu dieser Erziehungsgemeinschaft. D.h. zwischen den Erziehern und den Eltern bestand ein enger Freundschaftskontakt, gegründet auf gemeinsame politische und pädagogische Ideen und Ziele. Das schuf eine besonders vertrauensvolle Atmosphäre. Voll bewußt wurde mir das, als wir in England eine besonders schwere Zeit erlebten - davon jedoch später.

Solange die Schule in Östrupgård war, bestand für abendliche Arbeit der Erwachsenen keine Schwierigkeit. Das änderte sich, als am 1. September 1937 in Östrupgård ein Brand ausbrach und einen Teil des Hauptgebäudes zerstörte. Die Ursache des Brandes wurde nie eindeutig geklärt. Wahrscheinlich lag eine Selbstentzündung von Heu auf dem Boden vor. Wir mußten uns nach einer neuen Unterkunft umsehen, d.h. nach einer vorläufigen Unterkunft in Dänemark. Denn die Übersiedlung der Schule nach England war schon beschlossen, für 1938.

Die beiden Gruppen der älteren Kinder gingen mit Minna, Gustav, Hans und Hedwig nach Hanneslund, einem alten Försterhof, der dem Lensgreven Bille-Brahe-Selby auf Steensgaard gehörte. Die jüngeren Schulkinder und der Kindergarten kamen in einem Haus dicht am Meer in Falsled unter. "Storms Hus" hieß es. Es lag nahe dem Gasthof Falsled Krog.

Liselotte unterrichtete die Schulkinder in Storms Hus, und ich hatte wieder die Kinder im Kindergartenalter. Unser Leben wurde nun ganz anders als auf Östrupgård, besonders für die Kleinen. Alles war viel eingeschränkter. Ohne Aufsicht konnte kein Kind außerhalb des Hauses sein. Denn einmal war das Meer gleich vor der Tür, und außerdem lief nicht weit entfernt vom Haus die Landstraße. Die Räume in Storms Hus jedoch waren hell und luftig mit dem Blick aufs Meer. Wir hatten viele Bequemlichkeiten, die uns bis dahin versagt waren: Es gab elektri-

sches Licht; es gab Wasser im Haus, und man brauchte nur den Hahn aufzu-
drehen; es gab Wasserklosetts - kein Kübelausleeren mehr. Trotz alledem, all das
konnte uns Östrupgård nicht ersetzen. Aber ich muß hier wohl eine Einschrän-
kung machen. Die Kinder und auch ich vermißten Östrupgård sehr. Liselotte fühlte
sich sicher wohler in diesem hellen, freundlichen Haus am Meer. Die Atmosphäre
hier kam ihrem Bedürfnis und ihrer großen Begabung, einen ruhigen, konzentrierten und interessanten Unterricht zu gestalten, sehr zur Hilfe.

Auch hier in Storms Hus wurde die gesamte Hausarbeit von den Erwachsenen
und, soweit diese in der Lage waren, von den Kindern erledigt. Das Kochen über-
nahmen die Erwachsenen abwechselnd. Einen Garten hatten wir nicht.

Es dauerte eine geraume Zeit, bis die Kinder den Umzug verkraftet hatten. Es war
ja nicht der Umzug allein, der ihr Leben änderte. Für einige Kinder bedeutete die
räumliche Veränderung auch einen Einschnitt in ihre menschlichen Beziehungen.
So waren Claus, Hannelore und Renate mit dem Einzug in Falsled in die jüngste
Schulgruppe aufgestiegen. Liselotte hatte nun die Hauptverantwortung für sie.
Diese Umorientierung war für die Kinder, besonders aber für Renate, nicht leicht.
Sie war eifersüchtig auf Ruth, die in meiner Gruppe blieb. Renate glaubte sich von
mir im Stich gelassen, obgleich wir ja noch immer täglich, ja stündlich zusammen
waren. Aber gewisse Dinge hatte eben ein anderer Mensch übernommen, den sie
noch nicht so gut kannte. Als Eifersucht deutete ich mir jedenfalls Renates ganz
plötzlich ausgebrochene Aggressivität gegen mich. Für viele Wochen war sie
wirklich unglücklich. Es dauerte lange, bis es mir gelang, wieder ein ruhiges und
vertrauensvolles Verhältnis zu ihr zu bekommen.

Auch Inge war unglücklich, auch sie war aggressiv, auch sie war eifersüchtig. Nur
war bei ihr der Grund ein anderer. Inge war in den Ferien bei der Mutter in der
Schweiz gewesen. Sie kam zurück voller Bosheit und Widerstand. Sie konnte sich
zu hysterischen Ausbrüchen gegen Erwachsene und Kinder so steigern, daß wir
dem hilflos gegenüberstanden. Minna, die von Inge bisher zärtlich geliebt worden
war, bedachte sie in Minnas Abwesenheit mit Schimpfworten und Verdächtigun-
gen. Kam Minna zu Besuch zu uns, weigerte Inge sich, sie zu sehen. Am Ende
eines sehr schweren Tages mit Inge, als ich sie schließlich allein in meinem Zimmer hatte, quoll es plötzlich aus ihr heraus.

Minna Specht, Gustav Heckmann und Liselotte Wettig in Östrupgård

Charlotte mit Ruth, Roger und Hannelore auf dem Weg nach England

Auch Minna hatte sich, wenn auch nur kurz, in der Schweiz aufgehalten. In dieser Zeit hatte sie wohl Helmuts Eltern, nicht aber Inges Mutter Martha D. besucht. Ich entsinne mich, daß Martha sehr an Minna hing. Aus Inges Erzählung entnahm ich, daß Martha in ihrer sehr intensiven und impulsiven Art Inge deutlich machte, wie verletzt sie sich fühlte. Inge selbst in ihrer ganzen sensiblen Wesensart, getrennt von der Mutter, identifizierte sich mit dieser. So kam es zu diesen explosiven Aggressionen. Zwar wurde Inge nach der eben erwähnten Ausssprache wesentlich ruhiger und ausgeglichener, aber solange wir in Falsled waren, verschwand diese Aggression nie ganz.

Hier in Falsled erfuhren wir, daß Claus' Vater ins Konzentrationslager gekommen war. Ob Claus es damals selbst erfuhr, weiß ich nicht mehr. Ich zweifle aber sehr daran, daß wir das Kind mit dieser Bürde belastet haben.

Im Jahre 1938 zog die Schule von Dänemark nach England um und fand im Frühjahr 1940 eine neue, schöne Bleibe in Butcombe Court in Sommerset. Aber schon wenige Wochen später mußte die Schule geschlossen werden, denn Minna Specht und alle anderen Lehrer wurden als enemy aliens (feindliche Ausländer) interniert. Bei den Kindern in Butcombe Court blieben nur zwei Helferinnen und ich zurück. Aber auch wir und die verbliebenen Kinder mußten Sommerset verlassen, denn dieses Gebiet wurde zum restricted aerea, d.h. für Ausländer verbotenen Gebiet, erklärt.

Englische Quäker-Freunde der Schule, Nora und Walter B., boten mir an, mit einer Gruppe jüngerer Kinder bei ihnen zu leben. Sie hatten ein kleines Haus in Dorking. Wir fanden in unseren Zelten auf ihrem Grundstück Unterkunft. Das ging im Sommer. Für den Winter jedoch mußte eine andere Lösung gefunden werden. Durch Vermittlung der Quäker-Organisation kamen fast alle unsere Kinder in ein Heim in Worcestershire. Ich hatte ausgemacht, daß die Kinder, wie sie es bei uns gewohnt waren, vegetarisch ernährt würden. Das wurde mir zugesagt.

Nun mußte ich mich nach einer anderen Arbeit umsehen. Von einer Sozialarbeiterin im Gesundheitsministerium, mit der ich in Verbindung gekommen war, wurde ich gefragt, ob ich als Assistentin in ein Heim für evakuierte Kinder gehen würde. So kam ich nach Pool-in-Wharfdale.

MIT SCHWER ERZIEHBAREN KINDERN IN NORDENGLAND

Von 1941 bis 1943 habe ich in Nordengland in einem Heim für sogenannte milieu-geschädigte Kinder gearbeitet, die alle aus Südengland nach Yorkshire evakuiert worden waren. England rechnete damals mit einer deutschen Invasion. Deshalb war die britische Regierung bestrebt, Südengland von vermeidbaren Schwierigkeiten zu entlasten. So versuchte man z.B., Kinder aus proletarischem Milieu und aus Waisenhäusern in Nordengland unterzubringen. Sie wurden teils in Familien aufgenommen, teils kamen sie in Kinderheime. Einige der Kinder erwiesen sich jedoch als zu schwierig, um in Familien oder den üblichen Kinderheimen gehalten werden zu können. Für diese besonders schwierigen Fälle mußte anderweitig gesorgt werden. So wurde in Pool-in-Wharfdale, in der Nähe von Leeds, ein psychiatrisches Kinderheim, ein Hostel, eröffnet. Dies war mein neuer Arbeitsplatz.

In dem Kinderheim waren ungefähr 14 Kinder im Alter von 6-12 Jahren, Jungen und Mädchen. Es wurde geleitet von einer etwa fünfzigjährigen Frau, die bei einer Familie Privaterzieherin gewesen war. Sie war sehr streng, sehr unnahbar, und hielt großen Abstand zwischen sich und den Kindern. Zum Personal gehörte die Matron, wie die Leiterin genannt wurde, sowie eine junge Psychologin, eine Köchin und ich. Die Matron lebte mit den Kindern eigentlich immer auf Kriegsfuß. Ich kam mit den Ideen und Überzeugungen dorthin, die ich aus unserer Schule mitbrachte und von denen die Matron absolut nichts hielt. Sie meinte, die Kinder müßten streng erzogen werden und müßten Schläge kriegen. Das lehnte ich ab, daher lehnte sie mich natürlich ab. Aber auch die Polizisten von der Polizeistation schräg gegenüber dem Hostel lehnten das ab. Auch sie meinten: Die Kinder sind schwierig, sie müssen mit Strenge erzogen werden und müssen auch mitunter Schläge kriegen. Mir sagten sie: "Wir sind mit Ihnen nicht einverstanden."

Einer der Jungen hatte einmal die Idee, seinen Bruder in Leeds zu besuchen, und er hat die anderen angeregt, mit ihm aus dem Hostel wegzulaufen und mal einen Ausflug nach Leeds zu machen. Ich dachte, die Kinder seien in der Schule. Irgend jemand kam hereingelaufen: "Die Kinder sind weggelaufen!" Ich fragte, wohin, und bin hinterhergelaufen. Als ich sie gefunden hatte, habe ich gefragt: "Wo wollt ihr denn hin?" "Nach Leeds!" Das war ziemlich weit weg! Ich sagte: "Ich komm' mit."

"Das ist nicht wahr." Dann warfen sie mich mit Steinen. "Warum werft ihr mich mit Steinen? Hab' ich euch schon mal beschwindelt?" Nun gab es etwas Hin und Her, dann sagten sie: "Schön, komm du mit." Also sind wir gemeinsam auf der Landstraße losgezogen. Ich wußte nicht, wohin diese Landstraße führte, und die Kinder wußten es auch nicht. Es war ein furchtbar heißer Tag. Nach 'ner Weile sagte einer: "Wir haben unsere Gasmasken nicht mit." "Ja, da müßt ihr sie holen!" "Nee, hol' du sie!" Ich sagte: "Ich hol' keine Gasmasken." "Dann gehen wir ohne Gasmasken." So gingen wir weiter. Sie kriegten Durst, weil's so heiß war. Da war ein Haus, und sie sagten: "Geh du hin und hol uns was zu trinken, oder wir fragen, wo wir was zu trinken kriegen können." "Das könnt ihr machen", antwortete ich, "aber wenn die Leute euch sehen, rufen sie die nächste Polizei an, und dann werdet ihr nach Hause gebracht." Das wollten sie nicht so gern. Wir sind weitergegangen, und beim nächsten Haus kam nochmal der Gedanke: Wir holen uns Wasser! Da habe ich ihnen wieder dasselbe gesagt. Wieder sind wir weitergegangen. Dann zog ein Gewitter auf, und sie wurden natürlich auch müde, wir waren sicher eine Stunde gegangen. "Wir machen Rast, wir wollen uns mal ausruhen." Schön. "Wir setzen uns an den Weg." Sie setzten sich in Grüppchen und unterhielten sich. Ein Teil wollte zurück und ein anderer wollte nach Leeds. Beide wollten, daß ich mitkomme. Ich sagte: "Das geht nicht, ich kann entweder mit den einen oder mit den anderen gehen, teilen kann ich mich nicht." Es blitzte und donnerte, und sie kriegten Angst. Schließlich sagten sie, sie wollten doch lieber zurück. Und dann sind wir gemeinsam zurückgezogen.

Als wir in die Nähe unseres Hauses kamen, fragten sie mich: "Was sagst du denn jetzt der Matron?" "Das weiß ich noch nicht, ich weiß nicht, was sie sagt. Auf jeden Fall schwindele ich sie nicht an." Die Kinder verschwanden in ihren Zimmern, die Matron nahm mich beiseite und schimpfte mich gehörig aus. Am nächsten Tag, als wir uns unten wieder trafen, nannten die Kinder mich nicht mehr bei meinem Namen, sondern "Dolly Daydream". Ich fragte: "Wie kommt ihr denn dazu, mir einen neuen Namen zu geben?" Da sagte Daisy, zehn Jahre alt: "You could only have been daydreaming, running away with us." Die Matron meinte, das dürfte ich mir auf keinen Fall gefallen lassen, sie müßten mich wieder bei meinem ordentlichen Namen nennen. Ich konnte es ihnen doch nicht verbieten, und selbst wenn ich es getan hätte, würden sie's trotzdem sagen. Von der Zeit an hieß ich Dolly Daydream.

Ich konnte mit den Kindern viel eher fertigwerden als die Matron. Es gab öfter Schwierigkeiten, die mit mir eigentlich nichts zu tun hatten. Das Gesundheitsministerium, dem das Hostel unterstand, wollte die Matron anscheinend loswerden und fragte mich, ob ich die Leitung übernehmen würde. Ich sagte zu, und sie haben der Matron gekündigt.

Die Matron sagte eines Tages zu mir: "Unten im Keller sind noch Konserven. Die wollen wir jetzt mal alle aufessen, ehe die neue Matron kommt." Ich wußte ja, daß ich das sein würde, aber ich bin 'runtergegangen und habe die Konserven 'raufgeholt, wir haben sie aufgegessen, und dann war nichts mehr da.

Die Kinder wußten nichts von dem bevorstehenden Wechsel in der Leitung des Heims. Als sie dann sahen, daß die Matron weg war, brach ein wilder Jubel aus. Das Eßzimmer war ein großer, langgestreckter Raum, äußerst ungemütlich: ein Tisch und für jeden ein Stuhl. Bei der Nachricht vom Weggehen der Matron gerieten die Kinder so außer sich, daß sie auf dem Tisch herumtanzten. Und dann machten zwei von ihnen ihre Stühle kaputt. Was nun? Wir hatten nur genauso viele Stühle wie Kinder. Ich sagte: "Wenn ihr die Stühle kaputt macht, müssen die, die sie kaputt gemacht haben, beim Essen stehen - es geht nicht anders." Nach und nach waren aber alle Stühle kaputt. Das kam ihnen sehr ungemütlich vor, doch das nahmen sie in Kauf.

Dann passierte folgendes: Dem Hostel schräg gegenüber lag die Schule, in die die Kinder jeden Tag gehen mußten. Da es nur ein kurzer Weg war, konnten sie allein dorthin gehen. Eines Tages kam eine Frau und sagte: "Wissen Sie, daß Ihre Kinder an der Wharf sind?" Die Wharf war ein Fluß, der nahe vorbeifloß. Ich sagte: "Nein, die sind in der Schule." "Nein", sagte sie, "die sind nicht in der Schule, die sind unten am Fluß, und sie haben einen Jungen mit Teer eingeschmiert." Ich ging 'runter und traf die ganze Bande. "Kommt mit!", sagte ich. Einen der Jungen, ein unterbegabtes Kind, hatten sie von oben bis unten mit Teer eingeschmiert, den man nicht leicht loskriegen konnte. Die jüngsten der Kinder sagten: "Wir machen ihn wieder sauber." Sie gingen und schrubbten den Jack, so gut sie das konnten, und ich machte dann das übrige. Ich kriegte den Teer mit Fett weg. Das war *einer* der Streiche, die sie machten. Natürlich habe ich mit ihnen darüber gesprochen. Sie waren aus der Schule ausgerissen. Der Elfjährige hatte sie veranlaßt, in der Pause aus der Schule wegzugehen, er hatte gesagt, wir machen was Interessanteres. Er war mit ihnen an die Wharf gegangen, um zu spielen, und sie hatten da ein Teerfaß gefunden. Da haben sie den Jungen eingeschmiert!

Das nächste war, daß ein Polizist zu mir kam. - Ich war Vegetarier, aber die Kinder waren natürlich keine Vegetarier. Wir hatten eine Köchin, eine freundliche, sehr kräftige Frau. Ich bat sie öfter, Möhrensalat zu machen. Die Kinder kamen alle aus proletarischem Milieu. Sie waren nie gewohnt gewesen, warme Mahlzeiten zu kriegen, sie bekamen Weißbrot mit etwas drauf und Kakao. Warmes Essen kannten sie nicht und Gemüse schon gar nicht. Eines der Mädchen, eine Zehnjährige, war zur Polizei gegangen und hatte gesagt: "Unsere Matron" - das war in diesem Falle ich - "vergiftet uns!" Ein Polizist stand also plötzlich vor der Tür und sagte: "Daisy war bei uns und hat gesagt, Sie vergiften die Kinder. Wie machen Sie das?" Natürlich war ich etwas verdutzt und sagte: "Kommen Sie 'rein." Ich führte ihn in die Spielstube, da waren alle ganz munter. "Sehen die aus, als wären sie vergiftet?" "Nee", sagte er, "das tun sie nicht." Also ging er wieder. Jedenfalls wußte ich: Die Polizei beobachtet mich. Ich war ja "feindliche Ausländerin". - Die Kinder aßen mit Freuden diesen Mohrrübensalat, sie mochten ihn gern. Aber die Köchin sagte: "Ihr dürft nicht so viel Salat essen, da wachsen Euch lauter Bärte wie den Kaninchen!" Das erzählten sie mir und fragten: "Haben wir schon'n Bart?"

Zweimal in der Woche kam ein Psychiater, Dr. E., der die Kinder einzeln behandelte. Für diese Behandlung gab es ein besonderes Zimmer, in dem sich nichts weiter als ein Wasserhahn, ein Schlauch, Sand und einige Bälle und Stöcke befanden. Die Kinder sollten die Möglichkeit haben, sich mit Hilfe des vorhandenen Materials, ungehemmt durch Verbote und Ermahnungen, auszutoben. Gleichzeitig versuchte Dr. E., mit ihnen ins Gespräch zu kommen. Jede Behandlung dauerte etwa eine Stunde. So konnte Dr. E. bei jedem Besuch höchstens zwei bis drei Kinder sehen. Alle Kinder liebten diese Extrastunde bei Dr. E. sehr und waren immer eifersüchtig auf die Kinder, die gerade diese Stunde hatten. Auch glaubten sie, die Freiheit, die sie in der Stunde mit Dr. E. genossen, auf das gesamte Leben in der Gemeinschaft übertragen zu können. Das führte zu viel Unruhe und großen Schwierigkeiten für uns alle, für die Erzieher und die Kinder.

Wenn Dr. E. eine Zeitlang nicht dagewesen war, wurden sie wieder ruhiger und einigermaßen vernünftig, aber es brach wieder los, wenn er wieder kam. Das erzählte ich ihm einmal, da sagte er: "Sie mit Ihrer Erziehung! Damit können Sie doch nichts erreichen. Ich werde mal mit allen Kindern spazierengehen." Ich war einverstanden und meine Mitarbeiter auch. Eines Tages kam er mit seinem Auto, lud alle Kinder ein und sagte: "Wir fahren in den Wald." Große Begeisterung. Sie fuhren alle in den Wald. Es dauerte lange, bis wir unsere Kinder wiedersahen. Der erste, den ich sah, war Dr. E., mit *einem* Jungen fest an der Hand, nämlich dem, den sie mit Teer vollgeschmiert hatten. Ich fragte: "Wo sind die anderen Kinder?" "Weiß ich nicht", sagte er. Dann erzählte er, daß er dem John mitten im Dorf eine tüchtige Tracht Prügel gegeben hatte. Ich fragte: "Was ist mit den anderen Kindern?" "Ja, die sind im Wald." "Wir müssen die Kinder wiederhaben." "Ich fahr' los und hol' sie", sagte er. Dann ist er in den Wald gefahren und kam nach einer langen Zeit mit einer Fuhre Kinder wieder an. Die hatten dann keine Prügel gekriegt, es waren zu viele. Er lieferte sie ab und verschwand. Von dem Tag an machte er nie mehr abfällige Bemerkungen über Erziehung.

Etwa zwei Wochen später hatte er eine Tagung mit Sozialarbeitern und bat mich zu kommen. Ich kam, und er erzählte den Sozialarbeitern die Sache wirklich so, wie sie gewesen war: "Ich wußte nachher nicht mehr, was ich tun sollte. Ich habe sie überredet, hab' alles mögliche versucht, und schließlich sind sie mit nach Hause gekommen."

Wir hatten einen Jungen namens George, ein ganz schlaues Bürschchen. Als der kam, fragte er die Kinder - wir waren im Nebenzimmer und hörten das, sie waren unter sich -: "Was machen denn die Erwachsenen, wenn ihr ungezogen seid?" Die anderen sagten: "Gar nichts! Die tun gar nichts." Die Kinder erwarteten natürlich jedesmal eine Strafe. Wir aber holten sie zusammen, redeten mit ihnen allen und versuchten dabei, sie zur Einsicht in ihr Tun und zum Verstehen ihres Tuns zu bringen. Damit hatten wir manchmal Erfolg, manchmal nicht.

Jeden Sonnabend kriegten die Kinder ihre Ration an Süßigkeiten ausgeteilt. George sagte, er möchte gerne mal nach Otley gehen, das war die nächste kleine Stadt. Er ging nach Otley, das war für ihn etwa eine Stunde Weges, und unsere Köchin war zur gleichen Zeit auch dort. Als die nach Hause kam, sagte sie zu mir: "Na, auf George könnt ihr aber warten!" George kam nach Hause, frisch und vergnügt und - er hatte Geld. Ich fragte: "Wo hast du denn das Geld her?" "Das hab' ich mir verdient!" "Wie hast du dir das verdient?" Da erzählte er mir folgende Geschichte: "Ich bin in ein Farbgeschäft gegangen, da standen lauter Dosen, und da hab' ich mir ein paar Dosen genommen und bin weggegangen. Nach 'ner Weile bin ich in das Geschäft wieder 'reingegangen und habe gesagt: 'Meine Mutter will aber eine andere Farbe haben. Können Sie mir die umtauschen?' Die Verkäuferin hat die Dosen genommen und hat sie umgetauscht." Das erzählte der mir. Ich sagte: "George, du schwindelst mich doch an!" "Nein", hat er gesagt, "ich schwindel dich nicht an!" Davon hatte er doch kein Geld, daß er die Dosen umtauscht! Na, nun weiter. Er ist dann wieder hineingegangen und hat gesagt: "Es sind immer noch die verkehrten Farben." Die Verkäuferin sagte: "Ja, jetzt weiß ich nicht mehr, welche Farben ich dir geben kann. Hier hast du das Geld, da muß deine Mutter selber kommen." "Meine Mutter ist krank." "Ja, hier hast du das Geld." Das erzählte er mir. Ich sagte: "Also George, das sind reine Schwindeleien!" "Du kannst ja fragen gehen." Er beschrieb mir das Geschäft, und ich ging nach Otley in das Geschäft, das er mir beschrieben hatte... Dosen standen da, wie er mir gesagt hatte, und ich fragte die Verkäuferin: "Sagen Sie mal, war kürzlich ein Junge, ein zehnjähriger etwa, bei Ihnen und hat für seine Mutter Farbe kaufen wollen?" "Ja", sagte sie, "aber es stimmte nicht, die Frau ist krank, ich habe ihm dann das Geld ausgezahlt." Es stimmte also alles, was er gesagt hatte. Als ich mit ihm sprach, lachte er und sagte: "Ja, da kann *sie* doch was dafür, nicht ich." - Was er beabsichtigte war, Geld zu kriegen. Und auf diese Art und Weise hatte er's ja. Er brauchte den Rückweg nicht mehr zu Fuß zu machen, sondern konnte ins Kino gehen und dann mit dem Bus zurückfahren. - Ich vereinbarte mit ihm, daß er das ergaunerte Geld nach und nach von seinem Taschengeld zurückzahlen würde. George ging bereitwillig auf meinen Vorschlag ein, und er hat sich daran gehalten.

Inzwischen hatte ich noch Mitarbeiterinnen bekommen, eine war Ruschi Stadler, eine Musiklehrerin, die eine Weile in unserer Schule gewesen war. Einmal in der Woche hatte ich einen halben Tag frei. Ruschi und Berryll Elton hatten dann die Verantwortung für die Kinder, und die Köchin, Cook nannten wir sie. Ich fuhr, um mich auszuruhen, nach Leeds. Vor unserem Haus war eine Bushaltestelle - es war ein Reihenhaus, wir waren mitten drin, und die Nachbarn rechts und links beschwerten sich oft über die Kinder. Als ich, aus Leeds zurückkommend, die Straße 'runterkam, sah ich aus dem Fenster unseres Hauses Sachen 'rausfliegen.

Mit Kindern in Nordengland

Als ich näherkam, sah ich Nachttöpfe, Möbelstücke - alles, was nicht niet- und nagelfest war, flog 'runter. Ich kam 'rein - sie guckten mich etwas verdutzt an, weil sie mich noch nicht erwartet hatten, und Ruschi und Beryll waren vollkommen hilflos. Den Kindern machte das Spaß, denn da unten standen ja Leute, die auf den Bus warteten. Das war doch interessant! Und Cook sagte: "Warum verhaut ihr die Kinder nicht? Es ist eure Schuld, warum verhaut ihr die Kinder nicht!" Das meinte ja auch die Polizei.

Schließlich waren die Fensterscheiben kaputt, die Fenster wurden zugenagelt - es sah wirklich freundlich aus bei uns im Haus! Meine Vorgesetzte im Ministerium entschied: Hier könnt ihr nicht wohnen bleiben. Wir kriegten in einem Nachbardorf eine Villa mit dazugehörigem großen Grundstück. Nun mußten wir also umziehen von Pool-in-Wharfdale nach Burley, und wir fragten uns, wie wir das mit diesen schwierigen Kindern schaffen sollten. England war im Krieg, wir kriegten keine Busfahrgelegenheit dorthin. Irgendwie mußten wir die Kinder hinüberbringen. Aber wie? - Zu dieser Zeit hatte Hans Lewinski, ein früherer Mitarbeiter unserer Schule, der jetzt im Pionier Corps, also bei den Soldaten war, Urlaub. Ich fragte ihn: "Hans, kannst du mir die Kinder 'rüberschaffen?" "Ja", sagte der, "allemal". Dieser große, starke Hans ging mit den Kindern nach Burley, wo das neue Haus war, und brachte sie alle ohne Schwierigkeiten gesund und fröhlich dorthin. - Als wir uns von der Polizei verabschiedeten, wurde uns gesagt: "Ihre Kinder sind viel besser geworden, aber trotzdem sind wir mit Ihrer Erziehung nicht einverstanden."

Ich sprach mit den Kindern und sagte: "Ihr habt gesehen, wie es in Pool ausgesehen hat - wollt ihr nun, daß es hier bald genauso aussieht?" Nun, um diese Villa war ein sehr großes Grundstück, sie hatten also Auslauf, während sie in Pool-in Wharfdale nichts dergleichen gehabt hatten.

Jeder der Mitarbeiter kriegte sein Zimmer, Ruschi Stadler hatte ihres im ersten Stock, rechts und links wohnten die Kinder. Außerdem war noch Hilde Ehlen da, eine deutsche Kommunistin, deren Mann im Konzentrationslager war, die brachte ihren Sohn mit, der damals sechs Jahre alt war. Er lebte mit diesen Kindern zusammen.

Unser George hatte immer wieder Zwistigkeiten zwischen den Kindern verursacht. Wir hatten einen ganz kleinen Raum, gerade groß genug für ein Kind, ein Bett konnte drin stehen, da steckte ich George 'rein. Ich sagte: "Hier bist du für dich, hier kannst du niemanden ärgern!" "Nö", sagte er ganz vergnügt. - Ich hatte es mir zur Regel gemacht, jeden Abend jedem Kind Gute Nacht zu sagen, bei George setzte ich mich immer hin und unterhielt mich mit ihm. Und eines abends griff ich, zuerst ganz in Gedanken, unters Kopfkissen, während ich mit ihm sprach - und hatte plötzlich zwei Münzen, fünf Shilling, in der Hand! "George, wo hast du denn die her?" "Hab ich gefunden." "Wo hast du die gefunden?" "Beim Spazierengehen." "Das soll ich dir glauben?" "Du kannst mir glauben, die hab ich beim Spazierengehen gefunden!" Da wurde ich stutzig, und ein paar Nächte später griff ich wieder unters Kopfkissen, da lagen wieder zwei Münzen! "Das hast du nicht gefunden! Wo hast du das her?" Er wiederholte: "Gefunden." Ich sagte: "Wenn du die gefunden hast, George - fünf Shilling muß man bei der Polizei abgeben - dann gehst du nach Otley zur Polizei, gibst das ab und sagst, das hast du gefunden. Und dann wirst du sehen, was geschieht." George ging zur Polizei, gab das Geld ab, kam wieder und sagte: "Ich muß vier Wochen warten, wenn das Geld dann nicht abgeholt ist, dann krieg' ich's." Als die vier Wochen um waren, kam George zu mir und sagte: "Ich will zur Polizei gehen." "Was willst du da?" "Ja, ich will sehen, ob mein Geld abgeholt ist." Natürlich war das Geld nicht abgeholt. George kam zurück und hatte Schokolade für die Kinder, Süßigkeiten, und die verteilte er. Da kam 'raus, daß Ruschi schon öfter Geld gefehlt hatte. Als ich George fragte: "Hast du's von Ruschi?" "Ja. Die hat's aber nicht gemerkt", sagte er noch ganz vergnügt. Also wußte er von Anfang an, daß er das Geld von der Polizei wiederkriegen würde. Das war George!

Dann hatten wir ein Mädchen, Joan, die war ein reichliches Stück größer als ich, ein kräftiges Mädchen, elf Jahre alt. Sie kam aus einer Familie, die im proletarischen Milieu oder asozial war. Joan war sehr anhänglich. Wenn wir spazierengingen, gingen immer zwei Erwachsene mit, und es gab immer einen Kampf, denn die Kinder drängten sich, daß sie an die Hand kamen. Besonders Joan wollte an die Hand, sonst kriegte sie einen Wutanfall; und wenn Joan einen Wutanfall kriegte, dann fürchteten sich auch die anderen Kinder. - Zwei der Jungens, ein sehr intelligenter Bursche und ein anderer, hatten irgendwoher Kaninchen gekriegt und wollten einen Stall für sie machen. Sie bauten den Stall, und Joan war eifersüchtig, sie wollte die Kaninchen haben. Die Jungs wollten sie nicht hergeben. Daraufhin trat sie die Ställe kaputt und die Kaninchen liefen weg. Weder Ruschi, noch Berryll und ich waren kräftig genug, Joan zu fassen und sie in ihrer Wut zu dämpfen und 'reinzubringen. Daher rief ich: "Cook, Cook!" Cook kam, nahm sie und brachte sie 'rein. Wohin mit Joan? Wir hatten einen kleinen Keller mit einem kleinen Fensterchen, er war etwa zwei Quadratmeter groß. Ich sagte: "Bitte, laßt mich mit Joan hier drin, schließt ab." Ich blieb also mit Joan allein. Erst wollte sie gegen mich losgehen, aber dann wurde sie ganz friedlich. Ich sagte: "Wir zwei gehen aus dem Keller 'raus, wenn du ruhig bist." Allmählich wurde sie ruhig und wir gingen 'raus. Daß das mutig war, war mir gar nicht bewußt.

Ein andermal spielten die Kinder im Spielzimmer - wir hatten da einen riesengroßen Eichentisch und einen eisernen Ofen. Joan hatte wieder Krach mit den Kindern und tobte. Ich war die einzige, die sie beruhigen konnte - also ging ich 'rein und versuchte es. Sie stand in der Ecke auf der Seite, wo der Ofen stand, nahm Teile davon und warf sie nach mir, und dann nahm sie den Tisch und schob mich gegen die Wand. Irgendwie bin ich da 'rausgekommen. Ich habe sie nicht wieder in den Keller gebracht.

Dr. E. hatte damals aufgegeben und gesagt: "Also, mit den Kindern kann ich nichts mehr machen." Da kriegten wir eine deutsche Psychiaterin, Dr. T. Die sagte genau dasselbe wie er: "Was Sie mit ihrer Erziehung machen, ist ganz verkehrt. Lassen Sie mich das mal machen." Und es passierte genau dasselbe: Wir hatten die Kinder einigermaßen ruhig und sie konnten etwas selbständiger werden - bis Dr. T. kam und sie behandelte. Da konnten sie wieder tun und lassen, was sie wollten. Sie waren wieder in ihrem Extra-Raum und konnten spritzen und mit Schlamm werfen. Die Psychiater waren überzeugt: Die Probleme der Kinder lagen an seelischen Kleinkinderlebnissen, die sie austoben mußten. Dr. T. sagte: "Lassen Sie mich mal einen Nachmittag mit den Kindern allein spazierengehen." Da ich die Erfahrung von Dr. E. hatte, habe ich gesagt: "Dr. T., ich warne Sie. Das ist schwierig!" "Das kann ich, das krieg' ich hin", sagte sie. Schön. Sie zog also los. Wir hatten, wie schon erwähnt, ein großes Grundstück. Ich beobachtete vom Fenster, daß sie die Kinder ganz schwer vom Grundstück 'runterkriegte und die Kinder anfingen, auf dem Grundstück Matsch zu machen und sie damit zu bewerfen. Ich machte mich bereit und sagte meinen Mitarbeiterinnen Bescheid: "Es ist bald soweit!" Plötzlich verschwanden alle Kinder vom Grundstück, da dachte ich: Jetzt ist's Zeit. Auch Dr. T. verschwand, d.h. sie kam zurück zum Haus und sagte: "Sie müssen was tun. Ich werde nicht mit ihnen fertig." Ich ging vor's Tor, zufällig kamen zwei Kinder aus dem Dorf die Straße herunter. Ich ging zu ihnen hin und unterhielt mich mit ihnen. Das mochten unsere Kinder nicht, die das sahen. Sie kamen, einer nach dem anderen, und hörten, wie ich mich mit den Dorfkindern unterhielt. Als ich sah, daß ich sie alle zusammenhatte, sagte ich: "So, jetzt kommt 'rein." Dr. T. sagte: "Das mach' ich nicht nochmal." - Aber sie lud die Kinder von Zeit zu Zeit zu sich nach Hause ein. Das hatte eine positive Wirkung auf die ganze Gemeinschaft.

Sonntags gingen sie immer spazieren, Hilde wollte mit den Kindern in die Moores gehen. Vor dem Hostel ging eine große Straße vorbei, auf der die Busse nach Leeds fuhren. Plötzlich kam die gesamte Bande auf den Gedanken, sich mitten auf die Fahrbahn zu legen. Als der Bus kam, mußte er sehr stark bremsen, denn er kam gerade um die Ecke. Hilde kam 'rein und fragte: "Was soll ich denn machen?" Ich holte die Kinder ins Zimmer und fragte sie: "Was soll ich mit euch machen?" "Du mußt uns durchhauen." "Das mach' ich nicht." "Eine Woche die Schokoladenration sperren." "Schön - also nächste Woche kriegt ihr keine Schokoladenration." Das akzeptierten sie. Vierzehn Tage später machten sie genau dasselbe: Sie warfen sich mitten auf die Straße; der Bus kam und mußte bremsen. Ich sagte: "Also so geht's nicht." Einer der Jungen sagte wieder: "Weißt du was, du mußt uns durchhauen, dann merken wir uns das." Sie waren gewohnt, immer durchgehauen zu werden. Ich antwortete: "Ich hau euch nicht durch. Denkt euch was anderes aus." "Dann darfst du vierzehn Tage lang nicht mit uns sprechen." "Vierzehn Tage ist zu viel - das halten wir Erwachsenen nicht durch und ihr auch nicht." Wir haben uns dann auf drei Tage geeinigt, drei Tage lang würde kein Erwachsener mit ihnen sprechen. Das haben wir durchgehalten. Als die drei Tage um waren, sagte unser intelligentester Junge, David: "Endlich, das hätt' ich nicht länger ausgehalten." Sie haben sich nie mehr auf die Fahrbahn geworfen. - Aber sie haben immer wieder neue Ideen gehabt.

Inzwischen haben wir sie so weit gekriegt, daß wir uns auf einiges verlassen konnten. Eines schönen Tages kamen sie und sagten, sie wollten gerne mal allein spazierengehen in die Moores. "Schön", sagte ich, "ihr könnt gehen, aber nicht alle auf einmal." Sie sollten in Gruppen gehen oder jeder für sich, nicht alle zusammen. Natürlich haben wir auch besprochen, wo wir sie wieder treffen würden. Wir wollten ihnen entgegengehen. Sie versprachen auch alles hoch und heilig und gingen los. Wir gingen etwas später weg, um sie wie vereinbart zu treffen. Nach einiger Zeit kam erst der eine und dann der andre an, und einer kam mit einer Axt. "Wo habt ihr denn die her?" "Die haben wir gefunden!" 'Gefunden' hat zu der Zeit schon niemand mehr geglaubt. Ich sagte: "Kommt erstmal nach Hause, wir wollen mal sehen." Da stellte sich heraus: Sie hatten in den Moores eine Hütte von Waldarbeitern gefunden, sie aufgebrochen, und einiges hatten sie mitgenommen. "Entweder, ich muß dem Magistrat hier Bescheid sagen", sagte ich, "oder ihr geht mit einem Erwachsenen 'rauf und bringt das wieder in Ordnung." "Nein, du kannst dich darauf verlassen! Wir machen das allein." "Verlassen kann ich mich bestimmt nicht drauf", antwortete ich. Hilde ging mit und sie brachten das in Ordnung, und damit war die Geschichte erledigt. - Aber ich sagte ihnen: "Allein könnte ihr nicht mehr gehen. Einer oder zwei Erwachsene müssen immer mitgehen." Auf diesen Gedanken waren sie noch nicht gekommen.

In dieser Art und Weise hatten wir dauernd Überraschungen. Es war anstrengend, aber ich konnte gut mit meinen Mitarbeitern arbeiten. Jede hatte ihre eigene Art, mit den Kindern zurechtzukommen.

Eines Tages haben mich Tolle und Hedwig, zwei alte Freundinnen, besucht, und Tolle fragte sofort: "Hast du was zu nähen?" Zu nähen hatten wir einen Haufen, denn wir hatten viele kaputte Hosen von den Jungs und viele kaputte Strümpfe. Neue Sachen kriegten wir kaum. Tolle setzte sich hin und nähte, und ich frage mich jetzt: Wie hat sie eigentlich die Hosen geflickt? Eine Nähmaschine hatten wir nicht. Sie mußte also alles mit der Hand nähen. Die Strümpfe mußten ja sowieso mit der Hand gestopft werden. Sie saßen in unserem Staff-Room und nähten und stopften und nähten und stopften, und als nach ein paar Tagen die letzte der vielen Hosen fertig war, sagte Tolle: "So, jetzt reisen wir."

Eines Tages meldete sich eine Frau und sagte, sie wolle Sam mitnehmen, den Intelligentesten. Der war in einem Kinderheim gewesen, dort hatte sie sich als Erzieherin besonders für ihn interessiert. Sie war mit einem Mann gekommen, der auch ein Kinderheim hatte. Ich sagte: "Ich kann Ihnen kein Kind ausliefern. Ausgeschlossen. Ich habe diese Kinder übertragen bekommen, das geht nicht." Auch der Mann, der mit war, versuchte, die Frau zu überzeugen, daß es nicht geht. Dann ist sie wütend abgefahren und hat gesagt, ich würde schon sehen, was ich davon hätte! Der Mann blieb da und übernachtete bei uns.

Nach einiger Zeit kriegte ich von meiner Vorgesetzten und vom Magistrat in Otley den Bescheid, ich wäre angeklagt worden und sollte bitte kommen. Meine Vorgesetzte, Miss C. sagte: "Ja, dann müssen wir uns da wohl treffen." Es stellte sich heraus, daß diese Frau mich angezeigt hatte, ich würde Männer da wohnen lassen. Hans, der mit beim Umzug geholfen hatte, hat da eine Nacht gewohnt, der Mann, der mit der Anklägerin gekommen war, und einmal kam unser Freund Walter von einer Quäkertagung und wollte mich besuchen. Das war alles. Sie hatte angegeben, wir hätten dauernd Männerbesuch. Und außerdem sei eine meiner Mitarbeiterinnen in Wirklichkeit ein Mann! Das wurde mir da gesagt. Ich sollte dazu Stellung nehmen. Natürlich war ich völlig verblüfft. Meine Vorgesetzte und die Leute, die mich verhörten, verließen eine Weile das Zimmer und ließen die Akte liegen. Natürlich habe ich mir die Akte angesehen, um festzustellen, was die Frau alles erzählt hatte. Als sie wiederkamen, sagte ich: "Ich mache Ihnen den Vorschlag, gehen Sie ins Hostel und hören Sie die Mitarbeiter. Aber", sagte ich, "Sie fahren erst hin, ehe ich hingehe. Ich gehe nicht erst hin." "Doch, Sie gehen erst hin." "Nein, bestimmt nicht! Nachher sagen Sie mir, ich hätte die Mitarbeiterinnen beeinflußt. Ich geh' nicht erst hin. Aber es ist Ihre Verantwortung. Wenn sie nachher alle sagen: 'Wir wollen nicht mehr hier arbeiten', dann müssen Sie sehen, wie Sie anderes Personal kriegen."

Sie fuhren also hin und nahmen sich Ruschi, Hilde und Cook einzeln vor. Dann wurde die Anklage weitergereicht ans Ministerium. Meine Chefin sagte: "Sie müssen doch verstehen, daß dem nachgegangen werden mußte; daß das nicht wahr war, daß das alles Unsinn war, das seh' ich natürlich." Ich sagte: "Ich gehe dann. Das mach' ich nicht mit." Später bekam ich einen Brief vom Ministerium, in dem sie sich entschuldigten. Sie haben sich dann an Minna gewandt. Minna sollte mich beeinflussen, noch dazubleiben. Ausgerechnet Minna hatte schon lange gesagt: "Wann hörst du endlich da auf?! Das hat doch keinen Sinn, daß du da arbeitest." Ich bin noch geblieben, denn Minna hatte sich überzeugen lassen und mir geschrieben: "Ich bin beauftragt, Dir zu sagen, Du sollst dort bleiben." Also blieb ich noch, und die anderen auch.

Dann brach plötzlich eine Welle von Sex-Interessiertheit durch: "Wo kommen die Kinder her? Und wie ist das?" Sie hatten etwas an die Tafel gemalt und ich sah: Da war was im Gang. Zu den Großen sagte ich: "Darüber sprechen wir mal", und nahm sie mit ins Zimmer - die Kleinen habe ich nicht mit dazugenommen. Als ich mit ihnen sprach, hörten alle andächtig zu und stellten auch Fragen. Am nächsten Morgen wurden sie in die Schule in Burley gebracht, man mußte dazu immer durch's ganze Dorf gehen, da passierte dann oft allerhand. Nicht selten kamen sie auf neue Ideen, zum Beispiel machten sie sich aus Blechdosen, Stricken und Stöcken so etwas wie Stelzen und gingen damit durchs Dorf. Es machte tüchtig Krach, das freute die Leute im Dorf natürlich.

Nachdem ich mit den Kindern über Sex gesprochen hatte, ging *ich* mit ihnen zur Schule, da gingen sie plötzlich zur anderen Straßenseite. Das störte mich nicht, aber da drüben fing Joan an zu rufen: "Unsere Matron is'ne Sau!", und fing an in ihrer Art und mit ihrem Verständnis wiederzugeben, was ich mit ihnen besprochen hatte. Das ging so durch's ganze Dorf, und im Dorf redete man darüber. - Es konnte auch passierten, daß ich mit ihnen spazierenging, plötzlich riß sich einer los, rannte zu jemandem zurück und sagte: "Die Matron, die hat mich vorhin ver- prügelt." Kam zurück und sagte stolz und mit Freude: "Ich hab dem erzählt, du hast uns verprügelt." Die meisten Leute im Dorf wußten nur, daß wir Ausländer waren, auch die Kinder wurden als Ausländer angesehen, weil sie aus dem Süden Englands kamen.

Eines Tages sagte Cook zu mir: "Komm mal. Sam sitzt oben auf dem Baum." Direkt vor der Küche war ein sehr hoher Baum. Da ist er 'raufgeklettert. Sie sollten in der Schule aufhören zu lesen und sollten rechnen. Das wollte Sam nicht. Aber der Lehrer bestand darauf. Deshalb ist er nach Hause gelaufen, auf den Baum ge- klettert und konnte nicht wieder 'runterkommen. Er saß da oben, bis ihn jemand 'runtergeholt hat.

Minna drängte mich dann doch immer wieder, ich sollte nun endlich nach London kommen. Dort hatten unsere Freunde Arbeitsgemeinschaften, um sich auf Deutschland vorzubereiten, und Minna wollte, daß ich dazukomme. Ich habe beim Ministerium einen Antrag auf Entlassung gestellt und Minna wurde nochmal ge- beten, mich zum Bleiben zu veranlassen. Diesmal tat Minna das nicht.

Nun mußte man ja einen Nachfolger für mich suchen und fand ein Ehepaar, das ein kleines Kind von ungefähr einem halben Jahr hatte. Ich sagte: "Sie können ein Ehepaar mit einem so kleinen Kind nicht hierher nehmen! Einige der Kinder können Sie dann nicht hierbehalten. Die sind dann zu gefährlich." Darunter war George. Joan, das sehr starke Mädchen, war schon früher weggekommen. Da war mir gesagt worden: "Sie haben sie bloß nicht richtig behandelt, die kommt in eine Familie." In der Familie zerschlug sie alles, was sie finden konnte. Daraufhin wurde sie untersucht. Es stellte sich heraus, daß sie eine übertragene Syphilis und Gehirnerweichung hatte. Dann kam sie in eine Irrenanstalt. Dort ist sie gestorben.

Aber da war noch George. Man hat schließlich eine Sommerschule gefunden, wo George hinkonnte. Ich brachte ihn in diese Schule, sah mir die Schule an, erzählte den Lehrern von ihm. Das Ganze machte einen ganz guten Eindruck da. - Nach einigen Wochen wurde ich ans Telefon gerufen; es war George, er sagte: "Dolly, when can I come home again?" Da versprach ich ihm, ich würde ihn besuchen, was ich schließlich auch tat. Er war ganz vergnügt, und man war auch offensichtlich zufrieden mit ihm. Ich fragte: "George, klaust du noch?" "Ja", sagte er, "die merken das aber gar nicht."

Nachdem die schwierigsten Kinder ausquartiert worden waren, kam das Ehepaar. Hilde übernahm ein anderes Hostel mit einer englischen Mitarbeiterin. Ruschi und Cook blieben, und ich ging nach London. Damals habe ich gesagt: "Ich will nichts mehr mit Kindern zu tun haben." Ich war vollkommen am Ende meiner Kräfte. Aber in London wollten mir überall die Leute ihre Kinder vorführen. Von allen Seiten kriegte ich Einladungen: Ich hätte doch Erfahrungen mit Kindern, ich sollte doch mal ihre Kinder sehen. Ich *wollte* nicht mehr!

WEITERE ERFAHRUNGEN IN ENGLAND

Ich bin von Burley weggegangen, weil Minna meinte, daß die Arbeit, die ich da machte, nicht so wichtig sei wie das, was wir vorhatten. Wir, die Mitglieder des ISK, hatten vor, uns auf die künftige Arbeit in Deutschland vorzubereiten. Dazu mußte man in London sein. Ich nahm dann eine Arbeit in einem Kindergarten an, ich glaube in Hertfordshire, und kriegte eine Gruppe Kinder; das waren ungefähr vierzig Kinder im Alter von vier bis sechs Jahre. Ich glaube, um acht fing ich an, und wenn ich hinkam, saßen die Kinder schon anderthalb oder zwei Stunden da, da die Mütter zeitig zur Arbeit gehen mußten. Und in diesen anderthalb bis zwei Stunden waren Helferinnen da, bei denen mußten die Kinder *ganz* still sitzen, anderthalb Stunden! Wenn ich dann kam, hörte das Stillsitzen auf. Dann fingen sie erst mal alle an zu toben. Ich hatte ja mit einer so großen Kindergruppe nie gearbeitet und war auch nicht als Kindergärtnerin ausgebildet. Zu einer bestimmten Zeit während des Tages mußte ich jedenfalls mit den Kindern spazierengehen. Dabei hatte ich keine Hilfe. Und es war in der Stadt. Es konnte nur bewerkstelligt werden, indem eine Leine genommen wurde und die Kinder alle daran festgemacht, und wir zogen so durch die Straßen. Es war eine sehr betriebsame Stadt. Ich mußte mit ihnen zum Spielplatz gehen. Immer hatte ich das Gefühl: Mein Gott, kommst du da richtig gut an oder was wird auf dem Weg passieren?! Aber es klappte. Und da gab's natürlich Schaukeln und sie konnten sich austoben. Aber ich war dabei immer in Angst.

Da war ein Junge, der war fünf, von dem erzählten mir die Mitarbeiter, sie hätten ihn noch nie sprechen hören. Seine Mutter arbeitete bei den Säuglingen in demselben Gebäudekomplex, wo der Junge im Kindergarten war. Die Mitarbeiter sagte immer zu ihm: "Nun sprech doch mal! Nun sag doch was! Sag was!" Es dauerte eine ganze Weile, bis ich erreicht hatte, daß sie das ließen. Ich hatte mit dem Jungen ausgemacht, wenn ich ihn 'was frage, braucht er mir nichts zu sagen, aber entweder mit dem Kopf zu nicken oder den Kopf zu schütteln. Und das tat er auch. Er verstand alles, was ich sagte. Ich fragte mal seine Mutter, ob er zu Hause auch nicht spricht? Doch, zu Hause spricht er, aber sobald wir hier in das Haus kommen, spricht er nicht mehr, spricht nicht mit seiner Mutter, auch wenn sie ihn sieht, und auch sonst nicht - ist stur. Seine Mutter erzählte mir dann: Er hat in dem Augenblick aufgehört zu sprechen, als sie die Arbeit bei den Säuglingen übernahm und er in den Kindergarten mußte, als sie getrennt waren. - Nach einigen Monaten fing er plötzlich an, einige Worte zu sagen, und nach und nach einige mehr. Nun kamen die Mitarbeiter mitunter und sagten: "Oh, er spricht ja!" Sofort war er wieder stumm. Also mußte ich meine Mitarbeiter dazu bringen, daß sie den Jungen überhaupt nicht darauf ansprachen. Ich sagte keinen Ton - wenn er sprach, nahm ich das als selbstverständlich. Und als ich wegging, sprach er. Seine Mutter sagte: "Der spricht jetzt! Zu Hause spricht er, und wenn wir hier sind, sagte er Auf Wiedersehen und Guten Tag. Er hat es überwunden." Was wahrscheinlich gewesen war: Sein Vater wurde zur Armee eingezogen und kurz darauf nahm die Mutter die Arbeit auf. Er hatte also wahrscheinlich das Gefühl, plötzlich beide Eltern verloren zu haben. Das war das Eindrucksvollste in diesem Kindergarten.

Während des Krieges war ich noch in einem anderen Kindergarten. Wenn ich morgens dorthin kam, spielten die Kinder schon. Wir setzten uns dann im Kreis zusammen und ich bat sie, mir Lieder vorzusingen, die sie kannten, denn ich kannte keine. Die Kinder brachten mir dann einige Kinderlieder bei. Wenn wir im Kreis saßen und uns unterhielten - ich sprach ja nun wirklich kein gutes Englisch - dann verbesserten mich die Kinder. Ich kriegte Unterricht von ihnen. Eines schönen Tages hörte sich die Matron, also die Leiterin, das an und sagte: "Das geht aber nicht, daß die Kinder Ihnen Unterricht geben." Ich fand das aber sehr gut. Trotzdem ging ich immer mit Angst in den Kindergarten, und zwar deshalb, weil ich den Kindern ja wirklich nicht das bieten konnte, was sie brauchten an Kinderversen, Erzählungen und Anregungen. Das war eine für mich sehr unglückliche Zeit, obwohl ich mit den Kindern, mit den Mitarbeitern und mit der Matron gut auskam, denn sie waren der Ausländerin gegenüber tolerant.

Ich wollte mich an der London School of Economics als psychiatrische Sozialarbeiterin ausbilden lassen. Dort wurde ich aufgrund meiner Erfahrungen in Nordengland aufgenommen. Die Voraussetzung, Ausbildung als Sozialarbeiterin, hatte ich ja schon in Deutschland erworben. Der Kurs dauerte ein Jahr. Ich mußte auch ein Praktikum machen in einem der freien Wohlfahrtsverbände. Es wäre mir lieber gewesen, im Büro zu arbeiten, denn bei Hausbesuchen mußte ich sehr persönliche und intime Angelegenheiten besprechen, und ich hatte das Gefühl, es wäre eine Zumutung für die Engländer, mit einer Ausländerin, noch dazu einer

Deutschen, darüber zu sprechen - schließlich war England mit Deutschland im Krieg. Doch die Leiterin bestand darauf, daß ich in Camden, einem Arbeiterviertel, in dem besonders viele Bomben fielen, Hausbesuche machte.

Eines Tages, als ich wieder unterwegs war, kam wieder ein Luftalarm. Das bedeutete: eine V-1! Solange man sie hörte, fühlte man sich noch relativ sicher, doch wenn das Geräusch stoppte, wußte man: Jetzt kommt sie 'runter - nur wo genau? Ich hatte einen Hausbesuch zu machen bei einem Tuberkulosekranken. Die Familie hatte einen großen Schäferhund. Im Wohnzimmer stand ein Morrisson-Shelter. Das war eine Art Käfig, in den man 'reinkriechen konnte, darüber eine Stahlplatte auf einem Ständer. Das stand in dem Zimmer. Das Shelter war hauptsächlich für den Tuberkulosen gedacht. Als ich mit den Leuten sprach und der Luftalarm einsetzte, wollte ich gehen. Die Mutter des Kranken sagte mir sehr bestimmt: "Sie gehen auf keinen Fall 'raus! Sie bleiben hier!" Und der junge Mann kroch in den Shelter, der Schäferhund kroch in den Shelter, und ich wurde dazugeschoben; die Mutter blieb draußen. Ich als Enemy Alien durfte nicht 'rausgehen, sie wollten mich schützen. Ich blieb bis zur Entwarnung drin. Erst dann konnte ich gehen. Dieses Erlebnis war für mich sehr eindrucksvoll, weil ich mir sagte: In Deutschland hätte man wahrscheinlich den Fremden nicht so geschützt.

Ein anderes solches Diensterlebnis: Ich hatte Bürodienst und mußte auch Besucher empfangen. Ein junger Soldat kam in mein Zimmer. Der war nach Hause gerufen worden, weil das Haus, in dem seine Eltern gewohnt hatten, zerstört war und die Eltern tot waren. Er kam 'rein: "Wenn ich einem Deutschen begegne, schlag ich ihn tot!" Ich war natürlich erschrocken. "Ich bin Deutsche", sagte ich. Da sagte er: "Oh, entschuldigen Sie." Seine Stimme klang betroffen. Es war wieder eines von den Erlebnissen, wie sie mir in dieser Arbeit mehrmals begegnet sind.

KINDER AUS THERESIENSTADT

Vorbemerkung

Minna Specht war 1945, bald nach Kriegsende, von den Quäkern - Bertha Bracey - gebeten worden, eine Gruppe halbjüdischer Kinder aus Theresienstadt zu übernehmen. Die Quäkerorganisation war der finanzielle Träger. Minna beauftragte mich mit der Leitung. Von September 1945 bis zu meiner Rückkehr nach Deutschland Ende November 1946 arbeiteten einige Mitarbeiter und ich mit diesen Kindern. Von Ende November an übernahm Hans Lewinski die Verantwortung. Nach einigen Monaten übergaben die Quäker die Betreuung und finanzielle Verantwortung dem amerikanischen Foster Parents Committee. Die Kinder kamen zum Teil in Heime des Komitees, zum Teil wurden sie in Familien untergebracht.

Der vorliegende Bericht handelt von dieser Kindergruppe in der Zeit meiner Arbeit mit ihnen. Er ist eine Gemeinschaftsarbeit von Cynthia Rowland und mir. Cynthia Rowland, damals Mitglied der Socialist Vanguard Group, arbeitete mehrere Monate in Butcombe Court mit. Sie unterrichtete die Kinder im Englischen, obgleich sie weder Lehrerin war noch irgendwelche erzieherische Erfahrung hatte. So taten wir beim Schreiben des Berichts unsere Fähigkeiten zusammen: ihre Sprachkenntnisse und große Fähigkeit des Ausdrucks und meine erzieherische Erfahrung und psychologischen Kenntnisse.

Er war ursprünglich in englisch geschrieben in der Absicht, ihn in England zu veröffentlichen, was dann aber nicht geschah. Er wird hier leicht gekürzt um die Anmerkungen, die sich auf die unmittelbare Nachkriegssituation beziehen, wiedergegeben, da ich glaube, daß die Erfahrungen mit diesen Kindern, die durch den Aufenthalt im Konzentrationslager mehr als alle anderen aus einer natürlichen Entwicklung gerissen worden waren, von Interesse sein können hinsichtlich der Erfahrungen mancher Kinder und Jugendlichen im heutigen Europa.

Von den Tausenden verwirrter, unglücklicher Kinder, die durch den Krieg aus ihrem Zuhause gerissen wurden, sind einige Kinder wieder mit ihren Familien zusammengekommen oder konnten sich unter friedlicheren Umständen ein neues Leben aufbauen. Dies ist die Geschichte einer Handvoll von ihnen, einer Gruppe halbjüdischer Kinder, die nach dem Kriege aus dem Konzentrationslager Theresienstadt nach England gebracht wurden. Sie fanden Aufnahme in Butcombe Court, Somerset, der letzten Bleibe der Schule von Minna Specht vor ihrer Schließung.

Theresienstadt ist eine kleine Stadt in der Tschechoslowakei. Die Nazis machten aus ihr ein Ghetto für Juden aus ganz Europa, für die meisten von ihnen die letzte

Etappe auf dem Wege nach Auschwitz. Im folgenden Bericht wird etwas über die Wirkung von Theresienstadt auf die Gemüter einiger Kinder gesagt. Für eine vollständige Beschreibung des Lagers ist hier nicht der Ort. Doch ist es nötig, einige Bemerkungen über die Organisation des Lagers zu machen. Soweit die von der SS auferlegten Beschränkungen und die ständigen Transporte ins Lager und wieder hinaus, in Richtung Osten, es erlaubten, machten die Internierten heldenhafte Anstrengungen, eine Gemeinschaft zu organisieren. Ihnen war die interne Verwaltung des Lagers überlassen. Sie bemühten sich um die Aufrechterhaltung der Gemeinschaft durch belehrende und unterhaltende Maßnahmen, die ihre Lage erleichtern konnten. Die Rationen waren sehr kärglich, doch konnten sie durch harte Arbeit in den örtlichen Fabriken ergänzt werden. Die elternlosen Kinder im Lager wurden unter die Obhut von einzelnen Erwachsenen, den sogenannten "Betreuern" gestellt, eine Bezeichnung, die wir so gut kennenlernen sollten. Allerdings wechselten diese Erwachsenen sehr häufig infolge von Verschickung in den Osten; so hat es anscheinend nur wenige enge Beziehungen zwischen ihnen und den Kindern gegeben. Innerhalb des Lagers bildeten sich "rassische" Gruppen: Deutsche, Tschechen, Franzosen, Polen usw. Unsere kleine Schar gehörte mit vielen anderen Kindern zur deutschen Gruppe. Allerdings wanderte Kurt eine Zeitlang zu den Tschechen, und Karl warf man später vor, er habe sich zu den Juden gesellt. Unsere Kinder hielten sich selber für Nicht-Juden.

Der Terror und die Gewalttätigkeit, die in dem sog. Muster-Konzentrationslager herrschten, traten deutlich aus den Erzählungen der Kinder hervor. Diese ersten Geschichten nahmen wir nicht so sehr als Tatsachenberichte hin, eher als Symptome der Stimmung. Oder besser gesagt: Selbst wenn es Tatsachen waren, so doch solche, die eher an der Oberfläche hafteten und die die Kinder bis zu einem gewissen Grade hatten assimilieren und wieder abstoßen können durch zynisches Prahlen und häufiges Übertreiben. Die Tatsachen, die wirklich erschütternden Tatsachen, die sie nicht assimilieren konnten, waren von ganz anderer Art. Sie kamen erst viel später heraus in einer ruhigeren und mehr objektiven Form, in dem Grade, wie die Kinder allmählich mehr innere Sicherheit gewannen, um mit ihnen fertig werden zu können.

Es ist nicht möglich, eindeutig festzustellen, warum unsere Kinder nach Theresienstadt kamen. Es gab keine feststehende Nazi-Bestimmung, wonach die Kinder aus Mischehen abgesondert werden sollten. Wahrscheinlich lebten diese Kinder in jedem Fall unmittelbar vor ihrer Internierung nicht in Familien. Einige kamen aus Waisenhäusern, weil sie entweder keine Eltern hatten oder weil der arische Elternteil sie dorthin gebracht hatte in der Hoffnung, daß sie dort außer Gefahr wären, in einigen Fällen vielleicht auch, um auf diese Weise vom "Schandfleck" jüdischer Beziehungen befreit zu werden. Manchmal scheint ein ganzes Waisenhaus in das Lager geschickt worden zu sein, in anderen Fällen war es möglicherweise das Ergebnis einer "Reinigung" von jüdischen oder halbjüdischen Kindern. Es wurde uns von einer Familie erzählt, der christliche Vater habe verlangt, daß die jüdische Mutter zu ihm zurückkommen müsse, da er sonst nicht die Kinder versorgen könne. Als Antwort nahm ihm die SS auch noch die Kinder weg. In einem anderen Fall hat ein kleines Mädchen seine Mutter begleitet, einfach weil in ihrem Zuhause niemand mehr übriggeblieben war, der sie betreuen konnte.

Am 8. Mai 1945 wurde das Lager von den vorrückenden Russen befreit und die Kinder in verschiedene Erholungshäuser in und außerhalb von Prag überführt, von hier aus hatten einige, die nicht von Verwandten angefordert wurden, die Möglichkeit, nach England zu kommen.

In England waren unsere Kinder eine Zeitlang in einem großen Auffanglager im Norden, in dem hauptsächlich polnisch-jüdische Jugendliche lebten, zu denen unsere Gruppe bald höchst feindliche Beziehungen entwickelte. Unsere Gruppe muß den jüdischen Kindern fast wie Nazis vorgekommen sein, und oberflächlich betrachtet, war das nicht ganz falsch. Die Kinder unserer Gruppe hatten, bevor sie ins Lager kamen, mehrere Jahre nazistischer Propaganda durchgemacht. Infolgedessen führte ein Bewußtsein ihrer eigenen sozialen Inferiorität als Halbarier sie zu eifriger Nachahmung der Nazis. Als sie in Theresienstadt ankamen, wurden sie dort mit Juden aus ganz Europa konfrontiert. Diese jüdische Gemeinde erschien unseren Kindern gemäß der von ihnen im großen Ganzen angenommenen Nazi-Doktrin, daß Schwäche und Hilflosigkeit verächtlich sind, wie eine wahre Rechtfertigung der Nazi-Theorien. Im letzten Jahr nämlich hatten sie anscheinend mit Internierten aus der letzten Nazi-Treibjagd Kontakt gehabt, mit solchen, die bis dahin allen Razzien entschlüpft waren, indem sie sich mit dem Nazi-Regime arrangierten, und die offensichtlich nicht geeignet waren, einen guten Einfluß auf die Kinder auszuüben. Trotzdem muß gesagt werden, daß diese Kinder wahrscheinlich durch die Propaganda geistig so verwirrt und verbogen waren, daß ihnen kaum klar war, was Rasse und Nationalität bedeuten. Für sie war es gleich, ob jemand Jude oder Pole war. Etwas ganz anderes war es, Deutscher zu sein, selbst als Jude. So bedeutete Halbjude doch, ein ganzer Deutscher zu sein, obwohl das über unser Verstehen begreiflicherweise hinausging, wie einer unserer Jungen uns geduldig erklärte.

Diese Erfahrung aus Theresienstadt wurde in dem englischen Lager noch verstärkt, als unsere Kinder mit den polnischen Kindern zusammentrafen. Diese polnischen Jugendlichen waren ihnen fast alle unbekannt, da sie erst einige Wochen vor der Befreiung nach Theresienstadt überführt worden waren. Die Feindseligkeit, die zwischen den beiden Gruppen ausbrach, schien unseren Kindern all ihre Abneigung zu bestätigen und bestärkte ihren Entschluß, Arier zu sein, koste es was es wolle. Eine ihrer ersten Forderungen, als sie zu uns kamen, war dafür kennzeichnend, nämlich daß man ihnen erlaubte, zum Gottesdienst zu gehen. Da wir zu der Zeit keine Spur irgendeines religiösen Gefühls bei ihnen entdecken konnten, blieb uns nichts übrig, als den Wunsch nach Gottesdienst als eine rein "politische" Geste anzusehen, um nämlich die Tatsache zu erhärten, daß sie Arier in einem arischen Heim waren. Als die Frage nach dem arischen Herkommen bald an Bedeutung verlor, da niemand das wichtig fand, ließ das Interesse am Kirchgang nach, obwohl immer jemand bereit war, sie auf Wunsch zur Kirche zu begleiten.

Zuerst hatten wir neun Kinder im Alter zwischen 9 und 14 Jahren. Später kamen noch zwei Mädchen von 8 und 9 Jahren zu uns. Da war Hans, ein dunkler, gutaussehender Junge, 14 Jahre alt, und sein 11jähriger Bruder Otto, aus ziemlich wohlhabendem, behütetem Kaufmanns-Milieu. Der jüdische Vater war eines natürlichen Todes gestorben und die nichtjüdische Mutter war irgendwo in der russischen Zone verschwunden. Dann war da Fred, beinahe 14 Jahre alt, blond und blauäugig, von unschuldigem Aussehen, der perfekte "nordische" Typ und von der Gruppe als Anführer angenommen. Seine Mutter und Schwester waren nach Auschwitz verschickt, sein Bruder in einem anderen Lager erschossen worden. Josef, 11 Jahre alt, und seine 9jährigen Zwillingsgeschwister Trude und Benjamin stammten aus einem guten Handwerkerhause in Ostdeutschland. In Rudi, 12 Jahre alt, einem kleinen, unruhigen und erregbaren Knaben, der aus einem Waisenhaus nach Theresienstadt gebracht worden war, entdeckten wir bald den Kopf der Gruppe. Kurt, ein bezaubernder, intelligenter Lockenkopf von 11 Jahren, ohne Eltern, anscheinend aus einem sehr kultivierten Hause stammend, war von seinen Pflegeeltern weg nach Theresienstadt gebracht worden. Von Karl, einem verschüchterten, ängstlichen kleinen Waisenjungen von 10 Jahren wußten wir nichts außer Straße und Hausnummer in einer großen Stadt. Vielleicht hat ihn die Polizei als heimatloses Kind eingefangen und nach Theresienstadt geschickt aufgrund seines jüdischen Familiennamens - doch ist das reine Vermutung, seine wirklich Herkunft blieb ein Geheimnis. Liese, 9 Jahre alt, stieß später zu uns. Ihre jüdische Mutter war im Lager durch Krankheit gestorben, und man wußte nicht sicher, ob der nicht-jüdische Vater noch lebte. Anna, 8 Jahre alt, hatte weder ein Zuhause noch Eltern und war von einer UNRRA-Gruppe aufgefunden worden. Ihre Mutter war durch Bomben in der Stadt umgekommen, in der sie und das Kind als Flüchtlinge aus dem Osten Zuflucht gesucht hatten; der Vater war an der Ostfront vermißt.

All diese Kinder, mit Ausnahme von Anna, waren im Lager zusammen gewesen, hatten dort ein bis drei Jahre gelebt, doch konnten wir keine Spur irgendeiner physischen Schädigung an ihnen finden, die man auf das Lagerleben direkt hätte zurückführen können, abgesehen von der Tatsache, daß sie von jeder körperlichen Anstrengung sehr schnell erschöpft waren. Allerdings waren sie, ehe sie zu uns kamen, fünf Monate gut ernährt worden. Auch waren die Rationen in Theresienstadt, wenngleich niedrig, nicht zu vergleichen mit denen anderer Konzentrationslager.

Sie kamen zu uns mit großem Optimismus. Sie hatten das Gefühl, daß sie sich nun niederlassen könnten, ein sorgloses Leben, ein glückliches Dasein genießen, das sie sich versprochen hatten, und auf das sie auch Anspruch zu haben glaubten. Sie würden befreit sein von der verhaßten Umgebung des Lagers und von der polnisch-jüdischen Gemeinschaft in England. Nicht länger würden sie eine kleine, geächtete Minderheit sein, sondern eine Mehrheit, in der sie die Gebieter sein wollten. "Wir sind die Herren" wurde uns mehrfach gesagt, und "Herren" hatten sie vor zu sein, denn ihre Erfahrung hatte sie zu der Auffassung geführt, daß dies die einzig wahre Form ist, glücklich zu sein.

Unbewußt hofften sie auch, das Familienleben, das sie verloren hatten, irgendwie wieder herzustellen, dazu ein unerklärliches Glück, das sie sich nur in Form von unbegrenztem Taschengeld, Autofahrten, Kinobesuchen und Parties vorstellen konnten. Die verschwenderische Zuwendung, die sie seit der Befreiung erfahren hatten, von der warmherzigen Generosität russischer Soldaten bis zu einer zielbewußteren von anderer Seite, brachte sie zu der Vorstellung, daß diese Art zu leben die eigentlich gemäße Form für die Befreiten sei. Sie meinten, daß die Welt ihnen ein Auskommen schulde, sie hatten entdeckt, daß von ihrem Aufenthalt im Konzentrationslager zu sprechen, ihnen die meisten Türen und Portemonnaies aufschloß. Eines unserer Hauptprobleme war daher, die Kinder dazu zu bringen, die Bedingungen des normalen Lebens zu akzeptieren, sie wegzuführen von ihrem Blütentraum-Land, weg von ihrer Schwarz-Weiß-Welt, die entweder ganz gut oder ganz schlecht war, hin zu einem Verstehen und Annehmen gewöhnlicher menschlicher Werte.

Es lag ihnen außerordentlich viel daran, Räume ganz für sich allein zu haben. Hans und Fred entdeckten bald zwei kleine, unbenutzte Dachkammern, die man ihnen als eigene zugestand, obwohl es größere und bessere Zimmer gab, die sie miteinander hätten teilen können. Ihr Wunsch, einen Bereich für sich zu haben, war sehr ausgeprägt. Es war nicht nur der Wunsch, alles zu vermeiden, was sie an Baracken erinnern könnte; die Vorstellung, daß andere Kinder zu ihnen stoßen könnten, wie wir es für wahrscheinlich hielten, erregte heftige Ablehnung und Feindseligkeit, denn sie fürchteten, sie könnten wieder eine Minderheit in einer größeren Gruppe werden.

Dieses Gruppengefühl und die sehr starke Loyalität, die sie für einander empfanden, waren beim ersten Kennenlernen ihre ausgeprägtesten Charakteristika und auch ihre liebenswertesten, obwohl es zum Teil die Loyalität einer Bande war, die der Gesellschaft feindlich gegenüberstand, besonders in Feindschaft gegen die Erwachsenen. Diese Solidarität war im Lager entstanden durch ihren gemeinsamen Kampf ums Überleben und aus ihrer Verachtung für andere, die diese Erfahrung nicht mitgemacht hatten. Tatsächlich hatten ja alle anderen Gemeinschaften sie im Stich gelassen. Die Deutschen hatten sie wegen ihrer Blutmischung ausgestoßen, hatten sie gleichzeitig gelehrt, eine Zugehörigkeit zur jüdischen Gemeinschaft abzulehnen. Und doch war ihre heftige anti-jüdische Haltung ein Ausdruck des Frustriertseins, weil sie gezwungen waren, sich selber aus der Zugehörigkeit zu dieser größeren Gemeinschaft auszuschließen.

Diese Gruppenloyalität hielt sie jedoch nicht davon ab, gelegentlich die kleinen "häßlichen Entlein" der Gruppe zu tyrannisieren oder zu quälen. Wenngleich solches Verhalten bei Kindern innerhalb von Gruppen nicht ungewöhnlich ist, so war doch die besondere Form, in der es sich bei unseren Kindern äußerte, eher bedenklich. Unsere erste Erfahrung in dieser Hinsicht war, daß Karl vor ein "Sondergericht" gestellt und bestraft werden sollte, weil er Jude sei. Obwohl er, soweit wir wußten, nicht mehr oder weniger Jude war als irgendeiner von den anderen, wurde er beschuldigt, zur jüdischen Gemeinde im Lager übergegangen zu sein. Die Tatsachen darüber sollten von den Kindern eines anderen Heims ermittelt und so das volle Ausmaß seines Verrats erwiesen werden. Karl in seiner verträumten Art und mit seinem Mangel an Kontakt zur Außenwelt, war anscheinend das geborene Opfer. Doch konnte er mit einem gewissen Maß an leichter Quälerei fertigwerden, ohne seine gute Laune zu verlieren. "Laß mich allein", sagte er meistens, wenn man ihm sein Jude-sein vorwarf, "ich bin doch ein Mensch". Man hatte Sympathie für Karl, selbst zu dieser Zeit, als die Wand zwischen ihm und der Wirklichkeit so massiv war, daß er sich oft fast wie ein Halbidiot benahm; man fühlte, daß er irgendwo einen Schatz von klarem Verstand besaß, der über dem Durchschnitt für sein Alter lag.

Dann nahmen sie ihn eines Tages mit in den Wald. Wir fanden erst später heraus, was tatsächlich passierte: Offenbar stand die Bande in einem Kreis um ihn herum, mit Stöcken bewaffnet, ohne ein Wort zu sagen. Dies war ihre typische Nazihaltung: Diese wohlüberlegte Taktik, andere zum Angriff zu provozieren, um damit die Entschuldigung für die nachfolgende Mißhandlung zu haben. Schließlich griff Karl an, fast hysterisch vor Angst. Es gelang ihm, aus dem Kreis auszubrechen. Die Bande stürzte ihm ins Haus nach und versuchte, auf ihn einzuschlagen mit allem, was sie hatten. Als es uns endlich gelungen war, sie auseinander zu bringen, war Karl verschwunden. Er war davongelaufen.

Zuerst versuchten die Kinder, dies als eine neue und aufregende Entwicklung der Geschichte zu betrachten, doch schlug die Stimmung überraschend schnell, schneller, als wir erwartet hatten, in heftige Gewissensbisse um, mit einem klareren Verständnis dessen, was sie getan hatten. Nach etwa zwei Stunden, als es begann dunkel zu werden, kam Karl zurück. Er sagte, er wäre in der großen Stadt gewesen, einer Stadt voller Lichter, er wolle jetzt etwas essen und dann endgültig fortgehen. Er bekam seine Mahlzeit und Charlotte redete in aller Ruhe mit ihm, besprach die Dinge, die er mitnehmen müsse, und ob er genug Geld bei sich habe. Anfangs gab er kaum eine Antwort, aber als er merkte, daß andere sein heftiges Gefühl, ungerecht behandelt worden zu sein, verstanden, auch seinen Entschluß, selber etwas zu tun, um diese Quälerei zu beenden, kam er etwas aus sich heraus. Auf dem Weg nach oben, um einige Sachen für seine Reise zu holen, schlug Charlotte ihm vor, daß man die Sache vielleicht erst einmal mit Fred besprechen könne. Karl stimmte zu, und Fred, der sich jetzt schon sehr über sein Verhalten schämte, versprach ihm, daß solche Attacken nicht mehr vorkommen würden - ein Versprechen, das er gehalten hat. Karl hatte seine Genugtuung und zeigte sogar Anfänge von Selbstbewußtsein. "Haben sie mich vermißt, als ich weggelaufen war?" fragte er.

Auch Kurt wurde viel beschimpft, weil er ein "Tscheche" sei, aber nicht ganz so viel wie Karl, da es ihm schneller gelang, eine feste Beziehung zur Gruppe herzustellen und sie dazu zu bringen, seine etwas reservierte, einfallsreiche Wesensart zu akzeptieren.

In einigen Bereichen waren sie jedoch gewissenhaft fair, wie z.B. bei der Organisation für die Benutzung des einzigen Fahrrades, das wir zunächst nur für sie beschaffen konnten. Sie vereinbarten untereinander, daß jeder den alleinigen Anspruch auf die Benutzung des Rades für soundso viele Stunden pro Woche haben sollte, und wenngleich sich ein schwunghafter Handel abspielte, um das Rad von dem jeweiligen Besitzer zu borgen, wurde doch nie wirklich Druck ausgeübt, um die Kleineren um ihren angemessenen Anteil an der Benutzung zu prellen.

Den Erwachsenen gegenüber nahm das Verhalten der Gruppe allerdings immer mehr die Wesensart von Gangstern an. Nach außen waren sie sehr höflich, zeigten die konventionell guten Manieren, die die Nazis zur Kunst ausgebildet hatten, wenn sie sich von ihrer besten Seite zeigen wollten. "Was für gute Manieren die Jungen haben", bemerkten gelegentliche Besucher, ohne von den Verbeugungen und dem Hackenschlagen beunruhigt zu werden, die die guten Manieren begleiteten. Die älteren Jungen brauchten lange Zeit, bis sie das formelle "Sie" aufgeben und durch das spontanere "Du" ersetzen konnten.

Diese Höflichkeit und Reserve verdeckten tiefes Mißtrauen und Feindseligkeit uns gegenüber, dazu eine große Verachtung, als sie entdeckten, daß wir nicht beabsichtigten, unsere Macht und Überlegenheit zu benutzen, um Disziplin durchzusetzen. Sie hatten so lange in einer Umgebung gelebt, in der größere Macht die einzige Rechtfertigung, die einzige Rechtsquelle war, daß sie nicht verstehen konnten, warum diejenigen, die nun die Macht hatten, sie nicht gebrauchten. Das konnte nur so sein, weil wir entweder zu feige wären oder weil wir schwindelten und betrögen und das bemäntelten, indem wir uns freundlich und vernünftig zeigten. Obwohl sie solche nazihaften Überlegungen abgestritten hätten und sie intellektuell auch wirklich ablehnten, hatten sie sie gefühlsmäßig doch ganz und gar geschluckt und handelten entsprechend.

Lange Zeit versuchten sie, uns zu einer Demonstration von Gewalt zu provozieren, die ihnen dann ihrerseits einen Ausbruch von Gewalttätigkeit erlaubt hätte. Sie konnten nicht glauben, daß wir nicht ihre Feinde waren, und sie mußten sich beweisen, daß wir es wären.

Eines der wenigen Dinge, auf denen wir von Anfang an bestanden, war Pünktlichkeit zu den Mahlzeiten und Schlafenszeiten. Wenn wir Strafen auch nicht für richtig hielten, so erwarteten wir doch von den Kindern, daß sie die Konsequenzen ihres Tuns annähmen. Wenn jemand ständig zu spät zum Frühstück kam, nun, so erfuhr er, daß das Frühstück abgeräumt worden war, damit die Hausarbeit normal weitergeführt werden konnte. Das passierte Hans, nachdem er mehrfach gewarnt worden war, und verursachte einen Ausbruch wahrer Raserei bei ihm, der nicht vor physischer Gewalttätigkeit zurückschreckte. Endlich hatte er einen wirklichen Grund zur Beschwerde: Die Erwachsenen unterdrückten ihn und beraubten ihn seiner Rechte. Als er merkte, daß wir von seinem Wutausbruch nicht beeindruckt waren, zeigte er eine vorübergehende Änderung seines Verhaltens: Er beschloß, es statt mit Gewalt mit Zusammenarbeit zu versuchen, und sei es nur, um herauszufinden, was diese sonderbaren Wesen wirklich im Schilde führten.

Dieses Mißtrauen den Erwachsenen gegenüber war ein ganz natürliches Gefühl.

Die Welt der Erwachsenen, die sie kennengelernt hatten, war, mit Ausnahme der frühen Kinderjahre, nicht sehr erfreulich gewesen. In ihren eigenen Familien hatte man den einen Elternteil abgeführt, und dem bleibenden Teil war es nicht gelungen, ihnen Geborgenheit zu geben, manche hatten überhaupt keine Eltern. Anfangs hatten sie sehr wenig Interesse gezeigt, den nicht-jüdischen Elternteil oder die Pflegeeltern wieder zu treffen, selbst wenn man sie hätte aufspüren können, mit Ausnahme von Hans, dessen ständige Sorge um das Schicksal seiner Mutter vielen seiner Schwierigkeiten zugrundelag.

Im Lager hatten die Betreuer sie wieder im Stich gelassen. Rudi sagte eines Tages: "Keiner half irgendeinem anderen." Die Kinder hatten sicher das Gefühl, daß niemand ihnen geholfen hätte und daß sie nur durch ihre eigenen Anstrengungen hatten überleben können. Obwohl dies kein Bericht über Theresienstadt ist, müssen wir gerechterweise doch sagen: Wir wissen, daß dieses Gefühl ohne jeden Zweifel unberechtigt war. Mitglieder der Gemeinschaft machten große und tapfere Anstrengungen, allen Internierten zu helfen, sie zu organisieren und besonders den Kindern die größtmögliche Sicherheit zu geben. Aber dieses mögliche Maß an Sicherheit war nicht sehr groß, und die Kinder konnten sich natürlich gefühlsmäßig nicht damit abfinden, daß es in Wirklichkeit nur sehr gering sein konnte. Und die Erwachsenen, die sich weit klarer über den Terror waren, unter dem sie alle lebten, konnten wahrscheinlich ihre Angst nicht so weit für sich behalten, daß die Kinder sie nicht bemerkten, und folglich verloren die Kinder das Vertrauen zu ihnen.

Da menschliche Beziehungen versagt hatten, war für sie Macht die einzig mögliche Sicherheit. Daher versuchten sie, ihre Überlegenheit über die neuen "Betreuer" durch Drohungen und Erpressertaktik zu sichern. "Wir sind doch die Herren! Ihr werdet bald sehen, was wir tun werden!" Doch ihre Drohungen waren meist leer. Die Fenster blieben heil, von Zufällen abgesehen. Gelegentlich gab es heimliche Beschädigungen an den Obstbäumen und im Garten. Sie waren zu ängstlich und in einigen Fällen auch zu gut erzogen, um ihre Gefühle durch physische Gewaltakte abreagieren zu können. Eher versuchten sie, uns zu offener Gewaltanwendung zu reizen, die ihnen dann das Recht geben würde, auf gleiche Weise zu reagieren. Wenn ein solcher Ausbruch passiert war, hatten sie schreckliche Schuldgefühle.

73

Die Kinder aus Theresienstadt und ihre "Betreuer" (Charlotte in der Mitte)

Eines Tages beschlossen sie, nicht in den Unterricht, sondern zusammen in den Wald zu gehen. Wie Fred viele Monate später zugab, wollten sie sehen, wie die "Betreuer" reagieren würden. Würden sie endlich so gereizt sein, sie mit Gewalt zum Unterricht herbeizuholen? Keiner ging ihnen nach, und nach einer Weile wurde der Wald, ohne wütende Erwachsene, ihnen langweilig.

Am nächsten Tag besprachen wir mit Fred das Problem des Unterrichts:
"Man kann uns nicht zumuten, hinter euch herzulaufen, wenn ihr nicht zu den Stunden kommen wollt. Was sollen wir tun, wenn ihr nicht kommt?"
"Vermutlich uns bestrafen", sagte Fred.
"Wenn wir das aber nicht tun wollen, was dann?"
Fred zuckte mit den Achseln.
"Haltet ihr es für richtig, da wir ja so viel Arbeit im Hause haben, daß wir den Plan, euch zu unterrichten, aufgeben, wenn ihr nicht zu den Stunden kommt, so daß wir mit unserer anderen Arbeit weiterkommen?"
Fred gab zu, daß das fair wäre, und da sie im Grunde lernen wollten, war die Teilnahme am Unterricht eine Weile bemerkenswert eifrig.

Mehr als irgendein anderer Grund hatte ihr Bedürfnis nach Sicherheit sie dazu gebracht, so viel von der Nazi-Ideologie wie auch den Nazi-Verhaltensformen anzunehmen: Die Nazis hatten Macht, daher hatten sie Kontrolle über die guten Dinge des Lebens, daher hatten sie Sicherheit. Schwächere Menschen oder Gruppen, wie die Polen oder die Tschechen, waren besiegt worden, daher waren sie ohne Wert und also verächtlich. Aber die Russen hatten sogar die Nazis geschlagen. Die Art ihrer Bewunderung für die Russen zeigte sich weniger darin, wie sie von der wirklichen Großherzigkeit russischer Soldaten erzählten, als in der Beschreibung, wie russische Tanks eine benachbarte Stadt "gesäubert" hätten, mit allen schauerlichen Vorfällen, die dabei passierten.

Auch die SS erweckte ihren Respekt auf eine Weise, die sie nicht offen zugegeben hätten. Kurt erklärte eines Tages, wie sehr er sich eine Stelle als Bote bei der SS gewünscht habe, wenn er älter gewesen wäre. Sie haben so wunderbare Motorräder und so schicke Uniformen. "Ich wollte ihnen natürlich nicht helfen, aber es wäre schön gewesen, ein Motorrad zu haben."

Die, die Macht hatten, hatten von allem das Beste. Die Kinder brauchten die ständige Versicherung, daß sie nun das Beste von allem bekämen. Wie groß war die nächste Stadt? Wenn sie nicht so groß wie London war, war sie wenigstens die zweitgrößte? Immer gab es diesen Vergleich von Größe und Macht, immer das starke Interesse herauszufinden, wieviel Macht jemand besaß. Das war nicht nur eine gelegentliche Frage, sondern eine ständige. Konnte der König von England alles, was er wollte? Er brauchte doch sicher nicht von diesen Rationen zu leben? Als sie über das Essen quengelten, zeigten wir ihnen eines Tages die Rationen, wie sie tatsächlich vom Händler geliefert wurden. Da sie die Fakten nicht abstreiten konnten, mußten sie irgendwie das Gefühl ausdrücken, es sei unsere moralische Schwäche, nichts Besseres bieten zu können: "England ist offenbar ein armes Land!"

Ein weiteres Beispiel: Das Geld, das Pfund! War es dem Schatzkanzler nicht möglich, so viel davon für sich zu nehmen, wie er wollte? Eine Szene aus den Befreiungstagen war noch frisch in ihrer Erinnerung, als russische Soldaten in eine Bank eingebrochen waren, die sofort von allen, die 'rankommen konnten, geplündert wurde. So war eine ihrer wildesten aber häufigsten Drohungen, daß sie losziehen und die Staatsbank ausrauben würden. Größe und Macht waren die einzigen Werte, die in Frage kamen. "Bei Fred", sagten wir, "ist alles riesig, sein Mund eingeschlossen."

Da, wo das Gruppengefühl der Kinder, wie wir meinten, uns das Leben in den ersten Monaten etwas leichter hätte machen können, gerade da versagte es völlig, nämlich in der Frage des Unterrichts. Sie waren erpicht auf Wissen, eher als auf Lernen, und sie waren intelligent genug, um zu verstehen, wieviel Zeit sie während der unruhigen Jahre verloren hatten. Doch Gruppenarbeit, gleich welcher Art, überstieg ihre Vorstellung. Ihr Bewußtsein, daß sie in allen Schulfächern weit im Rückstand waren, verursachte ihnen ein quälendes Minderwertigkeitsgefühl. Diese Schwäche paßte nicht zu ihrer Selbsteinschätzung als junge Helden, die alle Gefahren durch ihre Klugheit und ihre Findigkeit überlebt hatten, und sie mochten nicht mit dieser besonderen Schwierigkeit konfrontiert werden.

Dies war besonders schwer für sie, da die meisten sehr intelligente Kinder waren, die in praktischen Dingen Urteil, Selbstvertrauen und Findigkeit zeigten, daß es eine Freude war. Diese Kluft zwischen ihrem faktischen Wissen und ihren wirklich geistigen Fähigkeiten machte sie zu unruhigen und reizbaren Schülern. Nur wenn sie die persönliche Aufmerksamkeit des Lehrers auf sich konzentrieren konnten, waren sie zufrieden. Sie fürchteten nichts so sehr, wie Fehler zu machen, und versuchten daher ständig, sich die richtigen Worte oder Antworten vom Lehrer in den Mund legen zu lassen. Für die Lehrer war es ein ständiges Problem - das nicht immer gelöst wurde -, einerseits dieser geistigen Abhängigkeit zu widerstehen und doch den realen Schwierigkeiten Rechnung zu tragen, die die Kinder bei der Anpassung an den Unterricht zu bewältigen hatten. In ihrer maßlosen Angst vor der Bloßstellung ihrer Schwäche konnten sie phantastische Schwierigkeiten erfinden. Rudi z.B., einer der intelligentesten, redete sich ein, daß eine Rechenaufgabe oder ein englischer Satz zu schwierig für ihn sein würde, folglich raste er im Eiltempo damit durch. Wie ruhig er auch aufgefordert wurde, die Aufgabe noch einmal durchzugehen, er bekam einen stürmischen Wutanfall ob des Ansinnens, etwas zu tun, das so offensichtlich über seine Möglichkeiten ging. Wenn man jedoch das gleiche Problem an einem anderen Tag wieder aufnahm, konnte es mit größter Leichtigkeit gelöst werden. Das gleiche traf in ähnlicher Weise für die anderen Kinder zu.

Am Anfang war der Schulbesuch für die größeren Kinder freiwillig, doch war vereinbart, daß sie dabeibleiben mußten, wenn sie sich einmal entschieden hatten zu kommen. Die Kleinen wurden zur Teilnahme am Unterricht angehalten, da wir nicht erwarten konnten, daß sie in ihrem Alter die Folgen fehlender Schulbildung verstünden. Doch war auf diesem Gebiet die Kooperation der gesamten Gruppe leicht erreicht. Wenn sie sich weigerten, zum Unterricht zu kommen, so bedeutete das einen Protest gegen etwas anderes, wendete sich nicht gegen die Schule selbst, die sie ausgesprochen gern besuchten.

Auf anderen Gebieten war die Kooperation weit schwerer zu erreichen. Ottos erste Reaktion, als ihm gesagt wurde, daß er selber sein Bett machen müsse, war die Frage: "Gibt es hier kein Personal, das die Betten macht?" Auch wenn er gebeten wurde, bei anderen kleinen Arbeiten zu helfen, reagierte er empört: "Ich lasse mich hier nicht ausbeuten!"

Der Haushalt wurde in gemeinsamer Arbeit geführt, es gab keine Hausangestellten. Jeder nahm an allen Arbeiten gemäß seinen Fähigkeiten teil. Das war deutlich vor den Augen der Kinder, doch wenn wir ihnen erklärten, daß auch sie ihren Anteil übernehmen sollten, so empfanden sie das als eine unbillige Zumutung. Wenn die "Betreuer" schwer arbeiten mußten, so waren sie ja dazu da. Ihr Gefühl für Fair play, das in anderer Hinsicht oft auffallend war, war in solchen Situationen einfach nicht vorhanden. Das war zum Teil eine natürliche Reaktion gegen das Leben im Lager, wo sie gezwungen worden waren zu arbeiten, und hart zu arbeiten, aber es entsprang auch der Entschlossenheit, die "Betreuer" als ihre Feinde zu betrachten, mit denen jede Form der Kooperation unmöglich war.

Diese Schwierigkeit war bei den Kleinen nicht so deutlich, ihr Gefühl für menschliche Beziehungen war noch nicht so abgestumpft. Ihre Ablehnung von Kooperation war niemals so extrem und mehr von einem Gefühl der Loyalität für die Gruppe bestimmt. Obwohl die kleineren Jungen gegen Aufräumen und Staubwischen in ihren Zimmern protestierten und argumentierten, waren sie doch zufrieden, als der "Betreuer" ein Programm machte, einen großen klaren Plan, den er an die Wand heftete, so daß alle ihn sehen konnten - die Kleinsten allerdings konnten noch nicht lesen: Alle, auch die "Betreuer", kamen beim Aufräumen an die Reihe. Der Plan war da, niemand wurde ausgebeutet, und damit basta!

Da wir nicht beabsichtigten, die Zusammenarbeit zu erzwingen, konnten wir nur warten, bis sie sich entwickelte. Die einzige Regel, deren Einhaltung wir von den Kindern erwarteten, war Pünktlichkeit bei den Mahlzeiten, den Unterrichtsstunden und den Schlafenszeiten. Disziplin in anderen Dingen versuchten wir zu erreichen, indem wir bei den älteren Jungen allmählich ein Verantwortungsgefühl zu wecken suchten, und die bemühten sich sehr, solcher Verantwortung zu entgehen. Sie erwarteten immer Befehle, die sie dann als Beeinträchtigung ihrer Rechte ablehnen konnten, als Angriff auf das bequeme Leben, das sie sich versprochen hatten. Hans, der Älteste, verweigerte ständig jede Verantwortung, wie sie den Vorrechten entsprach, die er und Fred als die Ältesten für sich erwarteten. Älter als die anderen zu sein, bedeutete ein natürliches Recht. Daß damit irgendwelche Pflichten oder Verantwortungen verbunden sein sollten, war einfach eine üble Idee der "Betreuer".

In Butcombe Court, 1945/46

Selten trat ihre Feindseligkeit den Erwachsenen gegenüber offen zutage, außer bei Kleinigkeiten oder bei gelegentlichen Aufständen. Zusammenkünfte der Kinder, bei denen sie untereinander über irgendetwas schimpften, gab es oft, und einmal hörte diese Gespräche ein vorbeikommender Erwachsener, der sie einlud, die Klagen gemeinsam zu besprechen. Das war unsere erste Diskussion, alle Kinder und alle Erwachsenen saßen nach dem Abendbrot gemeinsam um den Küchentisch. Sie nahmen es sehr freundlich auf, und eine Zeitlang gab es eine viel bessere Atmosphäre. Doch schnell redeten sie sich ein, daß dies nur ein Trick der Erwachsenen war, um ihnen etwas unter die Weste zu schieben.

Wir führten jedoch weiter von Zeit zu Zeit solche Zusammenkünfte durch, und es ging langsam vorwärts, sowohl mit einzelnen Kindern wie mit der ganzen Gruppe. Hans als dem Ältesten wurde der Vorsitz angeboten. Die anderen Kinder waren einverstanden, da sie seine Intelligenz und seine Fähigkeit zu argumentieren anerkannten. Er selber nahm die offensichtliche Herausforderung seiner Fähigkeit, fair und objektiv zu sein, an. So verbesserte sich die Atmosphäre allmählich in dem Maße, wie die Kinder Zutrauen gewannen, daß diese Zusammenkünfte ein echter Versuch waren, Schwierigkeiten ans Licht zu bringen und sie durch Verständigung und Übereinkunft zu beheben.

Das Hauptthema ihrer Diskussionen war die Frage des Taschengeldes, das sie als hoffnungslos unzureichend empfanden, und die Ernährung, über die sie sich ständig beklagten, entweder, daß sie ungenügend wäre, oder daß die "Betreuer" anderes und besseres Essen bekämen. Wenn immer möglich, gingen wir auf diese Klage ein; auch dann, wenn es so schien, als hätten wir die Meinung der Kinder nicht genügend berücksichtigt. Gleichzeitig vertraten wir aber auch unseren Standpunkt, daß wir von den Kindern nicht die Zusammenarbeit bekamen, die wir hätten erwarten können. Meist fanden wir, daß wir nach jeder dieser Zusammenkünfte einen Schritt weitergekommen waren, wenngleich die Kinder nachher manchmal meinten, daß sie sich mit zu vielem einverstanden erklärt hätten, und schnell einen Rückzieher machten.

Zu Weihnachten, als die Kinder drei Monate bei uns gewesen waren, luden wir drei ältere Mädchen, Schwestern unserer Jungen, zu einem kurzen Besuch ein. Als sie wieder fort waren, schickten wir die älteren Jungen zu einer Ferienwoche in englische Familien, da wir wollten, daß sie mehr mit dem englischen Leben in Berührung kämen und nach Möglichkeit Freunde außerhalb des notwendigerweise begrenzten Lebens unserer kleinen Gemeinschaft finden sollten.

Weihnachten war eine schwierige und beunruhigende Zeit für sie gewesen. Einige Tage lang waren sie wirklich glücklich. Die große Zahl der Geschenke, die sie von Freunden aus der Nachbarschaft und von verschiedenen Organisationen bekommen hatten, überhaupt die ganze Weihnachtsatmoshäre, hatte sie tief bewegt. Selbst Hans, der große Nörgler, sagte, daß es ihn für die drei verlorenen Weihnachtsfeste entschädigt hätte. Doch weckte es natürlich auch Erinnerungen an ihr früheres Familienleben. Auch hatten sie die Wärme und Gastfreundschaft der englischen Familien gespürt, die sie eingeladen hatten. Vergleiche mit dem Leben bei uns, das niemals ein ganz befriedigender Ersatz sein konnte für das, was sie verloren hatten, waren unvermeidlich. Sie wurden erbittert und unglücklich, und all ihre latente Feindseligkeit, ihr Argwohn brachen heftig wieder hervor.

Sie beschlossen, alle Disziplin abzulehnen, alle Schlafenszeiten, alle Teilnahme am Unterricht. "Gut", sagten wir, "wenn ihr alle Formen des Gemeinschaftslebens ablehnt, zu dem die Beachtung gewisser Regeln nötig ist, so wollen wir mal sehen, was passiert, wenn wir Erwachsenen uns auch so verhalten. Warum sollten wir uns die Mühe machen, was zu kochen und die Mahlzeiten zurechtzumachen, wenn ihr keine Rücksicht auf uns nehmt?" Wir sagten ihnen also, daß wir drei Tage lang für die älteren Jungen, die für die Revolte verantwortlich waren, nicht kochen wollten. Dann wollten wir die Dinge nochmals besprechen. Die Kinder bekamen ihre Rationen, aber keine gekochte Kost, sie durften sich jedoch selber heiße Getränke machen. Hans, der Hauptanstifter des Aufstandes, kam bald von seinem hohen Roß herunter, als er merkte, daß sich nur Unbequemlichkeiten und Schwierigkeiten für ihn ergaben, und er veranlaßte auch seinen jüngeren Bruder, die Protestgruppe zu verlassen. Aber Fred, Rudi und Kurt hielten durch. Es war interessant, daß nach den ersten heftigen Feindseligkeiten, und wenn nicht gerade die gekochten Gerichte für die anderen Kinder vor ihren Augen aufgetragen wurden, die Stimmung zwischen den Erwachsenen und den Revoluzzern ganz freundlich war. Als die drei Tage um waren, kehrte das Leben ohne jede Diskussion wieder in die normalen Bahnen zurück.

Doch es gab immer noch eine Menge ungelöster Schwierigkeiten. Eine der Hauptbeschwerden, die sie nun beschäftigten, war die Frage des Vegetarismus. Wenngleich sie ganz gewiß, hätten sie nicht diese Klage gehabt, sich auf eine andere konzentriert hätten, so ist die Geschichte dieser Episode doch auch ein Bericht über einen unserer Fehler.

Die internationale Schule, die zu Beginn des Krieges in diesem Haus, das ursprünglich für diesen Zweck gekauft worden war, ein kurzfristiges Heim gefunden hatte, hatte immer vegetarisch gelebt, und wir hatten gehofft, diese Tradition fortzusetzen, wenn das Haus für die Theresienstadt-Kinder wieder geöffnet würde. Obwohl wir bereit waren, den Kindern Fleisch zu geben, wenn sie darauf bestünden, so hatten doch frühere Erfahrungen gezeigt, daß Kinder ohne große Schwierigkeiten fleischlose Kost annehmen und mögen. Das traf zunächst auch zu, die Kinder sagten sogar, wie gern sie das viele frische Gemüse und Obst mochten, das sie bekamen.

Diese Stimmung hielt jedoch nicht lange an, und bald wurde die Angelegenheit zur Sprache gebracht. Mit den älteren Kindern hatten wir die Frage diskutiert, und sie waren damit einverstanden, die vegetarische Kost so lange zu akzeptieren, wie sie mit uns zusammen lebten. Aber, wie wir vermuteten, hielt diese Zustimmung nicht lange an. Um Weihnachten begannen sie, die Lösung als wirklich schlimmen Mißstand zu empfinden, so daß wir die Frage in einer Sitzung mit allen Kindern besprachen. Wir waren einverstanden, daß sie Fleisch bekommen sollten, erklärten ihnen jedoch, daß wir erst eine geeignete Köchin finden müßten, da unsere Haushälterin uns verlassen würde, wenn sie Fleisch kochen müßte. Wir wiesen darauf hin, daß es Zeit erfordern würde, eine andere Haushälterin zu finden, doch konnten wir den Kindern nicht alle Gründe erklären, warum wir dazu so viel Zeit brauchten. Während unseres ganzen Aufenthalts drohte uns die Gefahr, das Haus kurzfristig schließen zu müssen. Das machte es sehr schwierig für uns, neue Mitarbeiter einzustellen, doch konnten wir von dieser Ungewißheit nicht mit den Kindern sprechen, da sie das ernsthaft durcheinander gebracht hätte. Andererseits wurden die Kinder, je länger wir mit der Entscheidung über die Zukunft des Hauses warten mußten, immer mißtrauischer, bis sie uns schließlich beschuldigten, in der Sache überhaupt nichts zu unternehmen. Sie hatten das Gefühl, gezwungenermaßen und unter falschem Vorwand etwas anzunehmen, das sie eigentlich nicht wollten, und da wir ihnen nicht die ganze Wahrheit erzählen konnten, schien es uns, daß sie Grund zu diesem Verdacht hatten. Außerdem wurde uns auch bewußt, daß wir uns am Anfang nicht klar genug darüber gewesen waren, welch ungeheure Bedeutung für diese Kinder alles hatte, was mit Essen zusammenhing, nachdem sie Monate oder Jahre im Lager gehungert hatten. Obwohl sie tatsächlich reichlich bei uns zu essen bekamen, fühlten sie sich nicht beruhigt über ihre Verpflegung, solange sie etwas entbehren mußten, was auch sie hätten bekommen können oder was andere bekamen. Eine Zeitlang versuchten wir ohne Erfolg, jemanden zu finden, der Fleisch kochen würde. Mittlerweile mochten die Kinder unsere Wirtschafterin sehr gern, und ihr Schuldgefühl, das stets ihre Feindseligkeit begleitete, hätte sich nur gesteigert, wenn sie tatsächlich fortgegangen wäre.

Nun brachte Hans eine Bewegung in Gang, um das Haus zu verlassen und in eines der anderen Heime für Kinder aus Theresienstadt zu gehen. Er warb nicht ohne Erfolg bei den älteren Jungen, die glaubten, es wäre vielleicht eine gute Idee, woanders hin zu gehen, wo sie sicher viel mehr Taschengeld und mehr Kinoangebote bekämen. Das war zum Teil auf den Besuch der großen Mädchen zurückzuführen. Solange die Kinder das Heim nicht als ihr Zuhause akzeptiert haben, ist es im Leben eines Heims unvermeidlich, daß sie, wo sich die Gelegenheit bietet, ein Heim gegen ein anderes ausspielen; und die Mädchen hatten wahrscheinlich den Eindruck erweckt und dabei vermutlich stark übertrieben, daß es in *ihrem* Heim große Mengen von Taschengeld und Unterhaltung gebe. Sie hatten auch gesagt, daß in *ihrem* Heim die Jungen nur genug Theater zu machen brauchten, um alles zu kriegen, was sie wollten. Die ganze Aktion war vermutlich nur der Versuch zu probieren, ob bei uns die gleiche Methode wirken würde. Doch wurden die Anführer durch die anderen Kinder niemals von ganzem Herzen unterstützt. Sie spielten eher mit dem Gedanken fortzugehen, was ihnen ein angenehmes Gefühl von Verschwörung und Spannung gab, es war jedoch von einem starken Unbehagen über ihr eigenes Verhalten begleitet. Das zeigte sich oft in einem besonders feindlichen Betragen einzelnen Erwachsenen gegenüber, auf die sie ihre Angriffe entsprechend den Geschehnissen des Tages konzentrierten.

Es war unverkennbar, daß sie selber über ihren Entschluß unglücklich waren, aber sie wußten nicht, wie sie aus diesem Dilemma herauskommen sollten. Fast hofften sie, daß sich die "Betreuer" ihrem Plan widersetzen und ihnen damit einen wirklichen Grund geben würden, das Heim zu verlassen. Als wir sie beim Wort nahmen, zeigten sie sich ganz aufgebracht, und so erlosch zum Teil das Interesse an der Verschwörung. Sie waren verwirrt, daß wir über die Drohung, uns zu verlassen, nicht verstimmt waren, da sie doch als Strafe für uns gedacht war, weil wir ihren Erwartungen nicht entsprochen hatten.

Erfahrungen in Heimen haben immer wieder gezeigt, daß die meisten Kinder zu gewissen Zeiten weglaufen wollen und es oft auch tun. Unsere Kinder konnten das - fast möchte ich sagen, leider - nicht. Sie waren Fremde in einem fremden Land und es fehlte ihnen die Gewißheit, daß es einen Ort gab, wohin sie gehen konnten, und die Kenntnis des Weges dorthin, wie evakuierte Kinder sie hatten. Wenn wir andererseits unseren Kindern gesagt hätten, daß sie nicht fortgehen dürften, so würden sie sich nur von Leuten eingeengt gefühlt haben, die eben mehr Macht hatten als sie. Stattdesen versuchten wir, ihr Gefühl von Sicherheit bei uns zu stärken und sie allmählich die Bedeutung eines solchen Schrittes begreifen zu lassen.

Hans, der noch immer der Anführer der Gruppe war, genoß seine Position und war entschlossen, die älteren Kinder nicht seinem Einfluß entwischen zu lassen. Von Zeit zu Zeit gelang es ihm, ihren Zorn anzustacheln, und die Kleineren, die zunächst rundheraus gesagt hatten, daß sie nicht weg wollten, begannen nun, von so viel Planerei und Verschwörung begeistert zu sein und schlossen sich an.

Die Besprechungen wurden immer feindlicher, und eine mußte sogar abgebrochen werden, weil die Kinder nur noch negativ reagierten. Hans berief dann eine neue Besprechung ein, und die ganze Frage des Vegetarismus wurde noch einmal durchgesprochen. Diesmal waren die Kinder viel ruhiger, und wir erklärten unsere Schwierigkeiten so deutlich wie möglich. Die Kinder reagierten viel positiver und schlugen vor, daß die älteren Jungen für das Fleischkochen verantwortlich sein sollten, obwohl klar war, daß das wirkliche Schwierigkeiten mit sich bringen würde. Doch schuf die Tatsache, daß wir in diesem Punkt zu einer Verständigung gekommen waren, bei allen ein Gefühl von Zufriedenheit und Freude, sogar bei Hans, obwohl er dies später als eine persönliche Niederlage empfand.

Dieser neue Gemützszustand entsprang nicht allein der vorläufigen Lösung des Fleischproblems, sondern aus der Tatsache, daß die Kinder während der vorangegangenen Wochen wirklich ein stärkeres Gefühl der Sicherheit gewonnen hatten, so daß der Boden für eine neue Einstellung bereitet war. Einige Tage später hatten sie ihre erste Fleischmahlzeit und waren sehr stolz, daß sie die, mit etwas Hilfe, selber zustande gebracht hatten.

Doch hatte die Auszugsbewegung noch keineswegs aufgehört, und Hans gab sich alle Mühe, sie am Leben zu erhalten, da er spürte, daß seine Führerstellung in der Gruppe ihm aus den Händen glitt. Seine eigene Gemütsverfassung war sehr zwiespältig. Er war ein Stadtkind und hatte für das Leben auf dem Lande und die ländlichen Beschäftigungen, im Gegensatz zu den anderen, nichts übrig. Andererseits fühlte er sich allmählich mehr oder weniger bei uns zu Hause, und ganz gewiß wollte er nicht ohne die anderen weggehen. Diese wiederum hatten ihn aus Gruppenloyalität lange in einem Streit unterstützt, den sie selber viel lieber schon beendet hätten. Auch den Erwachsenen gegenüber war seine Haltung zwiespältig; einerseits glaubte er wirklich, daß sie seine Feinde seien, andererseits suchte er Freundschaft und Kontakt gerade mit den Menschen, die er in höchst unfairer Weise angegriffen hatte.

Seine positivste Tätigkeit in dieser Zeit war die Herstellung einer Wandzeitung. Anfangs war es eine Art öffentlicher Anklageschrift, die er neben seinem Zimmer ein wenig abseits ganz oben im Haus aufhängte. Darauf sollten die Kinder Tag für Tag, möglichst Stunde für Stunde, die Übeltaten der "Betreuer" aufzeichnen. Als einer der Erwachsenen ganz arglos fragte: "Wenn das eine öffentliche Bekanntmachung ist, warum gibst du ihr dann nicht mehr Öffentlichkeit?", brachte er sie nach unten und hängte sie so auf, daß jeder sie sehen konnte. Nun bekam sie mehr den Charakter einer Zeitung mit Karikaturen und mit Artikeln, die die Erwachsenen mehr wegen allgemeinen Fehlverhaltens anklagten, ohne auf bestimmte Beispiele einzugehen, um so die Feindschaft der Kinder aufrecht zu erhalten.

Wieder einmal schienen die Kinder überrascht, daß die Zeitung nicht verboten wurde, daß die Erwachsenen vielmehr ein freundliches Interesse daran zeigten, auch an den Extranummern und Sonderausgaben, ohne die unfairen Angriffe übelzunehmen. Die Erwachsenen begannen, die Vorwürfe offen zu diskutieren und mokierten sich über Hans' schwerfälligen journalistischen Stil.

Ein zufälliges Gespräch mit Rudi brachte dann die Frage auf, ob es sich wirklich lohne, fortzugehen, nur weil es so schien, als gebe es woanders mehr Geld und Zeitvertreib. Darauf gab es keine erkennbare Reaktion, doch hat er anscheinend über die Frage nachgedacht, und einige Tage später bat er um ein neuerliches Gespräch, zu dem er diesmal Fred und Kurt mitbrachte. Er sagte, daß er sich entschlossen habe, nicht fortzugehen, und die anderen auch nicht. Offenbar fühlten sich alle drei durch diesen Entschluß erleichtert, wenngleich Kurt, ein eher unbekümmertes Kind, immer bereit, mit den anderen zu gehen, die Sache nie sehr ernst genommen hatte.

Hans empfand diesen Entschluß als bittere Niederlage und führte lange Zeit einen erbitterten Nachhutkampf, um sich und die anderen zu überzeugen, daß die Erwachsenen immer noch ihre Feinde wären. Einige Wochen später rief er, um seine Position aufrecht zu erhalten, eine Versammlung der älteren Jungen ein und schlug vor, die Gemeinschaft wieder zu gründen, bestand aber darauf, daß die Erwachsenen ausgeschlossen blieben.

"Nein", sagte Fred, "die Erwachsenen" - und es war bedeutsam, daß wir nicht mehr die 'Betreuer' waren - "gehören auch zur Gemeinschaft."

Als wir die einzelnen Kinder allmählich besser kennenlernten, merkten wir, daß jedes Kind eigene persönliche Probleme zu haben schien, die nicht unbedingt mit dem Lagerleben zusammenhingen. Dennoch lohnt es die Mühe, einige dieser Schwierigkeiten näher zu beschreiben in dem Versuch herauszufinden, welche davon auf das Lagerleben zurückzuführen sind und welche auf die frühere Umgebung. Allerdings hatten wir so wenige Kinder, daß eine Verallgemeinerung nicht möglich ist.

Die auffallendsten, wenngleich keineswegs schwierigsten Probleme zeigte unser blonder "Nazi" Fred, ein sehr gut aussehender Junge von 14 Jahren, der das Herz jedes Hitlerjugend-Führers hätte höher schlagen lassen müssen. Er kam aus einer guten, tüchtigen Handwerkerfamilie, der Vater Arier, die Mutter Jüdin. Die Mutter war schon früh nach Auschwitz geschickt worden, die Schwester später. Sein einziger Bruder wurde als politischer Gefangener in einem anderen Lager erschossen. Dieser Bruder ist das einzige Familienmitglied, von dem er mit wirklicher Zuneigung spricht.

Es scheint, daß der Vater, nachdem die Mutter verschleppt worden war, die Kinder ins Ausland geschickt hat, um sie zu schützen. Später holte er sie wieder zurück, obwohl ihm gesagt worden war, daß sie den Judenstern tragen müßten. Offenbar glaubte er aber, diese Vorschrift umgehen zu können, entweder durch das typisch arische Aussehen der Kinder oder durch irgendwelche besondere Protektion. Warum man ihm die Kinder genommen hat, ist nicht klar, aber so geschah es, und Fred ist der einzige Überlebende.

Wir wissen, daß er sich im Lager vor allem Unterricht gedrückt hat, weil man ihn in die Kleinkinder-Klasse gesteckt hatte, daß er schwer arbeitete in einer Schuhfabrik und auch als Gehilfe eines Elektrikers. Diese Arbeit brachte ihn zu dem festen Entschluß, endlich eine Ruhepause zu haben, um die verlorenen Jahre der Kindheit wettzumachen. In der ersten Zeit zeigte er einen starken Widerwillen, uns in irgendeiner Weise zu helfen. Er war entschlossen, sich allen Komfort, den er brauchte, durch Brüllen, Schimpfen oder Drohungen zu verschaffen, oder indem er sich bei anderen einschmeichelte mit seinem attraktiven Aussehen oder durch Aufzählung seiner vergangenen Mißgeschicke. Die Vorstellung, daß er ein Nazi sei, hätte er empört zurückgewiesen, aber gefühlsmäßig hatte er die Nazi-Einstellung ziemlich gründlich angenommen. Er hatte beobachtet, daß die Nazis beträchtliche Erfolge hatten, indem sie andere bedrohten, und diese Taktik ahmte er nach. Auch hatte er ihren Zug zur Feigheit, so daß er sehr rasch umfiel, wenn er im Hintergrund eine überlegene Macht vermutete. In einer Menschenmenge fühlte er sich unsicher, wenn z.B. die Kinder ins Theater geführt wurden, benahm er sich vorbildlich, mit einer geradezu beängstigenden Korrektheit, und bestand darauf, daß auch die jüngeren Kinder das taten. Seine Drohungen waren meist leere Prahlerei, doch glaubte er selber wirklich an ihren Erfolg. Als er feststellte, daß er damit nicht einmal Vergeltungsdrohungen von unserer Seite provozieren konnte, war er verwirrt. Seine Vorstellungen waren im Grunde einfältig. Hier war eine Erfahrung, die er vorher noch nicht gemacht hatte.

Kurz nach seiner Ankunft hatte er seinen 14. Geburtstag. Er hatte uns wissen lassen, daß er ein Fahrrad erwartete, und daß wir das Geld zusammenlegen sollten, um ihm eins zu kaufen. Obwohl wir ihm sagten, daß daran nicht zu denken sei, war er furchtbar enttäuscht, als kein Fahrrad erschien. Andererseits war er tief gerührt von der Geburtstagsfeier, die wir für ihn bereitet hatten. Seit Jahren hatte niemand an seinen Geburtstag gedacht, und seine im Grunde gutmütige Natur erwiderte das Interesse, das wir an ihm gezeigt hatten. Doch der Konflikt war noch zu heftig. Da war kein Fahrrad vorzuzeigen, trotz allem von ihm aufgebotenen Druck, und tags darauf startete er eine Revolte.

Nicht, daß er selber oft eine Revolte in Gang brachte. Obwohl er immer bereit war, eine anzuführen, einfach aus Spaß, brauchte er doch einen Anstoß, der meist von Rudi, dem geborenen Agitator, gegeben wurde. Gerade diese einfache, geistig passive Natur, verbunden mit einer gesunden jungenhaften Zähigkeit, würde ihn zu einem perfekten Nazi gemacht haben, hätte der Zufall es nicht verhindert. Mit Nazi-Erziehung oder ohne jede Erziehung wäre seine Fähigkeit zu Zuneigung und zu Mitgefühl für Leidende allmählich abgestumpft und verschwunden; übrig geblieben wäre ein prahlerischer Bandenführer.

Als er kam, war er der anerkannte Führer der Gruppe, und er behielt ihre Loyalität trotz seines Polterns und Geschreis; auf diesen Einfluß war er sehr stolz. Wir hatten z.B. große Schwierigkeiten mit dem Rauchen der beiden älteren Jungen, eine im Lager erworbene Angewohnheit, dort hatten sie geraucht, sobald sie nur eine Zigarette erwischen konnten. Es hätte keinen Sinn gehabt, ihnen das Rauchen zu verbieten, sie hätten es nur heimlich getan. Wir machten jedoch klar, daß wir mit dem Rauchen nicht einverstanden waren, in der Hoffnung, daß allmählich ein engerer Kontakt mit den Kindern sie veranlassen würde, das Rauchen aufzugeben. Tatsächlich verstanden beide Jungen unsere Einstellung und sie rauchten erheblich weniger, gaben es aber nicht ganz auf.

Wie jedoch zu erwarten war, durchliefen auch die jüngeren Jungen eine Phase, in der sie rauchen wollten, Packpapierzigaretten mit etwas Stroh. Bei kleineren Jungen ist das eine ganz normale Phase, die gewöhnlich ziemlich schnell vorbeigeht. Wir verboten es nicht, sagten aber, daß wir es albern fänden. Josef widersetzte sich offen dieser Ansicht und äußerte die Absicht weiterzumachen. Fred war sehr entrüstet darüber, daß wir den Jüngeren nicht verboten zu rauchen.

"Warum sollten wir das tun?", antworteten wir, "du rauchst ja auch."
"Na, wenn ihr es nicht verhindert, dann tue ich es!"

Am nächsten Tag kam Josef und sagte, er habe beschlossen, nicht mehr zu rauchen, doch verschwieg er, daß Fred ihm eine gehörige Tracht Prügel angedroht hatte, wenn er nicht aufhören würde. Diese Aktion war eher eine Darstellung seiner Führungsposition als von dem wirklichen Interesse an Josefs Wohlergehen bestimmt.

Es kam die Zeit, da seine Führerstellung in der Gruppe ernstlich bedroht war. Er hatte außerordentliche Schwierigkeiten beim Lernen, und es war selbst innerhalb der Gruppe klar, daß er in seinen Schularbeiten weit unter dem Normalmaß lag. Er konnte kaum schreiben, nicht einmal auf Deutsch, und was das Lesen betraf, so war er mit dem einfachsten, kindischsten Text schon vollauf zufrieden. Was er brauchte, wäre Kindergartentraining gewesen, und dazu einen Lehrer, der begabt genug war, Kindergartenmethoden anzuwenden, ohne sein Selbstwertgefühl zu verletzen. Aber so jemanden hatten wir nicht. Es war vorgeschlagen worden, die Kinder so bald wie möglich in die örtliche Schule zu schicken, doch hatte die Unsicherheit über die Zukunft des Hauses das verhindert, ebenso die Alternative, wirklich qualifizierte Lehrer einzustellen. Es war daher nicht Freds Schuld allein, wenn seine Schulung anfangs ziemlich stürmisch verlief, wenngleich seine ständigen Versuche, sich aus Schwierigkeiten herauszubrüllen, die Lehrer viel Nerven kostete. Doch merkte er, daß er durch seine Unfähigkeit, mit den älteren Schülern Schritt zu halten, an Ansehen verlor, und das mußte er durch verstärktes Poltern und Schreien ausgleichen.

So veranlaßte uns Freds totale Verweigerung der Zuammenarbeit, Hans zur Übernahme der Führung zu ermutigen. Hans hatte schnell, wenn auch nur oberflächlich, die Idee der gemeinsamen Arbeit erfaßt, auf die sich unser Haus gründete. Mit einem Teil seines Wesens hatte er dieses Konzept wirklich begriffen, er fand es aber auch bequemer und angenehmer, die Anerkennung der Erwachsenen zu haben, und nach seinen anfänglichen Ausbrüchen schien er ganz vernünftig und

konstruktiv. Das dauerte jedoch nur eine gewisse Zeit, bis er merkte, daß Verantwortung auch mehr Arbeit bedeutete. So fiel die Führung schließlich wieder Fred
zu.

Während dieser Zeit war Fred außerordentlich unruhig und mürrisch, gab allen
anderen die Schuld an seinen Schwierigkeiten und sperrte sich gegen jeden
Schritt der Verständigung und Zusammenarbeit, den die anderen möglicherweise
unternommen hätten, hätten sie sich nicht durch Treue an ihn gebunden gefühlt.
Etwas Erleichterung fand er allerdings in seiner praktischen Arbeit, da war er
wirklich sehr gut, wenn auch etwas flüchtig und auf schnelle Erfolge bedacht, was
auf Kosten der soliden Arbeit ging. Sein Holzarbeits-Kurs machte ihn wirklich
glücklich, und wenn man ihm gelegentliche Reparaturarbeiten im Hause auftrug,
so wurden damit seine praktischen Fähigkeiten anerkannt, was sein Selbstvertrauen wieder stärkte.

Er fing auch an, mit den anderen Kindern ein Haus im Wald zu bauen. Dieses
Haus, in den verschiedenen Stadien seines Auf- und Umbaus, wurde eine ständige Einrichtung. Es gab schon einen Schuppen im Wald, den sie hätten benutzen
können, aber sie wollten etwas ganz und gar Eigenes. Als es schließlich zur
Besichtigung freigegeben wurde, erwies es sich als eine sehr beachtliche Sache.
Es hatte eine Tür, Fenster und ein Dach, einen Ofen aus Ziegeln und Mörtel, der
zwar rauchte, aber zur Zufriedenheit aller funktionierte. Ein Ziergarten war in Vorbereitung, mit Spaliergitter und Wegen. Ein Holzwagen sorgte für die Verbindung
mit dem Haupthaus, er war auch von solidem Entwurf, aber etwas unbeweglich.
Das Waldhaus war Freds größte Errungenschaft.

Allmählich wurde seine Beziehung zu den anderen Gruppenmitgliedern ausge-
zeichnet. Er war ohne Zweifel der Boss, aber er mißbrauchte seine Stellung nicht.
Einmal stand eines der kleinen Mädchen am Herd und kochte, als die Glocke zum
Essen ertönte. Sie nahm die Schürze ab und gab sie Fred, er möchte sie aufhän-
gen. Fred begann zu brüllen, doch sie antwortete ganz ruhig: "Ich habe oft etwas
für dich getan, nun kannst du mal was für mich tun." Fred grinste, nahm die
Schürze und hängte sie auf.

Er ist nun aus dem Alter heraus, in dem sein dringendstes Bedürfnis das nach engem persönlichen Kontakt ist, und in einer lebendigen Gemeinschaft von Menschen mit einfachen Interessen wird er sich bewähren. Doch braucht er noch enge Beziehungen zu einer Gemeinschaft mit festen ethischen Grundsätzen, da er selber eher bereit ist, die Normen seiner Umgebung anzunehmen, als eigene zu entwickeln.

Ein Junge mit viel tiefer liegenden persönlichen Schwierigkeiten war Rudi, 12 Jahre alt, der drei Jahre in Theresienstadt gewesen war. Über sein früheres Leben ist sehr wenig bekannt, und er war zunächst absolut nicht bereit, darüber zu sprechen. Nie erwähnte er seine Eltern. Als er sieben Jahre alt war, wurde er seinen Pflegeeltern, die er noch sehr gern hatte, weggenommen und in ein Waisenhaus gebracht. Als er neun war, wurde das Waisenhaus oder ein Teil davon nach Theresienstadt geschickt. Ursprünglich scheint er aus recht gut situiertem Mittelstand zu stammen und in früher Kindheit auch eine gute Erziehung gehabt zu haben.

Dunkel, lebhaft und intelligent, ist er sehr klein für sein Alter, was sein tiefsitzendes Unsicherheits- und Minderwertigkeitsgefühl noch verstärkt. Er ist ehrgeizig, hat den Wunsch, Großes zu leisten, doch belastet ihn die Angst, daß er zum Versager bestimmt ist. Er braucht viel Ermutigung, ehe er eine Aufgabe in Angriff nimmt, besonders im Unterricht, wo das Gefühl der Unterlegenheit ihn daran hindert, sich auf eine Aufgabe zu konzentrieren und seine wirklichen Fähigkeiten zu nutzen. Man hatte immer den Eindruck eines lebhaften, klugen Verstandes, der aber mit höchster Geschwindigkeit vorwärts raste, um jeder Situation gewachsen zu sein; aber er hatte ein so fieberhaftes Tempo, daß er übers Ziel hinausschoß; sein Urteilsvermögen wurde überfordert bei dem Versuch, eine noch unbegreifliche Situation zu erfassen, und immer noch war er von der Angst verfolgt, daß das Leben wieder einmal völlig unbegreiflich werden könnte.

In der Anfangszeit lag sein hauptsächliches Bemühen darin, Unruhe zu stiften und entweder bei Fred oder Hans ein heftiges Gefühl der Unzufriedenheit zu erzeugen. Wenn er sich Hans angeschlossen hatte, war die Atmosphäre friedlicher, wenngleich nicht gesünder, denn Hans in seiner etwas trägen Natur war eher abgeneigt, etwas in Gang zu bringen, außer wenn es um seine eigene Bequemlichkeit ging. Hatte Rudi sich Fred angeschlossen, so war es ein "Goering-Goebbels-Bündnis", Fred steuerte die Energie und Rudi die Überlegungen für die geplanten Aktionen bei.

Er war ein besonders verlorenes, unglückliches Kind, sein an sich schon nicht sehr festes Vertrauen in die menschliche Natur war durch die Verschickung ins Lager wahrscheinlich zerbrochen worden. Er war ungewöhnlich mißtrauisch und konnte den geringsten Vorfall zu einer phantastischen Geschichte aufbauschen. Den Erwachsenen konnte er nicht trauen und mußte daher Geschichten erfinden, um zu beweisen, daß sie nicht vertrauenswürdig waren. Seine Sensationslust war zum Teil auf sein verzweifeltes Bedürfnis nach Sicherheit zurückzuführen. Er glaubte, daß er diese Sicherheit niemals erreichen könne, und das veranlaßte ihn, jedes Ereignis, das sie bedrohen könnte, zu einer wirklichen Bedrohung zu übersteigern.

Beim ersten Kennenlernen erweckte dieser Charakterzug den Eindruck eines geborenen Lügners, und eine Weile schien es, als ob seine natürlichen Gaben ihn fast unvermeidlich für die Rolle eines agent provocateur oder des Korrespondenten irgendeines Boulevardblättchens bestimmten. Doch er hatte, wie fast alle Kinder, ein echtes Gefühl für Wahrheit. Eines Tages machte er den Vorschlag, er wollte als Aufsatz einen Bericht über das Leben in Theresienstadt schreiben. Wir besprachen mit ihm den Wert eines solchen Berichts. Selbst die "Betreuer", so sagten wir, können jetzt über Theresienstadt berichten, über das sie so viel gehört hatten. Aber sie waren nicht dort, wandte Rudi ein. Dennoch hätte es nicht viel Sinn, ein Augenzeuge zu sein, wenn der Bericht dann nicht genau wäre, nicht wahr? Rudi dachte darüber nach und verkündete am nächsten Tag mit Begeisterung und vielleicht einer Spur von Selbstverleugnung: "Ehe ich etwas schreibe, werde ich's überdenken und ganz sicher sein, daß es stimmt."

Unter seiner Ruhelosigkeit, seiner Reizbarkeit und seinem Mißtrauen hatte er diese Fähigkeit, über die Dinge nachzudenken und dann entsprechend zu handeln, die seinem Alter weit voraus war. Wenn sein Mißtrauen eine Weile zur Ruhe kam, war er ein reizender Kamerad, und wenn er allein war, oft ein bereitwilliger Helfer bei vielen praktischen Arbeiten. Er hatte Schlafschwierigkeiten, die schon vor Theresienstadt begonnen hatten, und nach solch schlechten Nächten waren seine Reizbarkeit und Unausgeglichenheit besonders ausgeprägt.

Kinder aus Theresienstadt - Der Wagen!

Eines der ersten und erfolgreichsten Produkte aus Rudis Propaganda-Abteilung war die Geschichte, daß die "Betreuer", nachdem die Kinder ins Bett geschickt worden waren, sich einen lustigen Abend machten mit allerlei Leckereien, die man den Kindern vorenthielt. Diese Geschichte kam auf, weil wir abends, wenn die Arbeit des Tages getan war, zusammen aßen und dabei der Verlauf des nächsten Tages und irgendwelche besonderen Probleme besprochen wurden. Damals konnten die Kinder noch nicht akzeptieren, daß wir dann Speisen aßen, die sie zu einer anderen Zeit bekamen, und wenn irgend etwas auf unseren Tisch kam, das sie nicht bekommen hatten, so gab es andererseits viele Dinge, die für sie allein reserviert waren.

Aber Essen war bei ihnen allen eine Art Besessenheit, und besonders bei Rudi. Das Leben in Theresienstadt, wie sie es erlebt hatten, war vor allem ein Kampf ums Essen gewesen. Wer mehr Macht hatte, hatte auch mehr zu essen als die anderen. Da wir mehr Macht hatten, so folgerten sie, war es unvermeidlich, daß wir sie benutzten, um uns einen unberechtigt großen Anteil an den Rationen zu sichern. Monate lang mußten wir deshalb besonders darauf achten, daß nichts auf unseren Tisch kam, das die Kinder nicht während des Tages auch schon bekommen hatten, bis sie schließlich das echte Vertrauen hatten, daß wir unsere Position nicht mißbrauchten.

Da wir uns allmählich angewöhnt hatten, Beschwerden miteinander zu besprechen, konnten wir einige von Rudis besonders schönen Geschichten dadurch zum Platzen bringen, daß wir einfach auf die Tatsachen verwiesen, dadurch konnte er die anderen Kinder nicht mehr so gut aufhetzen. Doch hatte er beachtlichen Erfolg mit der Geschichte, daß Charlotte sich Mittel aneignete und sie benutzte, um sich in der Stadt zu amüsieren. Pfunde - Geld - waren eine weitere seiner fixen Ideen, sie waren ein Symbol der Macht und damit der Sicherheit. Es war ihm nie in den Sinn gekommen, Geld zu stehlen, übrigens auch keinem der anderen Kinder, und sie hätten es leicht tun können, wenn sie wirklich gewollt hätten. Geld war für sie Teil einer Traumwelt, zu der auch die Möglichkeit gehörte, die Staatsbank zu berauben oder auch Tausende von Pfunden von der Regierung zu bekommen, aber es gehörte keinerlei persönliche Unehrlichkeit dazu. Das war so, obgleich im Lager Stehlen sowohl eine Notwendigkeit wie eine Tugend gewesen war.

Die Wandlung von Rudi seit seiner Ankunft bei uns ist besonders auffallend. Äußerlich blieb seine Ruhelosigkeit und Reizbarkeit unverändert, Ausdruck einer zutiefst gestörten Persönlichkeit, aber er hat sein Vertrauen zu den Erwachsenen gewonnen, das anscheinend durch nichts zu erschüttern ist. Wir können nur hoffen, daß es ihm helfen wird in der ungewissen Zukunft, die all diese Kinder erwartet.

Von Karls Herkunft wissen wir nichts, auch er selbst erinnert sich kaum noch an etwas. Von Verwandten spricht er nicht, noch von irgendjemandem, der jemals für ihn gesorgt haben könnte, abgesehen von der gelegentlichen Erwähnung einer Großmutter, die, wie er sagt, nicht seine wirkliche Großmutter war. Er sei elf Jahre alt, meinte er, wußte aber nicht sein genaues Geburtsdatum, nur daß es so um Weihnachten herum sei. Fred setzte es prompt auf den 26. Dezember fest. Als er zu uns kam, war er ein völlig verwahrlostes Kind, ein halb-hysterischer kleiner Bengel, den ein Alptraum plagte. Nun fängt er langsam an, von diesem Alptraum zu reden, da die Schranken, die er zwischen sich und einer unmöglichen Wirklichkeit errichtet hat, langsam schwinden.

"Da war ein Transport", sagte er, "kam nach Theresienstadt, und manche Leute waren tot, manche waren zu müde zum Reden, manche konnten gerade sagen, 'Frau, Frau', und das sollte heißen, sie wollten was zu essen."
Ein anderes Mal:
"Da war ein Transport, kam nach Theresienstadt und alle Leute waren tot. Sie waren richtig tot, aber ihre Augen waren offen. Ich wollte sie nicht angucken, aber ich konnte nicht anders, ich mußte immer hinsehen."

In einer solchen Welt konnte Karl nur eines tun, nämlich sie ganz und gar ausschließen. Das tat er, und die Wand, die er um sich errichtete, war so hoch, ließ so wenig Verbindung mit der Wirklichkeit, daß die anderen Kinder im Lager ihn verständlicherweise für einen Halbidioten hielten. Karl aß oft Gras, sagten sie, denn es sei dasselbe wie Gemüse, hätte er gemeint. Es war diese Sonderbarkeit und seine wilden hysterischen Wutanfälle, die die anderen Kinder veranlaßten, ihn zum Prügelknaben zu machen. Je mehr sein Gefühl der Sicherheit wuchs, umso mehr nahmen die anderen ihn an, und Fred behandelte ihn jetzt in ausgesprochen beschützender Weise.

Aber seine verträumte, abwesende Art, seine Unfähigkeit, selbst die einfachste Tätigkeit auszuführen, stellte uns vor die Frage, ob seine Intelligenz nicht vielleicht so gering sei, daß man ihn für weit unter normal halten müßte. Wir stellten schnell fest, daß er, obwohl er wahrscheinlich 11 war, in die jüngste Gruppe versetzt werden mußte, in der er sich viel wohler fühlte.

Trotz seines Abgewandseins von der Wirklichkeit hatte er einen starken Sinn für Humor, und selbst in seinen schwierigsten Augenblicken konnte man oft von dieser Seite einen Zugang zu ihm finden und ihn zur Ruhe bringen. Und er konnte außerordentlich treffende und unerwartete Bemerkungen machen, sein Urteil über menschliche Beziehungen war bemerkenswert scharfsinnig. Da er schnell gelangweilt und entmutigt war, machte er von allen den geringsten Fortschritt im Unterricht, seine Beziehung zur Außenwelt jedoch verbesserte sich mit Riesenschritten.

Eine Zeitlang konnte man ihn selten mit den anderen Kindern spielen sehen, die von seiner Ungeschicklichkeit irritiert waren, wenngleich sie allmählich seine vielen guten Eigenschaften anerkannten. Häufig stand er dabei, ein wohlwollender Zuschauer, und verschaffte sich im übrigen seinen eigenen Zeitvertreib. Sein allmählich wachsendes Geschick, mit Fremden Kontakt anzuknüpfen, wurde von der Gruppe jedoch als ausgesprochen nützlich betrachtet. Karl war es, der sich zuerst mit dem Bauern anfreundete, obwohl keiner die Sprache des anderen verstand, und er wird oft als Unterhändler bei Verhandlungen mit ihm gebraucht. Im Umgang mit Tieren verschwanden seine Ungeschicklichkeit und Unsicherheit, und die Hunde der Nachbarschaft trauen ihm voll und ganz.

Je mehr sein Selbstvertrauen wuchs, umso mehr gesellte er sich zu den anderen Kindern bei ihren Spielen. Allmählich traute er sich auch mehr bei praktischen Aufgaben zu, die er gründlich, manchmal sogar zu gründlich ausführte. Er übernahm es, das Fahrrad neu anzustreichen, und um das recht gut zu machen, malte er auch den Sattel an! Die anderen Kinder nahmen das aber gelassen hin, es war eben die Art, wie Karl etwas machte.

Als die Kinder anfingen, in die örtliche Schule zu gehen, waren wir keineswegs sicher, wie Karl damit zurechtkommen würde. Doch am zweiten Tag kam er stolz nach Hause: "Ich wußte was, was keines der anderen Kinder wußte!"

Das gab ihm enormen Auftrieb. Der Anblick von Karl, wie er mit glückstrahlendem Gesicht aus dem kleinen Zelt schaut, in dem er während des Sommers zusammen mit einem anderen Jungen schlafen durfte, läßt einen glauben, daß der einst verlorene, ängstliche kleine Ausgestoßene seinen Weg in die Zukunft finden wird, sofern er nur weiterhin echte Sicherheit und echte Zuneigung erfährt.

Wir haben hier einiges darüber gesagt, daß wir keine Disziplin und Strafen auferlegen, keine autoritären Maßnahmen anwenden und auf die Feindschaft der Kinder nicht mit Feindseligkeit reagieren wollten; daher mag es angebracht sein zu erklären, was wir beabsichtigten, denn unser Tun war von bestimmten Überzeugungen geleitet. Wenn wir darüber etwas abwertend sprechen müssen, so nicht, weil wir nicht daran geglaubt hätten, das taten wir, sondern weil wir unsere Ideen manchmal nur sehr unzulänglich in unseren Handlungen zum Ausdruck bringen konnten. Unsere grundlegende Überzeugung war, daß ein Kind ein absolutes Recht auf Liebe von seinen Eltern oder Erziehern hat, und daß es, wenn es diese Liebe bekommt, eine enorme Fähigkeit zur Selbstentwicklung und Selbstbestimmung hat. Diese Liebe gilt nicht nur dann, wenn man das Kind wäscht und kämmt und wenn es ruhig und brav ist, sie ist auch nicht nur eine mitfühlende Liebe mit einem unglücklichen Kind, sondern eine gleichbleibende, warmherzige Liebe, selbst wenn das Kind sich wie ein abscheuliches kleines Biest benimmt.

Wenn wir keine Disziplin erzwangen, so weil wir glaubten, daß Kinder zur Selbstdisziplin fähig sind. Wenn man Kindern Verhaltensnormen auferlegt, die sie nicht verstehen können, bringt man sie dazu, Disziplin als Verhaltensform zu betrachten, die ihnen Leute mit mehr Macht aufzwingen. Nach außen hin werden sie sie annehmen, wenn es nicht anders geht, und manchmal auch innerlich, aber sie werden sie nach Möglichkeit zu umgehen versuchen und abwarten, bis sie selber in der Lage sind, ihrerseits anderen Vorschriften zu machen. Um ein extremes Beispiel zu geben: Die Kinder hatten im Lager gegen die Terror-Disziplin reagiert, indem sie ihr auswichen, wo das durch Schlauheit und Geschick möglich war. Nachdem sie befreit waren, versuchten sie, anderen gegenüber dasselbe Verhalten anzuwenden, unter dem sie selber so sehr gelitten hatten.

Im allgemeinen sind Erwachsene und Lehrer keine Nazis, sie versuchen, den Kindern nur solche Regeln und Disziplinen aufzuerlegen, von denen sie glauben, daß sie zum Besten der Kinder sind, obwohl es den Erwachsenen oft auch bequem sein mag, es für das Beste zu halten. Wenn das Kind aber nicht wirklich versteht, daß das, was von ihm verlangt wird, seinem Besten dient oder Teil einer notwendigen Beziehung zu seiner Umwelt ist - wenn es dies nicht wirklich gefühlsmäßig und mit dem Verstand begreift -, dann wird die Reaktion unterdrückter Feindseligkeit, die sich später an anderen ausläßt, genauso sein, nur einen weniger heftigen Ausdruck finden. Wenn das Kind im besten Fall die Disziplin bereitwillig akzeptiert, aus Liebe oder Anhänglichkeit zu seinen Eltern oder Erziehern, ohne sie wirklich zu begreifen, so wird es später dazu neigen, ein passiver, phantasieloser Bürger zu werden, der die Maßstäbe seiner Umgebung unkritisch annimmt, ohne sie in Frage zu stellen, selbst wo das sehr wichtig wäre. Und gerade durch dieses Hinnehmen von Handlungen oder Disziplin, die die Gesellschaft von ihm verlangt, wird er sich freigesprochen fühlen von jedem Verantwortungsgefühl für diese Handlungen und von jeder Notwendigkeit, die Gesellschaft zu kritisieren, die diese Forderungen an ihn stellt.

Da wir versuchten, die Kinder nicht nur zu normalen Bürgern, sondern zu guten Bürgern zu erziehen, mußten wir den längeren und schwierigeren Weg versuchen, mußten ihnen helfen, wirkliche Selbstdisziplin zu entwickeln statt blindes Übernehmen von außen auferlegter Normen.

Das bedeutet aber nicht, daß die Erwachsenen keine Disziplin oder Normen gehabt und zum Ausdruck gebracht hätten. Es gibt im Leben einer Gemeinschaft Augenblicke, wenn man einfach nicht darauf warten kann, daß Selbstdisziplin sich entwickelt, so wenn z.B. ein Schwächerer drangsaliert wird, oder wenn das Fehlen von Verhaltensregeln oder eines Gefühls für Werte ein derartiges moralisches und physisches Chaos hervorrufen würde, daß die Sicherheit der Kinder gefährdet wäre. Wenn wir z.B. merkten, daß die Kinder sich schlimmer benahmen, als es nötig gewesen wäre, und damit sich selber oder anderen schadeten, so machten wir das deutlich. Sie brauchten das sichere Gefühl, daß wir gewisse Verhaltensnormen hatten, selbst wenn sie noch nicht bereit waren, sie zu akzeptieren. Gleichzeitig vermieden wir jeden Versuch, den Kindern diese Normen aufzuzwingen oder ihnen moralische Vorwürfe zu machen, wenn sie sie nicht beachteten. Es gab auch einige wenige vorgeschriebene Regeln, wie Schlafens- und Essenszeiten, wo das körperliche Wohlergehen der Kinder oder die Führung des Haushalts sie nötig machten.

Die Argumente gegen Strafe sind sehr gut und klar in "The Barns Experiment" dargelegt worden. Unsere Ansicht stimmt damit weitgehend überein. Kinder nehmen Strafe an, sie erwarten oder verlangen sie sogar, es ist aber zu bezweifeln, ob sie sie jemals wirklich verstehen, es sei denn, als Vergeltung durch Personen mit mehr Macht für Handlungen, die sie geärgert haben. Als wir sie nicht bestraften, meinten die Kinder lange Zeit, daß es uns an Macht dazu fehle, und verachteten uns entsprechend. Aber selbst in den allerersten Monaten begannen sie, unsere Position zu verstehen und zu akzeptieren, wenn wir von ihnen erwarteten, daß sie die Konsequenzen ihres Verhalten akzeptierten, selbst wenn diese Konsequenzen oft härter waren, als es eine Strafe gewesen wäre. Und vorausgesetzt, daß diese Konsequenzen für das Kind wirklich einzusehen sind, so wird sein Sinn für Gerechtigkeit und Fair play es veranlassen, sie ohne Groll zu akzeptieren. Unsere Kinder hatten dieses Gerechtigkeitsgefühl, wenn auch zunächst eher schlummernd oder einseitig, und es hatte eine bemerkenswerte Wirkung.

Die Anwendung dieser Methode blieb für uns nicht ohne Fehlschläge. Der Instinkt, sich zu wehren, wenn man geärgert wird, ist ganz natürlich und obendrein leicht zu verhehlen. Wir mußten uns bemühen, ganz sicher zu sein, daß alle Maßnahmen oder Regeln, die wir vorschlugen, wirklich aus unseren erzieherischen Grundsätzen zu rechtfertigen waren. So verursachte z.B. die Wandzeitung sehr erhitzte Diskussionen unter den Erwachsenen. Die völlige Grundlosigkeit mancher Behauptungen, manchmal auch die noch aufreizendere Tatsache, daß sie fast berechtigt waren, veranlaßte eine der Erwachsenen zu dem zornigen Protest: "Die Kinder haben kein Recht, sowas zu behaupten!"

Vielleicht stimmte das, sie hätten die Unterdrückung ihrer Anklagen aber nur als einen Ausdruck unserer überlegenen Macht verstanden. Die Wandzeitung blieb, wie sie war, wenn auch bitter für uns - der positive Versuch von Hans, etwas von seinem Gefühl der Frustration, der Angst und des Grolls zu verarbeiten. Darum unterstützten wir sie und ermutigten die anderen Kinder, sich an ihrer Herstellung zu beteiligen. Das taten sie schließlich, die Zeitung erschien dann monatlich; alle beteiligten sich nachher ohne jede Spur der anfänglichen Feindschaft und Aggression.

Für diejenigen unter uns, die keinerlei Erfahrungen mit Arbeit dieser Art hatten, war es ein Problem, ohne Feindseligkeit auf die Feindseligkeit der Kinder zu reagieren. Man mußte versuchen, sie als das hinzunehmen, was sie wirklich war, nämlich die Reaktion auf die feindliche Umgebung der Vergangenheit, und der verzweifelte Versuch sicherzustelllen, daß es in der Gegenwart wirklich keine Feindschaft mehr gab. Es bedeutete nicht, eine übernatürliche Geduld zu zeigen, das wäre nicht gut für die Erwachsenen; die Kinder hätten es auch nicht für ehrlich gehalten. Dagegen hielten wir ein gelegentliches scharfes Wort oder selbst einen Klaps für viel gesünder und für die Kinder auch akzeptabler, als den verkrampften Versuch, freundlich zu sein. Vom Verstand her Sympathie mit unglücklichen, mißhandelten Kindern zu haben, ist die eine Sache, eine ganz andere ist es, die Tatsache praktisch hinzunehmen, daß Verfolgung die Menschen nicht liebenswürdiger macht oder ihren Charakter verbessert, besonders bei Kindern. Ohne die echte Akzeptanz der kindlichen Schwierigkeiten wäre übertriebene Nachsicht zur Anmaßung moralischer Überlegenheit geworden, völlig unberechtigt und entsprechend kränkend.

Unsere Haltung zur religiösen Erziehung gründet sich auf die Meinung, daß es nicht richtig ist, Kindern dogmatische Lehren aufzuerlegen in einem Alter, in dem ihre geistigen und psychischen Kräfte noch nicht genügend entwickelt sind, um sie mit wirklichem Verständnis anzunehmen oder abzulehnen. Bei diesen Kindern mußten wir aufgrund ihrer gemischten Herkunft besonders sorgsam sein. Hätte man sie zu einem der Bekenntnisse gedrängt, zum Judentum oder Christentum, so hätte dies ein Gefühl der Untreue zu einem Elternteil erweckt und ihre inneren Konflikte noch vermehrt. Wir meinten, ein Gefühl für die echten Werte in beiden Bekenntnissen zu haben, war besser für die Kinder. Dies wäre auch unsere Haltung gewesen, wenn die Gefahr eines solchen Konfliktes nicht bestanden hätte.

Wir meinten, daß Erwachsene kein Recht haben, denen irgendeinen Glauben aufzunötigen - wie ehrlich er auch vertreten werden mag -, die noch zu jung sind, sie dabei zu verstehen. Stattdessen versuchten wir, den Kindern lieber ein Gefühl für gewisse religiöse Werte zu vermitteln, ein Gefühl für das Wunderbare, daß das Leben nicht allein materiell erklärt werden kann, daß die Menschen in sich selber wichtig und in diesem Sinn von göttlicher Herkunft sind, auch wenn wir nicht mehr die dogmatischen Formen überliefern können, in denen diese Überzeugungen einst ihren Ausdruck gefunden haben.

Es ist leichter, unsere Haltung zu religiöser Erziehung durch einen Vergleich mit unseren politischen Ansichten zu erklären. Wir waren meist Sozialisten, die glaubten, daß Sozialismus eher eine ethische, nicht eine historische Notwendigkeit ist. Mit anderen Worten, wir waren Sozialisten aufgrund von Ideen, die die meisten Menschen als religiös bezeichnen würden. Unsere Kinder waren an Politik außerordentlich stark interessiert und hatten sehr viele fortschrittlich klingende Schlagworte aufgeschnappt. Sie hielten sich selber für glühende junge Sozialisten. So fanden wir z.B., daß einer der Jungen in seinem Aufsatz Freiheit, Gleichheit und Brüderlichkeit ein wirres, aber begeistertes Lob spendete - zu einer Zeit, als sein persönliches Verständnis dieser Werte irgendwo weit unter Null lag. Es wäre leicht gewesen, ihn zu einem bekennenden Sozialisten zu machen, wie auch alle Kinder zu bekennenden Christen. Stattdessen versuchten wir, so gut wir konnten, ihnen zu zeigen, was diese Werte wirklich bedeuten. Wir wissen nicht, welche äußere Form bezüglich Religion und Politik unsere Kinder später annehmen werden. Daß sie es tun als Menschen, die "wissen, wofür sie kämpfen, und lieben, was sie wissen", erscheint bei dieser Erziehungsmethode wahrscheinlicher als bei einer dogmatischen.

Ein Beispiel hierfür ist die Einstellung der Kinder zum Vegetarismus. Als sie das Gefühl hatten, daß er ihnen aufgezwungen wurde, rebellierten sie dagegen und konnten überhaupt nicht sehen, daß irgendeine Idee dahinterstecken könnte. Als man sie frei urteilen ließ, merkten sie, daß er der Ausdruck einer Überzeugung war, die eine entsprechende Lebensweise erforderte. Nun betrachten sie diese Frage ganz ernsthaft. Fred beschuldigt sogar einen Erwachsenen, der anscheinend einem uns besuchenden Hund nicht die ihm zukommende Aufmerksamkeit zeigte: "Ihr seid mir ja schöne Vegetarier!"

Auch der Gedanke der Gemeinschaft kann besser durch Verhalten als durch Worte deutlich gemacht werden. Erstens gab es keine Rangordnung unter den

Erwachsenen hinsichtlich der Arbeiten, die zu tun waren, abgesehen von solchen, die von den natürlichen Fähigkeiten der einzelnen abhingen. Wichtiger noch war aber die Tatsache, daß wir jede Trennung zwischen Kindern und Erwachsenen zu vermeiden suchten, daß wir jede Haltung ablehnen, die so oft bei Erwachsenen, selbst bei den wohlmeinendsten anzutreffen ist, als seien Kinder besondere Wesen, die erst in einem bestimmten Alter erwachsen und fähig werden, über ihr eigenes Tun selber zu entscheiden. Kinder sind menschliche Wesen, unterlegen nur in physischer Kraft und Erfahrung, mit der Fähigkeit nachzudenken, die immer vorhanden ist und ständig wächst, mit einem Gefühl für Werte, das oft weniger abgestumpft ist als das von Erwachsenen. Wenn es einen wirklichen Unterschied gibt, so besteht er in der Tatsache, daß die Interessen von Kindern und Erwachsenen verschieden sind, und beide müssen lernen, die des anderen zu respektieren.

Es wäre interessant herauszufinden, wie weit die unnatürliche Trennung zwischen Kindern und Erwachsenen zu der traurigen Haltung führt, die ein großer Teil der erwachsenen Bevölkerung Autoritäten und öffentlichen Angelegenheiten gegenüber hat. Für sie ist die Welt in "Wir" und "Die" eingeteilt. "Wir", das ist das Volk, das zu arbeiten und zu leiden hat, "Die", das sind die unerforschlichen und unbeeinflußbaren Leute "da oben" mit Macht, die von der übrigen Gesellschaft vollkommen getrennt sind. Dieses Fehlen einer gesunden Überzeugung, daß jeder Mensch sich beteiligen sollte an Entscheidungen über Aktionen in der Gesellschaft, in der er lebt, entsprechend dem Bereich, in dem er wirken kann - diese Haltung ist gewiß auch auf die in der Kindheit erfahrene Trennung zwischen denen, die bestimmen, und denen, die gehorchen müssen, zurückzuführen. Wie dem auch sei, sicher ist: Wenn unsere Kinder allmählich die Idee einer Gemeinschaft verstanden und akzeptiert haben, und in ihr die natürliche Autorität der Erwachsenen, so liegt das daran, daß wir von Anfang an versucht haben, sie in *unsere* Gemeinschaft einzubeziehen.

Ein Anzeichen für die veränderte und friedliche Atmosphäre im Hause war die Tatsache, daß die Kinder wieder spielen konnten. Als sie ankamen, wußten sie zuerst einfach nichts mit sich anzufangen, wenn die Erwachsenen ihre Tätigkeit nicht anleiteten und überwachten. Sie waren so sehr mit dem Problem ihrer Beziehung zur Umwelt beschäftigt, zu anderen Menschen und besonders zu den

Erwachsenen, daß das all ihre Kraft in Anspruch nahm, so daß sie unruhig und unzufrieden waren, unfähig zu ruhigem Spiel oder irgendeiner Form schöpferischer Tätigkeit. Dauernd erwarteten sie, von anderen unterhalten zu werden. Selbst ihr erster Versuch einer konstruktiven Tätigkeit, das Haus im Wald, war eher eine Herausforderung an die Erwachsenen als ein wirkliches Spiel. Den Wagen begannen sie als Ausdruck ihres Wunsches, von uns wegzukommen, später wurde er jedoch zum Selbstzweck. Nun, da sie das Problem weitgehend gelöst hatten, wie sie die in ihrer alten Welt erworbenen Verhaltensmuster ihrer neu erworbenen Sicherheit in der neuen anpassen konnten, waren sie freier geworden und konnten sich mit ganzem Herzen selber darin betätigen.

Die Frage der Mitarbeit bei den Haushaltsaufgaben wurde durch einen Arbeitsplan gelöst, der von einem Kind und einem Erwachsenen aufgestellt wurde, die alle drei Wochen wechselten. Die Entscheidungen dieser beiden wurden von allen ohne Diskussion akzeptiert.

Sie gingen jetzt in öffentliche Schulen, was ihnen einen gewissen Respekt für ihre vorangegangene Ausbildung abnötigte. Obwohl sie sehr froh darüber waren, nun in eine "richtige" Schule zu gehen, waren sie recht kritisch gegenüber den autoritäreren Methoden, die in größeren Klassen unvermeidlich sind. Aber wenngleich sie kritisch waren, waren sie nicht feindlich. Sie hatten genügend Sicherheit gewonnen, um mit einer Situation umzugehen und sie anzunehmen, die ihnen nicht besonders gut gefiel. Sie konnten ganz freimütig feststellen, daß sie die Schulmahlzeiten nicht mochten, ohne daraus einen Vorwurf zu machen oder darin eine Kränkung zu sehen.

Diese veränderte Haltung Individuen wie auch der Gesellschaft gegenüber, ist ein Zeichen ihrer Genesung von dem Schock, den die Trennung von ihren Eltern und das Leben in Theresienstadt ihnen zugefügt hatte. Das Ausmaß dieses Schocks konnten wir selber nicht völlig ermessen. Wir konnten nur eine Ahnung davon bekommen, indem die Kinder selber allmählich ruhiger auf ihre Erfahrungen zurückblickten und nach und nach darüber sprechen konnten.

Sie hatten nicht mehr das Gefühl, daß die Welt ihnen ein gutes Leben schuldig ist. Wenn sie sich ein besonderes Vergnügen wünschten, so hatten sie nun selber das Gefühl, daß auch sie etwas dafür tun müßten. Sie waren nicht mehr der Meinung, daß sie einfach alles nehmen könnten, was sie wollten. Als sie erfuhren, daß das Haus geschlossen würde und daß sie in ein anderes Heim überführt werden würden, beschloß Fred, das Haus im Wald zu verkaufen. "Und weißt du", sagte er echt erstaunt zu einem Freund, "ich hatte ganz vergessen, daß es uns ja gar nicht wirklich gehört und wir es nicht verkaufen können."

Bruno Schonig

BEGLEITEN UND VERTRAUEN - ZU DEN PÄDAGOGISCHEN
TEXTEN VON CHARLOTTE HECKMANN

Nachdem ich die pädagogischen Texte von Charlotte Heckmann aus der Zeit ihrer Arbeit im Exil in Dänemark und England gelesen hatte, kamen eine Menge Fragen nach den näheren Umständen dieser Arbeit in mir auf, aber vor allem ein Gefühl der Bewunderung für diese Frau: Unter sozialen und politischen Bedingungen, deren Schwierigkeiten ich mir kaum vorstellen konnte, hatte sie mit den ihr anvertrauten, sehr unterschiedlichen Kindern - Kindern von deutschen Emigranten und Widerstandskämpfern, sogenannte schwererziehbare englische Arbeiterkinder und schließlich Kinder, die von den Erfahrungen aus dem KZ Theresienstadt gezeichnet waren - als junge Sozialarbeiterin insgesamt mehr als dreizehn Jahre lang gearbeitet und gelebt. Und das, wie mir die Lektüre ihrer Erinnerungen und Berichte vermittelte, mit einer bewundernswerten inneren Sicherheit, mit einer ungewöhnlichen Gradlinigkeit im Umgang mit Kindern und mit gleichbleibender - oder im Laufe der Jahre zunehmender - Verständnisbereitschaft und Zuwendung. Wie lassen sich diese pädagogischen Tugenden, die ich mit den Worten "innere Sicherheit", "Gradlinigkeit" und "Verständnisbereitschaft" etwas hölzern beschrieben habe (aber ich wollte die üblichen Klischees, mit denen "pädagogische Qualifikationen" bezeichnet werden, vermeiden) erwerben? Sind sie im Sinne von Eduard Spranger "angeboren" oder sind sie unter besonderen lebens- und arbeitsgeschichtlichen Bedingungen als pädagogische Erfahrungen erworben worden? Aber mehr noch als diese pädagogisch-biographischen Fragen interessierten mich die besonderen Lösungsformen pädagogischer Konflikte, die Charlotte Heckmann an vielen kleinen Szenen und Fallbeispielen in ihren Texten aus ihren verschiedenen Arbeitssituationen beschrieb: Wie hatte sie diese Lösungen, diese entspannenden pädagogischen Handlungen und Kompromisse gefunden? Verfügte sie über eine pädagogische "Methode", über eine "Konfliktlösungsstrategie" - wie es heute heißt - oder hatte sie eine persönliche pädagogische Haltung entwickelt, die nicht nachzumachen oder zu übernehmen ist?

Mit diesen und noch einigen, ziemlich diffusen, Fragen ging ich in ein Gespräch mit ihr und Gustav Heckmann, das Nora Walter für mich im Februar 1994 vermittelt hatte. Und der erste Begrüßungssatz, mit dem Charlotte Heckmann mich an ihren Kaffeetisch bat: "Sie sind es also, der uns weiterhelfen will" (sie meinte wohl bei der Publikation ihrer Texte), verriet mir "das Geheimnis ihrer pädagogischen Kunst": Sie entspannte mit diesem Satz die Atmosphäre von Fremdheit und Unsicherheit und wies mir eine Rolle, die des "Helfers", in dem geplanten Gespräch zu; damit bestimmte sie auch Sinn und Zweck dieser Unternehmung: kein Interview, kein biographisches Gespräch, keine bloße Kaffeeunterhaltung, sondern gegenseitige Unterstützung bei einem gemeinsamen Projekt. So verstehe ich heute, nachdem ich unser langes Gespräch an jenem Februarnachmittag in Hannover in ihrer schönen Wohnung in der Innenstadt vom Tonband abgeschrieben habe, diese Begrüßung.

Und tatsächlich hat unser Gespräch, an dem auch ab und zu Nora Walter und Gustav Heckmann teilnahmen, seinen Sinn als "pädagogisches Arbeitsgespräch" erfüllt; es dient mir hier als eine Art - manchmal etwas ungeschliffener - Schlüssel bei dem Versuch, mir und den Leserinnen und Lesern dieses Buches die pädagogischen Haltungen und Handlungen von Charlotte Heckmann und ihren Kindern (ich sage bewußt nicht "mit", sondern "und", weil in dieser Pädagogik der übliche Subjekt-Objekt-Bezug pädagogischer Praxis nicht eingehalten wird) fünfzig Jahre später zu erschließen.

**"DAS WILL ICH MAL ANDERS MACHEN" -
ZUR ENTWICKLUNG EINER PERSÖNLICHEN PÄDAGOGISCHEN HALTUNG**

In der ersten halben Stunde dieses Arbeitsgesprächs geht es - jedenfalls mir als dem Fragenden - um die Frage nach der persönlichen Entwicklung von Charlotte Sonntag, wie sie vor ihrer Ehe mit Gustav Heckmann hieß, zur Pädagogin. In dieser Phase unseres Gesprächs kommen wir auf die schillernde Bedeutung von Erinnerungen an die eigene Lebensgeschichte zu sprechen. Charlotte Heckmann kommentiert eine frühe Kindheitserinnerung mit den Worten:

"Nun ist es ja so, daß man den eigenen Erinnerungen gegenüber - noch dazu als alter Mensch - sehr vorsichtig sein muß. Es gibt ja viele Erinnerungstäuschungen."

Daraus entwickelt sich ein abwägendes Fragen nach der Bedeutung von Erinnerungen und schließlich die Erzählung einer Kindheitserinnerung selbst, die für die Entwicklung der pädagogischen Einstellung von Charlotte Heckmann von besonderer Bedeutung zu sein scheint:

B.S.: *Die Erinnerungen sind Verarbeitungen von irgendetwas. Sie sind nicht so zu verstehen, daß es so war oder nicht war.*

Ch.H.: *Könnte sein, ja.*

B.S.: *Könnte sein, könnte auch nicht sein.*

Ch.H.: *Könnte auch nicht sein.*

B.S.: *Die Erinnerungen, die Sie jetzt erzählen, die erzählen Sie uns heute, in diesem Moment, jetzt.*

Ch.H.: *Erinnerungen, die in dieser Form, wie ich sie jetzt erzähle, jahrelang mit mir mitgegangen sind, aber wann es wirklich so gewesen ist, das könnte ich natürlich nicht beschwören.*

B.S.: *Und wann diese Erinnerung zu einer anderen pädagogischen Haltung geführt hat, das kann man ja auch nicht entscheiden.*

Ch.H. *Nein.*

B.S.: *Nur - es hat etwas damit zu tun. Das waren Sie ja auch.*

Ch.H.: *In dem Augenblick, wo es einem bewußt wird. Ich kann mich zum Beispiel auch noch daran entsinnen, daß ich als Elevin im Theater war, also als Schülerin. Wir hatten - wenn wir abends Vorstellung hatten - eine Garderobiere, die selber mal Tänzerin gewesen war. In der Erinnerung für mich schon ein ziemlich alter Mensch. Sie schob mich immer weg. Und ich wußte, sie schob mich weg, weil ich nicht so - na, wie soll ich sagen? - so durchsetzungsfähig war, wie die anderen. Ich hielt mich meistens zurück. Ich weiß genau - oder ich glaube, genau zu wissen - daß ich mir dachte, da war ich schon älter - vielleicht zehn, elf: Das will ich mal anders machen. Ich fühlte mich damals immer verletzt. Dieses Bewußtsein: So mach' ich's nicht, ich mach's anders. Ich glaube, das haben Sie bei Kindern häufiger.*

In dieser Erinnerung, die in die Skepsis dem Wahrheitsgehalt von Erinnerungen gegenüber eingebettet ist und gleichzeitig auf dem Hintergrund dieses Zweifels produziert wird, verweist Charlotte Heckmann auf eine kindliche Verletzung als Ursache für einen Entschluß, "es" - die Umgangsweise mit Kindern - einmal anders zu machen. Sie erklärt diesen kindlichen Entschluß, sich als Erwachsene anders zu verhalten als die Erwachsene, die sich ihr gegenüber als Kind so verletzend verhält, als eine bei Kindern häufig auftretende innere Regung von Abgrenzung; eine komplizierte kindliche Widerstandshandlung, die sich nicht gegen den verletzenden Erwachsenen richtet, sondern zum moralischen Element eines Lebensplans benutzt, besser: umgekehrt, wird. Jedenfalls geschieht das so in der Erinnerungserzählung: "Ich weiß genau - oder ich glaube, genau zu wissen - daß ich mir dachte...", formuliert Charlotte Heckmann umsichtig.

Einige Zeit vor dieser Gesprächspassage habe ich nach dem "realistischen Blick", den sie in ihren Berichten über ihre Arbeit für die Stärken und Schwächen ihrer Kinder hat, gefragt: "Wo kommt dieser Blick her?"

Ch.H.:   *Ja (lacht). Das könnte ich Ihnen nicht sagen. (Und nach einer längeren Zwischenbemerkung von mir:) Ich glaube - Nora sagt immer, ich könnte mich so gut an Vieles in meiner Kindheit erinnern (Nora Walter: Nicht nur an die Kindheit) - ja, ja. Aber ich will jetzt auf die Kindheit kommen. Das kann daher sein. Meine Eltern waren, wie gesagt, geschieden.*

B.S.:   *Haben Sie die Trennung noch erlebt?*

Ch.H.:   *Zum Teil muß ich das erlebt haben. Ich kann mich entsinnen - ich kann nicht älter als zwei Jahre gewesen sein - daß mein Vater zu Besuch kam, mich aus dem Bett nahm und anzog, meine Mutter aus der Küche kam und mich aufnahm, auszog und ins Bett steckte. Ich kann mich auch entsinnen, daß ich bewußt dachte - das war noch vor meiner Schulzeit - 'Das mach' ich anders.' Nun fragt man wieder: 'Wo kommt denn das her?' Das weiß ich nicht. Also mein Bruder, der ja dasselbe Milieu erlebt hat, der hat das ganz anders erlebt. Er hat viele Dinge, die ich erlebt und auf die ich mich besinnen kann, nicht gewußt.*

Auch diese Erinnerung enthält eine Verletzungserfahrung, ein Trauma, vermutlich von größerer Tragweite als das Beiseite-Gestoßen-werden durch die alte Tänzerin: Die Erfahrung, vom Vater aufgenommen und angezogen zu werden und im nächsten Augenblick von der Mutter wieder ausgezogen und ins Bett zurückgelegt zu werden. Gegensätzliche Handlungen am Kleinkind, die sich ausschließen und die die Erfahrung des Hinundhergerissenwerdens zwischen Vater und Mutter spüren zu lassen. Jahre später, aber noch vor der Schulzeit - wie sich Charlotte erinnert - folgt der kindliche innere Monolog, ein Vorsatz für das spätere eigene Leben: "Das mach' ich anders!" - Offensichtlich ist dieser Entschluß von ähnlicher Tragweite, wie die Verletzungen, die ihm zugrundeliegen; jedenfalls dient er noch heute, im Alter, Charlotte Heckmann dazu, die Genese ihrer pädagogischen Haltung zu begründen.

Aber wie "anders" hat sie sich denn als erwachsene Frau, die als Pädagogin Gelegenheit und die Aufgabe hat, sich auf Kinder zu beziehen, verhalten? Ehe ich die Entwicklung ihrer besonderen, persönlichen pädagogischen Haltung nachzuzeichnen versuche, eine kleine Geschichte aus ihrer pädagogischen Arbeit: Mit dem kleinen Jungen, um den es in dieser Geschichte geht, hat Charlotte Heckmann in einer späteren Phase ihrer pädagogischen Arbeit in England zu tun, in einem Kindergarten in einem Londoner Vorort um das Jahr 1944 herum:

"Da war ein Junge, der war fünf, von dem erzählten mir die Mitarbeiter, sie hätten ihn noch nie sprechen hören. Seine Mutter arbeitete bei den Säuglingen in demselben Gebäudekomplex, wo der Junge im Kindergarten war. Die Mitarbeiter sagten immer zu ihm: 'Nun sprech doch mal! Nun sag doch was! Sag was!' Es dauerte eine ganze Weile, bis ich erreicht hatte, daß sie das lassen. Ich hatte mit dem Jungen ausgemacht, wenn ich ihn was frage, braucht er mir nichts zu sagen, aber entweder mit dem Kopf nicken oder den Kopf schütteln. Und das tat er auch. Er verstand alles, was ich sagte. Ich fragte mal seine Mutter, ob er zu Hause auch nicht spricht: 'Doch, zu Hause spricht er, aber sobald wir hier in das Haus kommen, spricht er nicht mehr.' Er spricht nicht mit seiner Mutter, auch wenn sie ihn sieht, und auch sonst nicht - ist stur. Seine Mutter erzählte mir dann: Er hatte in dem Augenblick aufgehört zu sprechen, als sie die Arbeit bei den Säuglingen übernahm und er in den Kindergarten mußte, als sie getrennt waren. - Nach einigen Monaten fing er plötzlich an, einige Worte zu sagen, und nach und nach einige mehr. Nun kamen die Mitarbeiter mitunter und sagten: 'Oh, er spricht ja.' Sofort war er wieder stumm. Also mußte ich meine Mitarbeiter dazu bringen, daß sie den Jungen überhaupt nicht darauf ansprachen. Ich sagte keinen Ton - wenn er sprach, nahm ich das als selbstverständlich. Und als ich wegging, sprach er. Seine Mutter sagte: 'Der spricht jetzt! Zu Hause spricht er, und wenn wir hier sind, sagt er 'Auf Wiedersehen' und 'Guten Tag'. Er hat es überwunden.' Was wahrscheinlich gewesen war: Sein Vater wurde zur Armee eingezogen und kurz darauf nahm die Mutter die Arbeit auf. Er hatte also wahrscheinlich das Gefühl, plötzlich beide Eltern verloren zu haben. Das war das Eindrucksvollste in diesem Kindergarten."

In dieser pädagogischen Problemsituation verhält sich Charlotte Heckmann "anders" dem nicht-sprechenden Jungen gegenüber als ihre Mitarbeiterinnen, die ihn unbedingt zum Sprechen zwingen wollen. Sie geht auf ihn ein, d.h. sie respektiert sein Schweigen und schließt ein Bündnis mit ihm, sich durch kleine Gesten - nonverbal - mit ihm zu verständigen. Der Junge kann weiterhin die sprachliche Verständigung mit den Erwachsenen verweigern und dennoch eine Kommunikation aufnehmen; jedenfalls mit einer der Erzieherinnen, mit Charlotte Heckmann, die ihn versteht - eben auch ohne Worte. Sie respektiert seine Verweigerungshaltung als Reaktion auf eine Verletzung, die ihm seine Eltern - ohne es zu wollen - zugefügt haben; seine Verhaltensauffälligkeit wird von Charlotte Heckmann, die ja selbst Verletzungs- und Trennungserfahrungen als Kind hat verarbeiten müssen, nicht als Störung, sondern als Antwort auf eine ihn, den Jungen, verstörende Erfahrung wahrgenommen und mit Respekt und Verständnis beantwortet. So wird der frühe, kindliche Beschluß, es "anders" zu machen als Erwachsene, bei Charlotte Heckmann wirksam.

Über die Feststellung dieses Sachverhalts möchte ich nicht hinausgehen und auf Ursache-Wirkungs-Zusammenhänge nicht spekulativ eingehen; vor allem auch deshalb nicht, weil zweifellos auch die pädagogische Ausbildung, die Charlotte Heckmann in den Jahren 1931 bis 1933 in der Sozialen Frauenschule zur Sozialarbeiterin in Hellerau bei Dresden erfahren hat, eine wichtige Rolle bei der Entwicklung ihrer pädagogischen Haltung gespielt hat. Sie erzählt in diesem Zusammenhang besonders ausführlich und auch begeistert von ihrer Lehrerin Dr. Elisabeth Rotten (Heckmann, 1964):

"Elisabeth Rotten war ein ganz kleines, zartes Persönchen. Sie sagte immer lächelnd: 'Alle behaupten, ich sei Quäkerin, ich bin's aber nicht.' Sie hat während des (hier wendet sich Charlotte Heckmann an Gustav Heckmann) - Gustav, das weißt du besser: Elisabeth, wie war ihre Verbindung und ihre Arbeit während des 1. Weltkriegs oder gleich danach? - Es war ja ihre Absicht, die Verbindung zwischen den Gefangenen aus verschiedenen Ländern herzustellen. (B.S.: 'Sie war Pazifistin.') Sie war Pazifistin. Sie hatte eine Pflegetochter angenommen - wie hieß sie? Wilker? Auch von einem bekannten Pädagogenpaar, die sich trennten. Sie nahm die Tochter an, nahm sie zu sich. Und sie erzählte uns oft von ihr. Sie sagte dann, leicht lächelnd: 'Sie ist ein kleines Neurotchen.' Wir bekamen immer alles mit, und sie - Elisabeth Rotten - hielt immer eine Verbindung zu ihren Studenten, so daß wir von ihrer Persönlichkeit eine ganze Menge mitkriegten. Die Leiterin dieser Ausbildungsstätte war ganz das Gegenteil, also nicht ganz das Gegenteil, sie war ein warmherziger Mensch, aber sie lächelte ein bißchen über Elisabeth Rotten. Das lehnte ich wiederum ab, dies etwas Überhebliche."

Und als ich nachfrage, ob Elisabeth Rotten von ihrer Pflegetochter "im psychoanalytischen Sinn" als "Neurotchen" gesprochen habe, antwortete sie:

Ich weiß jetzt nicht mehr, ob sie viel darüber erzählt hat. Sie hat wohl einiges erzählt, da bei den Eltern Schwierigkeiten auftauchten und das Kind nicht wußte, wo es hingehörte. Das ist mir noch in Erinnerung: Dieses Kind, das 'Neurotchen', hat sie noch bis zum Tode gepflegt.

B.S.:   *Da blieben die Beziehungen erhalten.*

Ch.H.:   *Ja.*

Die Erinnerung an ihre Lehrerin Elisabeth Rotten enthält nicht so sehr die Aus-
künfte über den fachlichen Unterricht bei dieser engagierten Pädagogin, sondern
bis heute im Gedächtnis aufbewahrte Züge ihrer Persönlichkeit und ihrer pädagogischen Lebenspraxis mit einem angenommenen Pflegekind, in dessen Schicksal
sich die Studentin Charlotte Sonntag wiedererkennen kann: Sie ist offensichtlich
sehr interessiert an den Berichten über diese Pflegetochter, vielleicht besonders
an der Art und Weise, wie die Pflegemutter - ihre Lehrerin - mit diesem "Neurotchen" umgeht. Scheinbar, wenn ich diese Szene nicht überstrapaziere, mit distan-
ziert-liebevollem Humor. In dieser Beziehungssituation braucht sich Charlotte
nicht abzugrenzen und sich zu versprechen, "Das mach' ich mal anders", sondern
eher: "So möchte ich das auch machen - oder erleben." Aber, wie gesagt, das sind
Spekulationen. Tatsächlich stellt Elisabeth Rotten die Beziehung zu Minna Specht
her, und - nach einigen Umwegen - nimmt Charlotte Heckmann am 1.Mai 1935
ihre pädagogische Arbeit in Östrupgård in der Schule bei Minna Specht auf. Aber
zunächst nicht als Pädagogin, sondern als Haushaltsleiterin. Erst einige Zeit
später wird sie von Minna Specht mit dem Aufbau eines Kindergartens betraut -
und erhält die Gelegenheit, "es anders zu machen".

Wie sie das macht, wird in einer Szene deutlich, in der Charlotte Sonntag
zunächst nicht von ihren Kindern - und den Tieren - zu unterscheiden ist, alle bilden eine Prozession:

*"Unser Nachbar", erzählt Charlotte Heckmann, "Bauer Hansen, brachte uns eines
Tages eine kleine, ganz junge Ziege, Meckerle. Die Kinder waren begeistert.
Meckerle, nur wenige Wochen alt, kam nachts in den Brennholzschuppen, den Tag
über lebte es jedoch mit den Kindern, entweder draußen auf der Wiese oder drinnen im Haus. Auch bei der Abendwäsche mußte es dabei sein. Dann lag es friedlich vorm Herd, diesen Platz liebte es sehr. Zogen wir am Tag zu einem kürzeren
oder längeren Spaziergang in den Wald, kam Meckerle mit. Dann sah man oft folgende Prozession von Östrupgård ausziehen: Vorn weg, laut kläffend, Pitt, der
Dackel, der bei den Großen seine Heimat hatte, dann die Kinder und ich und, hinter uns her trabend und springend, Meckerle. Mit Meckerle machte der Waldspaziergang viel mehr Spaß. Wir sind sehr viel spazierengegangen. Natürlich habe
ich ihnen auch Geschichten erzählt und sie selber mit Plastelin oder anderem Material basteln oder auch malen lassen. Wir hatten ein Klettergerät, und ich machte
mit ihnen Gymnastik. Ich hatte ja keine Kindergärtnerinnen-, sondern eine Sozialarbeiterausbildung. Aber die Kinder waren immer beschäftigt."*

Charlotte und Gustav Heckmann 1946

Ziegen sind sehr soziale und beziehungsfähige Tiere, und die Ziege Meckerle wird ein wichtiges Bindeglied zwischen den Kindern und ihrer Erzieherin gewesen sein; aus der Geschichte von der Prozession in Östrupgård ist noch herauszuhören, wieviel Lebendigkeit und Lebensfreude - im dänischen Exil - die Kinder und ihre Erzieherin, die ihre ersten Erfahrungen als nicht-ausgebildete Kindergärtnerin machte, bei ihren Spaziergängen in den Wald empfunden haben. Charlotte Heckmann zog mit ihren Kindern umher; sie entwickelt eine besondere Art von - wie ich es nennen möchte - begleitender Pädagogik, die auch ihre spätere Arbeit kennzeichnen wird. Sie geht, scheinbar ununterscheidbar, mit den Kindern und Tieren mit, aber diese gemeinsamen Gänge und Wanderungen sind in Arbeit - zunächst darin - und Erziehung eingebettet:

"Ich hatte ja neben dem Kindergarten", berichtet Charlotte Heckmann, "auch noch Haushaltspflichten. Der Küchendienst wechselte ab, und, wie alle anderen, mußte ich, wenn ich Küchendienst hatte, das Mittagessen zu einer bestimmten Zeit fertig haben, für etwa zwanzig Personen. Die große Küche bot zwar Platz genug für meine sieben bis acht Helfer und mich und auch für die schweren Eisentöpfe. Trotzdem war es etwas antrengend. Die Arbeit verlief dann meist folgendermaßen: Mit meinem Kinderschwanz zog ich in den Garten, um das Gemüse oder den Salat hereinzuholen. Das war schon nicht ganz einfach, denn irgend jemand hatte bestimmt eine besondere Idee, von der ich ihn, im Interesse der Allgemeinheit und des noch zu bereitenden Mittagessens, abbringen mußte. Waren wir dann glücklich zurück in der Küche, mußte ein jeder beschäftigt werden; zugleich mußte ich zusehen, mein Essen fertigzubekommen. Für geraume Zeit waren die Kinder eifrig bei der Sache. Aber es dauerte nicht lange, und man hätte sich eigentlich nur schwimmend durch die Küche bewegen können."

Die anstrengende, chaotische Arbeit wird humorvoll nacherzählt, aber die Anstrengungen, die mit dieser Verbindung von Haushaltsarbeit und Erziehung verbunden sind, werden auch nicht unterschlagen; auch die Schwere der Eisentöpfe nicht. Die "Kindergärtnerin" - diesmal im wörtlichen Sinn - zieht mit den Kindern in den Garten, um das Gemüse für die Küche zu holen; aber mit acht kleinen Kindern geht das nicht zielstrebig vonstatten; es kann vorkommen, daß im Garten andere Ideen, als das Gemüseholen, entwickelt werden. Und auch auf die will die Erzieherin nicht nur mit Verboten eingehen; in der Küche ist es ähnlich: Jedes Kind hat seine eigene Vorstellung von dem, was es da tun kann - das Durcheinander ist vorstellbar, aber die zwanzig Leute, die in Östrupgård versorgt werden mußten, sind dennoch satt geworden. Charlotte Sonntag ließ sich von der Arbeit und dem Durcheinander nicht unterkriegen; sie tanzte; nicht über all die Schwierigkeiten hinweg, aber mitten unter den Kindern. Eines davon erinnert sich daran, Lisa Nowotny (geb. Walter):

"Die größte Freude und stärkste Erinnerung an Charlotte Heckmann habe ich von einem Tanz, den sie uns - wahrscheinlich anläßlich des 'Winterfestes' - bei Kerzenschein im Rittersaal von Östrupgård (Minna Spechts Zimmer, wo wir uns immer zur 'Kapelle' versammelten) vorführte.
Ganz abgesehen von dem schönen Tanz, der mich beeindruckte, war dabei das, was mir am besten in Erinnerung ist, das wunderbare rote zweiteilige Tanzkostüm, das sie selbst aus hunderten von Pailletten genäht hatte: Das Oberteil war ganz glatt gearbeitet mit schlichtem Halsausschnitt und langen, anliegenden Ärmeln. Dann kam ein 'Naturgürtel' unterhalb der Brust, wo das Oberteil endete - also nackte Haut - und darunter ein bei Drehungen weit ausschweifender Rock - alles in roten Pailletten, in denen sich das Kerzenlicht spiegelte - herrlich!"

Auch mit diesem Tanz nimmt Charlotte Heckmann eine - keineswegs glückliche - Erfahrung aus ihrer Kindheit auf und "macht etwas daraus", eine schöne, die Kinder begeisternde Vorführung: Ihre Erzieherin ist auch eine Tänzerin und eine Schönheit dazu. Die Kindheitserinnerung aber hört sich ganz anders an:

"Ich hatte als Kind", berichtet Charlotte Heckmann in unserem Gespräch, "meine Mutter war Schaupielerin und war sehr unglücklich als Schauspielerin und hatte wohl innerlich den Wunsch, daß ihre Kinder ihren Weg verfolgen sollten. Ich kann mich noch entsinnen, daß ich zu Hause irgendwann mal tänzerische Sachen gemacht habe. Da hatte meine Mutter sofort die Idee: Die muß ans Theater! Ich eignete mich nun als Mensch absolut nicht dazu, zum Theater zu gehen. Sie aber meldete mich in einem der kleineren Theater an. Sie hatte eine Schauspielschülerin, die beim Ballett an der Oper war. Da wollte sie mich aufnehmen, und ich bin dann da gelandet. Ich bin bestimmt nicht der Mensch, der dazu paßt, und habe mich immer unglücklich gefühlt."

Aber aus diesem unglücklichen Gefühl ließ sich offensichtlich eine geglückte tänzerische Aufführung für die Kinder in Östrupgård machen; eben etwas "anderes", wie es dem Vorsatz von Charlotte entsprach.

Nun waren aber diese ersten pädagogischen Erfahrungen keineswegs frei von Konflikten; weder von Konflikten mit den Kindern noch von Auseinandersetzungen mit der Leiterin der Schule, mit Minna Specht. Anfangs hatte Minna Specht die Idee, Charlotte Sonntag sollte den Kindergarten nach den Prinzipien von A.S. Neill aufbauen.

"Er will nicht nur", schreibt Charlotte Heckmann, "die intellektuellen Fähigkeiten, sondern die Persönlichkeit zur Entwicklung bringen. Dazu ist es erforderlich, daß der Erzieher keinen Zwang anwendet, daß er es vermeidet, Angst und die daraus entstehenden Schuldgefühle bei den Kindern aufkeimen zu lassen. Vollkommene Freiheit! Na, ich habe mich danach gerichtet. Aber die Kinder hatten ja ihre eigenen Ideen."

Charlotte respektiert zunächst die Ideen der Kinder, unterdrückt sie nicht - und das führt bald zu Konflikten mit den Lehrern und auch mit Minna Specht. Irgendwann wird es ihr zuviel:

"Ich hatte mit den Kindern mal wieder Gymnastik gemacht, draußen im Garten irgendwo. Minna kam und guckte zu, und dann sagte sie: 'Charlotte, ich glaube, du erziehst lieber nicht nach Neill sondern nach Maria Montessori.' Minna hatte kurz vorher Maria Montessori in Kopenhagen kennengelernt. Ich hatte über Maria Montessori ausgiebig bei Elisabeth Rotten gehört. Jetzt widersprach ich Minna: 'Nein, das tue ich nicht, ich wechsele nicht von einem Tag zum andern.' Ganz unabhängig davon, daß mir so ein Sprung nicht möglich war, hatten wir ja auch nicht ein Stück Montessori-Material. Aber das störte Minna nicht. Sie ging weg und sprach erst mal ein paar Tage nicht mit mir. Natürlich war ich bedrückt, fühlte mein Versagen und sah doch keinen Weg."

Von der pädagogischen Experimentierfreude, um nicht von Sprunghaftigkeit zu sprechen, Minna Spechts abgesehen, ist die Widerspruchsreaktion Charlotte Sonntags bemerkenswert, aber auch - wie sie sich eingesteht - ihr Schuldgefühl, versagt zu haben. Warum eigentlich? Diese Frage habe ich in unserem Gespräch nicht aufgeworfen, obwohl es eine ganze Zeit lang um die Unterschiede zwischen den pädagogischen Konzepten von Neill und Montessori kreiste und Charlotte Heckmann den Unterschied zwischen beiden Ansätzen auf den Begriff brachte: "Freiheit" auf der einen, "Führung" auf der anderen Seite. Sie hat sich schon damals in Dänemark mit diesen Konzeptionen auseinandergesetzt und zwar auf Initiative von Minna Specht:

"Da war es wieder Minna, die den Knoten löste. Sie schlug mir vor, gemeinsam die für die Arbeit unserer Schule wesentlichen Grundgedanken beider Methoden herauszuarbeiten. Bei Neill war es ja Vermeidung von Angst, Selbsttätigkeit, eigene Initiative, ein großes Maß an Freiheit. Bei Maria Montessori: Vorsichtige, gezielte Lenkung, planmäßig und langsam wachsende, zu Disziplin erziehende Anforderungen. Durch diese Erkenntnisse hat meine Arbeit, dank Minnas Initiative, eine Vertiefung erfahren."

Das läßt sich an der pädagogischen Praxis, die Charlotte Heckmann mit ihren Kindern in Östrupgård entwickelt, gut ablesen:

"So hatten auch die Kleinen ihre Pflichten. Sie halfen beim Tischdecken, halfen ihre Betten zu machen, halfen sich untereinander beim An- und Auskleiden und, so weit es ging, Ordnung zu halten. Ordnung war ja ein großes Wort in unserer Schule. Ich sah: Das, was meine Ordnung war, also daß aufgeräumt werden mußte, das war nicht die Idee der Kinder. Dann haben wir ausgemacht: Gut, ihr macht jeden Abend Ordnung und ihr macht die Ordnung so, wie sie euch gefällt. Und das taten sie, und das war gar nicht meine Idee. Aber sie taten es und hielten sich dran. Minna sah das und amüsierte sich wahrscheinlich zum Teil darüber, aber sie akzeptierte es."

Das Schlüsselwort dazu, um diese Szene pädagogisch zu verstehen, liegt im letzten Verb des letzten Satzes: "akzeptieren". Darum geht es Charlotte Heckmann in ihrer Arbeit mit den Kindern: Sie werden beteiligt an der für das tägliche Leben notwendigen Arbeit, wie alle anderen - Erwachsenen, größeren Kinder und Jugendlichen - auch, aber so, wie es in ihren Kräften und Möglichkeiten liegt; wichtig ist, daß sie am Arbeitsprozeß der Schul- und Lebensgemeinschaft in Östrupgård teilnehmen. Aber es bleibt nicht bei der altersgemäßen Partizipation an Arbeit, sondern es geht auch um die Entwicklung von Ordnung, ohne die das gemeinsame Leben nicht möglich wäre. Aber um wessen Ordnungsvorstellung - Charlotte Heckmann spricht von "Idee" - geht es? Anders als viele andere, auch reformpädagogische Konzeptionen, erkennt Charlotte Heckmann die Differenzen zwischen kindlichen Konzepten von "Ordnung" und denen der Erwachsenen. Sie stellt beide Vorstellungen zur Diskussion mit den Kindern, um eine gegenseitige Anerkennung - vielleicht sogar Wertschätzung - dessen zu erreichen, was für die Kinder ein aufgeräumtes Zimmer bedeutet, und was es für die Pädagogin heißt, abends die Räume "in Ordnung" zu bringen. Daraus entwickelt sich eine gegenseitige Akzeptanz. Mit dieser pädagogischen Praxis mag die junge Charlotte Sonntag vielleicht das Amüsement der erfahrenen Pädagogin Minna Specht erregt haben, aber diese junge Erzieherin arbeitete an einem zentralen pädagogischen Thema, das die Diskussionsabende unter den Lehrerinnen und Lehrern in Östrupgård beherrschte: "Lange Zeit", berichtet Charlotte Heckmann, "hatten wir das Thema 'Ordnung und Freiheit' besprochen. Nach meiner Erinnerung ging es dabei um die Frage: Haben wir Erzieher ein Recht, Ordnung zu verlangen?" Die Lösungswege für diese Problematik entwickelt Charlotte Sonntag also in einem pädagogischen Diskussionszusammenhang, wie schon die Klärung der Frage nach der Bedeutung der Konzeptionen von A.S. Neill und Montessori.

Es erscheint mir wichtig, auf diesen kontinuierlichen pädagogischen Diskurs, der die Tagesarbeit mit den Kindern in Östrupgård begleitete, hinzuweisen. Er ermöglicht eine an der Alltagspraxis entwickelte pädagogische Selbstbildung. Deshalb stößt meine, bewußt provozierende, Frage in dem Gespräch mit Charlotte Heckmann, ob sie von Minna Specht etwas gelernt habe, auch zunächst auf glattes Unverständnis:

Ch.H.:   *Ob ich von Minna Specht etwas gelernt habe? Ja, das glaube ich.*

B.S.:   *Ich frag' so provokant - ich kann mir das schon denken -, ich gehe aber davon aus, daß Sie ein sehr selbständiger Mensch sind, eine sehr selbständige Frau, die ihre Pädagogik selbständig entwickelt hat.*

Ch.H.:   *Minna?*

B.S.:   *Sie.*

Ch.H.:   *Ich? Das weiß ich nicht.*

B.S.:   *Darum frag' ich ja: Haben Sie von irgend jemandem eigentlich etwas gelernt?*

Ch.H.:   *Aber sicher! Etwas, was mir bei Minna Specht ja einen unauslöschlichen Eindruck gemacht hat: Die drei Lehrer - Minna, Gustav Heckmann, Lieselotte Wettig - hatten auf Minnas Anregung hin jeder eine Arbeit geschrieben. (Zu G. Heckmann gewandt): Sag', welche?*

G.H.:   *Die Erziehung der Erzieher.*

Ch.H.:   *Die Erziehung der Erzieher. Und es war Minnas feste Idee, daß die Erzieher nur dann ein Recht haben zu erziehen, wenn sie selber dazu bereit sind, erzogen zu werden. Das hatte sie geschrieben, darüber hatten wir - oder hatten sie - diskutiert. Ich weiß gar nicht, ob ich dabei war. - Eines schönen Tages kommt Minna zu mir und sagt: 'Ich geb' es auf. Die Erziehung der Erzieher geb' ich auf. Die beiden - Gustav und Lieselotte - sagen ja nichts. Die sagen niemals etwas. Die akzeptieren alles, was ich tue.' - Nach einer Weile, ein paar Wochen später, kam sie wieder und zeigte mir einen Artikel, den sie geschrieben hatte und den sie an eine dänische Freundin (Dörte Gregersen, sagt G.H.) schicken wollte - Dörte Gregersen. In diesem Artikel sprach sie von der Notwendigkeit der Erziehung der Erzieher. Ich sagte ihr: 'Den Artikel kannst du aber nicht wegschicken.' Da war sie natürlich etwas erstaunt. Ich sagte: 'Du hast mir doch gesagt, daß du den Gedanken aufgibst.' - Bei der nächsten Arbeit, einer gemeinsamen Arbeit, die wir immer abends hatten, sagte Minna: 'Charlotte hat mir verboten, den Artikel an Dörte zu schicken.' - Das war eine Seite von ihr."*

An dieser Stelle möchte ich den Bericht von Charlotte Heckmann mit dem Hinweis unterbrechen, daß die Frage nach der "Erziehung der Erzieher" (die ja im übrigen auch bei Karl Marx eine Rolle spielt) den pädagogischen Diskussionszusammenhang, von dem oben die Rede war, auf den Punkt bringt: Es geht Minna Specht und ihren pädagogischen Mitarbeiterinnen und Mitarbeitern um die Frage nach der Berechtigung ihres Tuns (vgl. den hier erstmals gedruckten Artikel von Minna Specht), also um keine akademische Angelegenheit. Das hat Charlotte Sonntag offensichtlich auch gleich so verstanden und kann daher, mit jugendlichem Ernst und dem Bedürfnis nach Konsequenzen aus einer Erkenntnis, auch Minna Specht die Publikation eines Artikels über ein Problem, eben die "Erziehung der Erzieher", an dem sie aus einer momentanen Enttäuschung heraus nicht weiterarbeiten - also auch nicht dazu publizieren kann, folgert Charlotte - "verbieten". Minna Specht geht auf diese Art des Verständnisses von Konsequenz ein, nimmt es ernst und erklärt im Diskussionszirkel am Abend (bei dem nicht nur diskutiert, sondern oft auch praktisch gearbeitet wurde) vor den anderen Pädagoginnen und Pädagogen, daß Charlotte ihr die Verbreitung ihres Artikels "verboten" habe; das mag zwar halb-ernst gemeint gewesen sein, aber tatsächlich hat Minna Specht diesen Artikel nicht veröffentlicht. "Das war eine Seite von ihr", erzählt Charlotte Sonntag und fährt fort:

Ch.H.: *Eine andere Seite war: Ich kam über unseren großen Hof und sah, daß sie eine Mitarbeiterin, die nur kurz bei uns war, sehr schlecht behandelte. Das verletzte mich. Ich ging mit mir den ganzen Tag umher: Geh' ich zu Minna, sag' ich ihr das? Man sagte ihr nicht gerne etwas. - Ich entschloß mich schließlich, abends in den Rittersaal zu gehen. Minna lag im Bett und las (Nora Walter: 'Rittersaal' war Minnas Zimmer.). Ich sagte ihr: 'Ich möchte mit dir sprechen.' - 'Ja.' - Aber sie ließ das Lesen nicht. Sie las weiter. Ich sagte ihr dann meine Meinung, daß sie die Käthe schlecht behandelt habe. Darauf sagte Minna: 'Hast du sonst noch 'was zu sagen?' - Ich hatte das Gefühl: Ich krieg rechts und links eins um die Ohren und ging in mein Kindergartenhaus. War natürlich bedrückt. Es war nachts. Bei uns standen die Türen ja immer offen. Nachts hör' ich dann Minna mit den Holzschuhen über den Hof kommen, im Schlafanzug, Kopftuch auf. Sie setzt sich an mein Bett und sagt: 'Du hast recht.' - Also, sie konnte über ihren eigenen Schatten springen. Sie konnte das. Das kann man selten. Das weiß ich noch. Das war etwas, was ich von Minna - ich kann gar nicht sagen - 'gelernt' habe...*

B.S.: *Ja, was kann man daraus lernen?*

Ch.H.: *Was kann man daraus lernen? Ich hatte ein Aha-Erlebnis. Meiner Mutter wäre so etwas unmöglich gewesen. Das weiß ich. Wenn sie recht hatte, hatte sie recht. Ich hab' andere Menschen kennengelernt, die auch recht hatten, wenn sie recht hatten -, und vielleicht hab' ich's auch. So über den eigenen Schatten springen zu können, auf der einen Seite, - und auf der anderen konnte sie ordentlich austeilen.*

Es wird kein Zufall sein, daß Charlotte Heckmann im Zusammenhang mit dieser Episode auf ihre Mutter zu sprechen kommt und sie als Gegenfigur zur Fähigkeit von Minna Specht, über den eigenen Schatten zu springen, versteht. Es handelt sich ja, wie bei den Erinnerungen an die leidvollen Erfahrungen in der frühen Kindheit, wieder um eine "Verletzungsgeschichte"; auch diesmal führt Charlotte Sonntag einen inneren Monolog: "Geh' ich zu Minna? Sag' ich ihr das?" Aber diesmal kann sie nicht, wie als Kind, einen Vorsatz, es "anders" zu machen - irgendwann, als Erwachsene - fassen; sie ist ja nun erwachsen. Und konsequent - wie sie lebt und handelt - geht sie "in die Höhle der Löwin". Sie erfährt eine weitere Kränkung und geht - "bedrückt", wie sie sagt - in ihr Kinderhaus zurück; sie fühlt sich geohrfeigt, also als ungezogenes Kind behandelt. Aber Minna Specht ist nicht ihre Muter, auch nicht die verbitterte Tänzerin aus der Ballettschule: Diese Frau kann Selbstkritik nicht nur bei sich im "stillen Rittersaal" üben, sondern sie tritt - und dazu noch in derselben Nacht, in der die gekränkte Charlotte Sonntag nicht schlafen kann - den "Gang nach Canossa" an, geht über den Hof zu ihrer Schülerin und Kollegin (mir fällt kein besseres Wort ein, um diese doppelte Beziehung zu charakterisieren) und gesteht ihr ein: "Du hast recht." - Für die junge Erzieherin Charlotte Sonntag ist das, wie sie heute als 85jährige Frau sagt, ein "Aha-Erlebnis". Aus solcher Art von Erlebnissen springt ein Funke über, der einen nicht nur zum Nachdenken, sondern auch zur Selbst-Veränderung, zur Selbstbildung, bringen kann.

"DOLLY DAYDREAM" - ALS PÄDAGOGIN MIT KINDERN LEBEN

Charlotte Heckmann hat es in ihrer pädagogischen Arbeit im Exil mit vielen und sehr verschiedenen Kindern zu tun: Mit den Kindern von Widerstandskämpfern und Verfolgten in Dänemark, mit "schwererziehbaren" Arbeiterkindern in England und schließlich mit Kindern, die aus dem Konzentrationslager Theresienstadt befreit und nach England gebracht worden sind. Hildegard Feidel-Mertz hat die pädagogische Zielsetzung der verschiedenen Schulen und Erziehungseinrichtungen im Exil so zusammengefaßt:

"Die Schulen im Exil hatten verstärkt zu leisten, was den Landerziehungsheimen immer schon abverlangt wurde: Beschädigungen und Defizite in der kindlichen Entwicklung auszugleichen, fehlende oder zerrüttete familiäre Beziehungen zu ersetzen." (Feidel-Mertz, 1983, S.65)

Was das konkret bedeutete, wird von Charlotte Heckmann in ihren pädagogischen Berichten über einzelne Kinder, ihre Persönlichkeiten und Lebensgeschichten nicht nur anschaulich gemacht, sondern als pädagogischer konfliktreicher Prozeß dargestellt und durchdacht. Ihre pädagogischen Texte aus jener Zeit haben einen besonderen Aufbau, oder anders gesagt, ihre Erzählweise läßt sich in verschiedene Sequenzen aufteilen:

Am Beginn des Berichts steht eine Darstellung der pädagogischen Umstände und Verhältnisse, mit denen sie es zu tun hat: Das pädagogische Wirkungsfeld wird, um es abstrakt zu sagen, mit seinen institutionellen und personellen Merkmalen vorangestellt; aber das geschieht nicht losgelöst von der Beschreibung des persönlichen Verhältnisses, das sie in diesem "Feld" entwickelt: Die Umstände, unter denen sie an ihre Arbeit geriet, wie ihre Aufgabe aussah und wie sie auf all das Neue reagierte. Das wird am Beispiel kleiner Szenen geschildert, nie abstrakt dargestellt, so daß der pädagogische Prozeß, in den Charlotte Heckmann mit den Kindern, die ihr anvertraut worden sind, gerät, schon gleich mitgeteilt wird. Als Leser dieser pädagogische Berichte ist man unversehens "mitten im Geschehen": Kleine Episoden werden sehr genau erzählt, in denen es meist um Konfliktlösungen geht, und dabei entstehen beim Leser oder bei der Leserin Bilder der pädagogischen Beziehungen, um die es geht, und auch erste Vorstellungen von den Erwachsenen und Kindern, die daran beteiligt sind. Erst danach folgen Portraits, manchmal in der Art pädagogisch-psychologischer Fallberichte, einzelner Kinder; auch bei diesen "Kinderbildern" geht es nicht nur um Persönlichkeitsbeschreibungen, sondern die Kinder werden im Beziehungsgeschehen zu den anderen Kindern und zu den Pädagoginnen, besonders zu Charlotte Heckmann selbst, dargestellt. Für die Zeit im dänischen Exil, in Östrupgård, läßt sich diese Art und Weise der pädagogischen Portraitierung der Kinder aus dem pädagogischen Prozeß heraus gut an den Beispielen von Renate, Karl-Heinz, Werner und Willi, Gerda, Claus und Lasse zeigen. Ich kann hier nicht auf alle Kinder eingehen - aber Charlotte Heckmann tut das sehr ausführlich, und ihre Berichte sind wichtige Dokumente für ein genaueres Verständnis der Verletzungen der Kinder im Exil und für die Versuche, ihnen zu einer möglichst leidensarmen Lebensweise (von Heilung oder Genesung kann nur selten die Rede sein) zu verhelfen. Ich möchte hier nur am Beispiel eines Kindes den Bericht von Charlotte Heckmann zu erläutern versuchen:

"Und dann war da Claus. Seine Mutter Else D. hatte ihn gebracht, denn seine Eltern arbeiteten in Berlin auch im Widerstand, und Claus hatte während einer Haus-

durchsuchung zu den Gestapo-Leuten gesagt: 'Mein Vater hat gestern die Kartei weggebracht.' Da habe die Eltern gedacht: Jetzt ist es hohe Zeit, daß er wegkommt. Aber das hat Claus natürlich nie verstehen können. Er war noch keine fünf Jahre alt damals, und er hat sehr an seiner Mutter gehangen. Claus hatte häufig Anfälle von Jähzorn, ob schon vor der Trennung von seiner Mutter oder erst danach, weiß ich nicht. Da passierte es mal, daß ich Ruth, die jüngste, gebadet hatte, sie auf einem Badetuch auf dem Küchentisch stehen hatte und sie abtrocknete. Claus kommt und zieht an dem Badetuch, und ich konnte die Ruth gerade noch so auffangen und sagte: 'Claus!!!' Mir war in der Empörung nur das eine Wort 'Claus' 'rausgefahren. Claus war offenbar so erschrocken über das, was er getan hatte, daß er hinter mich sprang und mich ins Gesäß biß. Dann habe ich die Ruth fertiggemacht, hab' mir den Claus genommen und hab' ihn vor mich hingesetzt auf meinen Schoß. Weiter gar nichts. Und plötzlich holt Claus aus und haut mir eine 'runter! Und da hab' ich ihm auch eine 'runtergehauen. Das ging klatsch-klatsch!'"

Claus' Geschichte trifft vermutlich in ähnlicher Weise für viele Kinder von antifaschistischen Widerstandskämpfern zu: Seine Eltern müssen ihn "weggeben", weil er sie - ohne das natürlich als Kind von fünf Jahren auch nur zu ahnen - an die Gestapo verrät und eine große Bedrohung für seine Eltern geworden ist. Er wird "weggegeben", d.h. nicht von außen von seinen Eltern getrennt, sondern seine Eltern trennen sich selbst von ihm. "Aber das hat Claus natürlich nie verstehen können", schreibt Charlotte Heckmann. Es ist auch nicht zu verstehen, sondern nur zu "erleiden", wenn das ein richtiges Wort für das ist, was Claus durchmachen muß.

Claus reagiert in einer besonderen Situation aggressiv: Als er sieht, daß sich seine Erzieherin - vielleicht seine neue Mutter - mit einem anderen kleineren Kind liebevoll beschäftigt, hält er das nicht aus. Er greift ein, nicht unbedingt um jemanden zu verletzen; er will diese Zuwendungssituation, die nicht ihm gilt, stören und erreicht damit ein großes Erschrecken, bei sich und der Erzieherin, die seinen Namen heftig ausstößt. Darauf erst reagiert er gezielt aggressiv und beißt. Aber in diesem aggressivem Akt ist auch eine große Annäherung, eine Art "Einverleibung" enthalten; und darauf kann die Erzieherin, was nicht selbstverständlich ist, mit Nähe und Zuwendung reagieren: Sie nimmt, nachdem sie die kleine Ruth versorgt hat, Claus zu sich auf den Schoß. Aber der Beziehungsversuch, als den ich die verschiedenen aggressiven Handlungen von Claus verstehen möchte, ist noch nicht zu Ende: Er greift noch einmal die Erzieherin an und schlägt sie ins Gesicht, und sie - impulsiv - schlägt zurück: "Das ging klatsch-klatsch." Aber damit ist die Beziehung (vermute ich) wieder ins Gleichgewicht geraten; Claus ist aber auch gezeigt worden, wie weit er gehen darf und wo die Grenze der liebevollen Zuwendung ist. Die Reaktion der Erzieherin enthält ja keine Abwendung, wie auch die aggressiven Handlungen von Claus keine Abwendung von seiner Erzieherin bezwecken sollen, sondern eine Annäherung. Das ist meine ungesicherte Interpretation dieser pädagogischen Szene, mit der ich nichts weiter als auf die pädagogische Sensibilität - oder auch Intuition - von Charlotte Heckmann aufmerksam machen möchte. Sie berichtet übrigens eine weitere pädagogische Konflikt- und Beziehungsgeschichte aus ihrer Arbeit mit Claus, die meine Vermutung vom Vertrauen, das Claus in seine Erzieherin setzen möchte und das sie in ihn setzt, stützen kann:

"Wenn Claus jähzornig war, schlug er oft auf Renate los. Renate wehrte sich natürlich, sie war kräftig. Meistens holte ich ihn mir dann und sprach mit ihm. Später in England war er in Liselottes Gruppe, da kriegte er auch mitunter solche Wutanfälle. Da habe ich ihm mal gesagt: 'Claus, wenn du merkst, daß sowas kommt, wo immer du bist, rufst einfach 'Charlotte, Charlotte!', und ich antworte dir, und dann kommst du angerannt und hältst dich an der Schürze fest oder wir sprechen miteinander.' Und das klappte. Wenn er so einen Wutanfall kriegte, hörte ich manchmal 'Charlotte!', und wenn ich ihm sagte, wo ich bin, kam er angerannt und hielt sich an meiner Schürze fest - und dann war's vorbei. Es half. Diese Ausbrüche führe ich darauf zurück, daß er, ohne daß er es verstehen konnte, plötzlich von seiner Mutter getrennt wurde und in eine völlig fremde Umgebung kam."

Charlotte Heckmann handelt hier nicht nur intuitiv, sondern auch in Erkenntnis der Bedeutung der Trennungserfahrung von Claus:
Sie bietet sich dem von aggressiven Ausbrüchen gequälten Jungen als Zufluchtsperson, als Halt und Schutzpatronin an; wie bei einem wilden Kinderspiel, bei dem es das "Mal", den festen Punkt, gibt, an dem alle Verfolgung oder jeder Kampf ausgesetzt sind , kann er durch das Festhalten ihrer Schürze wieder zu sich kommen. Es braucht aber nicht nur bei diesem symbolischen Akt des Haltsuchens zu bleiben; "oder wir sprechen miteinander", sagt Charlotte Heckmann zu Claus. Das ist ein zweiter Schritt zur Auseinandersetzung mit den die kindliche Persönlichkeit in solchen Augenblicken überwältigenden Aggressionen; nachdem Claus, sich an der Schürze festhaltend, wieder zu sich gekommen ist, kann er auch über seine jeweiligen Konflikte mit seiner Erzieherin sprechen. Zuflucht- und Aussprache-Angebote hängen in dieser pädagogischen Intervention eng zusammen. Sie sind ein Merkmal der pädagogischen Arbeit von Charlotte Heckmann in Konfliktsituationen mit ihren Kindern überhaupt; fast jedesmal, wenn die Kinder eine Grenze überschritten und die Bedingungen des Zusammenlebens durch ihre Aggressionen gegeneinander oder gegen Erwachsene bzw. deren

Ordnung gestört haben, versucht Charlotte Heckmann durch das Gespräch mit den Kindern eine Lösung zu finden, die das Gleichgewicht zwischen den Vorstellungen der Kinder und denen der Erwachsenen wiederherstellen kann. Und manchmal geht das nur über den Weg der Strafe. Aber wie kommt in diesem pädagogischen Konzept eine Strafe zustande? Ein Beispiel:

"Wenn ich große Wäsche für den Kindergarten hatte, dann hatte ich unten im Waschhaus zu tun, und die Kinder waren entweder draußen oder oben in ihrem Spielzimmer. Da passierte es eines Tages im Winter, daß ich bei der Wäsche das Gefühl hatte: Mußt mal nachgucken. Da liefen die Kinder oben mit brennenden Hölzern umher. Die Hölzer hatten sie sich geholt, an unserem eisernen Ofen im Spielzimmer angezündet und liefen nun mit ihren Fackeln umher. (Das Kinderhaus hatte, wenn ich es auf dem Foto richtig erkenne, ein Strohdach. B.S.) Den Schreck, den ich kriegte, kann man sich vorstellen. Wir löschten alle Fackeln. Ich holte mir die Kinder zusammen und fragte: 'Was machen wir? Ich kann euch ja nicht allein lassen. Was machen wir?' - Wenn Kinder etwas vorschlagen, was sie selber als Strafe empfinden, dann schlagen sie meist keine kleinen Strafen vor, sondern sie schießen dann über's Ziel hinaus. Sie haben vorgeschlagen, das Zimmer nicht zu heizen und sie alle im Kalten sitzen zu lassen. Ruth und Roger, die beiden Kleinsten, die kamen 'rauf zu den Großen. Ich hab' gesagt: 'Die dürfen nicht im Kalten sitzen, denn die können nichts dafür.' Dann saß Werner im Mantel vor dem kalten Ofen, wahrscheinlich einen Tag. Ich hatte ihnen ja erklärt, wieso das schlimm ist, was sie gemacht hatten, und dann habe ich gefragt, was wir machen sollten. Das akzeptierten sie dann, da schimpften sie nicht."

Die Ermittlung der Strafe durch das Gespräch mit den Kindern über den Straftatbestand und die möglichen Konsequenzen daraus, ist nicht allein Charlotte Heckmanns persönliche pädagogische Konzeption; sie ist aus den Diskussionen - in den abendlichen "Besprechungen" mit Minna Specht in Östrupgård - über das Prinzip "Keine Strafen, sondern natürliche Konsequenzen", entstanden: "Das war etwas, was mir nicht neu war, womit ich auch ganz in Übereinstimmung war", erzählt Charlotte Heckmann, "bloß - man kriegt's nicht immer hin."

In Pool-in-Wharfdale in der Nähe von Leeds in Nordengland, wo sie in den Jahren 1941 bis 1943 mit "schwererziehbaren" englischen Arbeiterkindern ihre pädagogische Tätigkeit fortsetzt - nun ohne den Rückhalt durch Minna Specht und die abendlichen Besprechungen im "Team", - wird ihre pädagogische Konzeption auf eine harte Probe gestellt. Die Leiterin des Heims, die Matron, ist mit diesen pädagogischen Ansätzen überhaupt nicht einverstanden:

"Ich kam mit den Ideen und Überzeugungen dorthin, die ich aus unserer Schule mitbrachte und von denen die Matron absolut nichts hielt. Sie meinte, die Kinder müßten streng erzogen werden und müßten Schläge kriegen. Das lehnte ich ab,

daher lehnte sie mich natürlich ab. Aber auch die Polizisten von der Polizeistation schräg gegenüber dem Hostel lehnten das ab. Auch sie meinten: Die Kinder sind schwierig, sie müssen mit Strenge erzogen werden und müssen auch mitunter Schläge kriegen. Mir sagten sie: 'Wir sind mit Ihnen nicht einverstanden.'"

Wer sind die Kinder, mit denen es Charlotte Heckmann hier zu tun bekam in einem Klima des pädagogischen Unverständnisses? Wiederum läßt sich diese Frage am besten mit einer pädagogischen "Beziehungsgeschichte" beantworten, denn Charlotte Heckmann berichtet in ihren pädagogischen Texten nicht nur über die Kinder als "pädagogische Problemfälle", sondern immer auch über die Art und Weise der Beziehung, die sie zu ihnen eingeht. Diesmal geht es um ein elfjähriges, ähnlich wie Claus in Östrupgård, sehr aggressives Mädchen:

"Dann hatten wir ein Mädchen, Joan, die war ein reichliches Stück größer als ich, ein kräftiges Mädchen, elf Jahre alt. Sie kam aus einer Familie, die im proletarischen Milieu oder asozial war. Joan war sehr anhänglich. Wenn wir spazierengingen, gingen immer zwei Erwachsene mit, und es gab immer einen Kampf, denn die Kinder drängten sich, daß sie an die Hand kamen. Besonders Joan wollte an die Hand, sonst kriegte sie einen Wutanfall; und wenn Joan einen Wutanfall kriegte, dann fürchteten sich auch die anderen Kinder. - Zwei der Jungens, ein sehr intelligenter Bursche und ein anderer, hatten irgendwoher Kaninchen gekriegt und wollten einen Stall für sie machen. Sie bauten den Stall, und Joan war eifersüchtig, sie wollte die Kaninchen haben. Die Jungs wollten sie nicht hergeben. Daraufhin trat sie die Ställe kaputt und die Kaninchen liefen weg. Weder Ruschi, noch Berryl und ich waren kräftig genug, Joan zu fassen und sie in ihrer Wut zu dämpfen und 'reinzubringen. Daher rief ich: 'Cook, Cook!' Cook kam, nahm sie und brachte sie 'rein. Wohin mit Joan? Wir hatten einen kleinen Keller mit einem kleinen Fensterchen, er war etwa zwei Quadratmeter groß. Ich sagte: 'Bitte, laßt mich mit Joan hier drin, schließt ab.' Ich blieb also mit Joan allein. Erst wollte sie gegen mich losgehen, aber dann wurde sie ganz friedlich. Ich sagte: 'Wir zwei gehen aus dem Keller 'raus, wenn du ruhig bist.' Allmählich wurde sie ruhig und wir gingen 'raus. Daß das mutig war, war mir gar nicht bewußt."

Eine dramatische Geschichte mit sehr heftigen Gefühlsausbrüchen, nicht nur bei Joan, auch bei den anderen Kindern, die - bei den Spaziergängen - die Nähe, die Hände der Erzieherinnen suchen, weil sie etwas Besonderes, Ausgewählte, *die* geliebten Kinder sein möchten; aber sie müssen mit den anderen rivalisieren und dementsprechend Enttäuschungen und Niederlagen ertragen. Das kann nicht jedes Kind, und Joan gehört zu den Kindern, die mit einer besonders heftigen Gefühlsregung, mit einem "Wutanfall", der sie völlig überwältigt, auf diese Frustration reagieren muß. Besonders dann, wenn sie etwas besonders Liebenswertes sieht - das sie nicht besitzt - die Kaninchen. Joan reagiert mit Zerstörungswut; ihr muß Einhalt geboten werden, und das schafft nur eine besonders kräftige Erwachsene, die Köchin. Ein Handgemenge, in dem Joan schließlich überwältigt wird. Aber was nun? Jetzt geht es um eine pädagogisch verantwortbare Handlung, nicht mehr allein um Gewaltabwehr und Gewaltbegrenzung.

"Ungezogene" Kinder in den Keller zu sperren oder "kriminelle" Jugendliche in die Isolierzelle, sind alte Mittel der Schwarzen Pädagogik. Auch in diesem Fall wird die Lösung in der Isolation der vor Wut "rasenden" Joan gesucht, aber eben nicht in der völligen Isolierung von den anderen Menschen: Charlotte Sonntag läßt sich mit einsperren und bleibt so lange bei dem Mädchen, bis es sich beruhigt hat und mit ihr die "Zelle" verläßt, um wieder unter die Menschen zu gehen. Mit ihrer Beziehungsgeste versucht die Pädagogin nicht nur die gestörte Beziehungsfähigkeit von Joan wiederherzustellen - indem sie sich als "Objekt" dazu anbietet -, sondern sie erspart dem auffällig gewordenen Mädchen auch die Scham, nach ihrem zerstörerischen Ausbruch den anderen wieder unter die Augen treten zu müssen. *"Wir* gehen aus dem Keller 'raus, wenn du ruhig bist", ist die Perspektive, die es Joan erlaubt, mit der Erzieherin, wenn auch zunächst noch widerstrebend, den Zeitpunkt der Beruhigung abzuwarten, um danach wieder "gemeinschaftsfähig" sein zu können.

In unserem Gespräch über diese pädagogische Geschichte begründet Charlotte Heckmann ihre Handlung mit ihrer pädagogischen Überzeugung: "Wenn ich der Überzeugung gewesen wäre, durch Strafen und durch Schärfe etwas erreichen zu können, wenn das meine innere Überzeugung gewesen wäre, dann hätte ich das andere nicht machen können." Es geht ihr auch hier um "das Andere", darum, es "anders" zu machen, als sie es in ihrer Kindheit erfahren hatte. Und dabei geht Charlotte Heckmann weit; sie hat andere Prioritäten: Es geht ihr nicht primär um die Bestrafung von Fehlverhalten ihrer sozial gestörten Kinder, sondern um den Gewinn einer Beziehung, die Vertrauen einschließt. Das wird am Beispiel von George sehr deutlich:

"Unser George hatte immer wieder Zwistigkeiten zwischen den Kindern verursacht. Wir hatten einen ganz kleinen Raum, gerade groß genug für ein Kind, ein Bett konnte drin stehen, da steckte ich George 'rein. Ich sagte: 'Hier bist du für dich, hier kannst du niemanden ärgern!' 'Nö', sagte er ganz vergnügt. - Ich hatte es mir zur Regel gemacht, jeden Abend jedem Kind Gute Nacht zu sagen, bei George setzte ich mich immer hin und unterhielt mich mit ihm. Und eines abends griff ich, zuerst ganz in Gedanken, unters Kopfkissen, während ich mit ihm sprach - und hatte plötzlich zwei Münzen, fünf Schillinge, in der Hand! 'George, wo hast du denn die her?' 'Hab ich gefunden.' 'Wo hast du die gefunden?' 'Beim Spazierengehen.' 'Das soll ich dir glauben?' 'Du kannst mir glauben, die hab ich

beim Spazierengehen gefunden!' Da wurde ich stutzig, und ein paar Nächte später griff ich wieder unters Kopfkissen, da lagen wieder zwei Münzen! 'Das hast du nicht gefunden! Wo hast du das her?' Er wiederholte: 'Gefunden.' Ich sagte: 'Wenn du die gefunden hast, George - fünf Shilling muß man bei der Polizei abgeben - dann gehst du nach Otley zur Polizei, gibst das ab und sagst, das hast du gefunden. Und dann wirst du sehen, was geschieht.' George ging zur Polizei, gab das Geld ab, kam wieder und sagte: 'Ich muß vier Wochen warten, wenn das Geld dann nicht abgeholt ist, dann krieg' ich's.' Als die vier Wochen um waren, kam George zu mir und sagte: 'Ich will zur Polizei gehen.' 'Was willst du da?' 'Ja, ich will sehen, ob mein Geld abgeholt ist.' Natürlich war das Geld nicht abgeholt. George kam zurück und hatte Schokolade für die Kinder, Süßigkeiten, und die verteilte er. Da kam 'raus, daß Ruschi schon öfter Geld gefehlt hatte. Als ich George fragte: 'Hast du's von Ruschi?' 'Ja. Die hat's aber nicht gemerkt', sagte er noch ganz vergnügt. Also wußte er von Anfang an, daß er das Geld von der Polizei wiederkriegen würde. Das war George!"

Auch diese Geschichte ist es wert, etwas genauer auf sie einzugehen: George, ein Junge, der offensichtlich zu sozialen Konflikten mit den anderen Heimkindern neigt, erhält für die Nacht ein eigenes, kleines Zimmer; er wird also auch, wie Joan, von den anderen isoliert. Er scheint das zu verstehen, vielleicht auch deshalb, weil ihn die Trennung von den anderen Kindern auch entlastet; denn immer Streit zu haben, ist sehr anstrengend, und die Kinder, die ihn anzetteln, sind oft gar nicht glücklich über ihre Rolle. Dazu kommt bei George, daß er abends, beim "Gute-Nacht"-Sagen, die Erzieherin ganz für sich allein auf der Bettkante sitzen hat und sich mit ihr über die Ereignisse des Tages ungestört unterhalten kann. Aber Charlotte Heckmann entdeckt an einem dieser Abende auf der Bettkante Geld unter dem Kopfkissen, und damit beginnt eine Auseinandersetzung, die sich längere Zeit hinzieht: Das Mißtrauen der Erzieherin ist geweckt, sie kontrolliert jetzt das Kopfkissen, findet wieder Geld darunter, anstrengende Frage-Antwort-Gespräche beginnen. Charlotte Heckmann, die ja gleich ahnt, daß es um gestohlenes Geld geht, findet eine Entlastungslösung für beide, für George und für sich: Das Geld wird als Fundsache bei der Polizei abgegeben und ist damit erstmal aus dem Haus; eine Zwischenlösung des Problems, wie sich nach vier Wochen herausstellt, denn George erhält das Geld zurück. Aber nun verbraucht er es nicht nur für sich, sondern kauft davon - als "Streithahn", der er für die anderen Kinder ist - Süßigkeiten für alle und verteilt sie. Er macht sich beliebt oder versucht, etwas gutzumachen, wer weiß. Die Erzieherin beobachtet diese Entwicklung und fragt, als einer Kollegin Geld fehlt, noch einmal nach der Herkunft der "Fundsache". Und George gesteht jetzt ein, daß er das Geld gestohlen habe (mit dem entschuldigenden Hinweis, daß es die Bestohlene ja nicht gemerkt habe). Erst jetzt, am Ende einer langen Beschäftigung mit dem Diebstahl, kommt die Wahrheit ans Licht - und Charlotte Heckmann ist damit zufrieden: Sie hat das Vertrauen dieses Kindes erworben; das genügt ihr, weil sie weiß, daß diese Vertrauensbeziehung eine Basis sein kann für diesen Jungen, mit seinen Wünschen und Entbehrungen vielleicht einmal anders umgehen zu können. Aber bei George geht das nicht so schnell; als Charlotte Sonntag ihre Arbeit in diesem Hostel aufgibt, bringt sie einige ihrer "Problemkinder", so auch George, in anderen Erziehungseinrichtungen unter:

"Nach einigen Wochen", erzählt sie, "wurde ich ans Telefon gerufen. Es war George. Er sagte: 'Dolly, when can I come home again?' Da versprach ich ihm, ich würde ihn besuchen, was ich schließlich auch tat. Er war ganz vergnügt, und man war auch offensichtlich zufrieden mit ihm. Ich fragte: 'George, klaust du noch?' 'Ja', sagte er, 'die merken das aber gar nicht.'"

Charlotte Heckmann begnügt sich aber nicht in jedem Fall mit der pädagogischen Herstellung eines Beziehungs- und Vertrauensverhältnisses zu ihren Kindern; es gibt auch Situationen, in denen "Strafen" notwendig sind: Als die Kinder sich wiederholt mitten auf die Fahrbahn der von Autos befahrenen Straße legen, um die Fahrzeuge zum Halten zu bringen, fragt sie die Kinder, was sie denn mit ihnen tun solle. Als die Kinder vorschlagen, sie solle sie "durchhauen" und sie das mit dem Prinzip beantwortet: "Das mach' ich nicht", einigt sie sich mit ihnen auf ein Nachspeisenverbot für eine Woche; aber dies Verbot hält die Kinder von ihrem gefährlichen Spiel nicht ab:

"Vierzehn Tage später machten sie genau dasselbe: Sie warfen sich mitten auf die Straße; der Bus kam und mußte bremsen. Ich sagte: 'Also, so geht's nicht.' Einer der Jungen sagte wieder: 'Weißt du was, du mußt uns durchhauen, dann merken wir uns das.' Sie waren gewohnt, immer durchgehauen zu werden. Ich antwortete: 'Ich hau euch nicht durch. Denkt euch was anderes aus.' 'Dann darfst du vierzehn Tage lang nicht mit uns sprechen.' 'Vierzehn Tage ist zu viel - das halten wir Erwachsenen nicht durch und ihr auch nicht.' Wir haben uns dann auf drei Tage geeinigt, drei Tage lang würde kein Erwachsener mit ihnen sprechen. Das haben wir durchgehalten. Als die drei Tage um waren, sagte unser intelligentester Junge, David: 'Endlich, das hätt' ich nicht länger ausgehalten.' Sie haben sich nie mehr auf die Fahrbahn geworfen. - Aber sie haben immer wieder neue Ideen gehabt."

Wie in Östrupgård beginnt Charlotte Sonntag mit den Kindern - nach dem wiederholten "Regelverstoß" - eine pädagogische Diskussion; diesmal allerdings nicht mit der Frage "Was machen wir?", sondern mit der klaren Feststellung "Also, so geht's nicht weiter". Wie aber kann es denn weitergehen, mit ihr und den Kindern? Das ist die Frage; und diese Frage kann m.E. von ihr nur deshalb gestellt und von den Kindern mit Strafvorschlägen beantwortet werden, weil das gegenseitige Beziehungsverhältnis, das Vertrauen und Respekt voreinander einschließt, besteht. Das ist auch die Basis für das Verfahren des Aushandelns der Strafe. Die Kinder machen strenge Vorschläge, fordern die Körperstrafe - vermutlich nicht nur deshalb, weil sie sie aus ihren früheren Lebensverhältnissen gewöhnt sind, sondern auch, um ihre junge - und dazu noch ausländische - Erzieherin zu provozieren oder auf die Probe zu stellen. Als dieser Vorschlag nicht ankommt, schlagen sie eine Strafe, ein Sprechverbot vor, die in ihrer Konsequenz des Beziehungs- und Zuwendungsabbruchs noch einschneidender auf sie wirken kann als eine körperliche Bestrafung. Der von den Kindern vorgeschlagene Zeitraum für das Sprechverbot, oder besser: der Sprechentzug, ist mit seinen 14 Tagen illusionär. Er verdeutlicht, daß die Kinder eine heftige, langdauernde Strafe meinen, aber - falls sie diese Art von Verhandlung schon kennen - vielleicht auch zur Disposition stellen möchten. Charlotte Heckmann einigt sich mit ihnen auf drei Tage; und wie sich an der Reaktion des kleinen David ablesen läßt, war das auch genug. In den abschließenden Sätzen, mit denen Charlotte Heckmann das Ergebnis ihrer pädagogischen Maßnahme festhalten möchte, wird einerseits die Wirksamkeit dieser Handlung deutlich, andererseits aber auch der Realismus, mit dem Charlotte ihre Kinder einzuschätzen gelernt hat: "Aber sie haben immer wieder neue Ideen (wohlgemerkt: 'Ideen', keine 'Regelverletzungen', 'Streiche' oder gar 'Schandtaten', B.S.) gehabt."

Diese realistische und vorurteilslose Sichtweise auf die Verhaltensweisen der "schwererziehbaren" Kinder, mit denen sie es in diesem Hostel zu tun hat, mag auch ein Grund dafür sein, daß sie die Kinder nicht "allein" lassen möchte, weil sie sich vorstellen kann, daß sie auf - auch für sie selbst - gefährliche Ideen kommen können.

Aber ich könnte mir denken, daß hinter ihrer Umgangsweise mit den Kindern, die am Beispiel ihrer Reaktion auf eine versuchte "Flucht" einiger ihrer Schützlinge aus dem Haus erkennbar wird, mehr steckt, als diese realistische Wahrnehmung; Charlotte Heckmann kann sich in das Bedürfnis der Kinder, das Haus zu verlassen und in die entfernte Stadt Leeds zu gehen, hineinversetzen. Aber sie sieht auch ihre Fürsorgepflicht, und als die Kinder beschlossen haben, fortzugehen und sie es erfährt, sagt sie kurzentschlossen:

"'Ich komm' mit.' 'Das ist nicht wahr.' Dann warfen sie mich mit Steinen. 'Warum werft ihr mich mit Steinen? Hab' ich euch schon man beschwindelt?' Nun gab es etwas Hin und Her, dann sagten sie: 'Schön, komm du mit.' Also sind wir gemeinsam auf der Landstraße losgezogen. Ich wußte nicht, wohin diese Landstraße führte, und die Kinder wußten es auch nicht. Es war ein furchtbar heißer Tag. Nach 'ner Weile sagte einer: 'Wir haben unsere Gasmasken nicht mit.' (Es war schon Krieg, B.S.) 'Ja, da müßt ihr sie holen!' 'Nee, hol' du sie!' Ich sagte: 'Ich hol' keine Gasmasken.' 'Dann gehen wir ohne Gasmasken.' So gingen wir weiter. Sie kriegten Durst, weil's so heiß war. Da war ein Haus, und sie sagten: 'Geh du hin und hol uns was zu trinken, oder wir fragen, wo wir was zu trinken kriegen können.' 'Das könnt ihr machen', antwortete ich, 'aber wenn die Leute euch sehen, rufen sie die nächste Polizei an, und dann werdet ihr nach Hause gebracht.' Das wollten sie nicht so gern. Wir sind weitergegangen, und beim nächsten Haus kam nochmal der Gedanke: Wir holen uns Wasser! Da habe ich ihnen wieder dasselbe gesagt. Wieder sind wir weitergegangen. Dann zog ein Gewitter auf, und sie wurden natürlich auch müde, wir waren sicher eine Stunde gegangen. 'Wir machen Rast, wir wollen uns mal ausruhen.' Schön. 'Wir setzen uns an den Weg.' Sie setzten sich in Grüppchen und unterhielten sich. Ein Teil wollte zurück und ein anderer wollte nach Leeds. Beide wollten, daß ich mitkomme. Ich sagte: 'Das geht nicht, ich kann entweder mit den einen oder mit den anderen gehen, teilen kann ich mich nicht.' Es blitzte und donnerte, und sie kriegen Angst. Schließlich sagten sie, sie wollten doch lieber zurück. Und dann sind wir gemeinsam zurückgegangen."

Diese Geschichte spielt in meinem Gespräch mit Charlotte Heckmann eine wichtige Rolle; mit ihr eröffnete ich das Gespräch deswegen, weil sie mich beim Lesen sehr beeindruckt hatte und ich dahinter so etwas wie ein pädagogisches Konzept, ein "Programm begleitender Pädagogik", sah. Als Nora Walter ihre Frage stellte, war ich auf Charlotte Heckmanns Antwort gespannt:

N.W.: *Wie bist du auf die Idee gekommen, mit ihnen wegzulaufen?*

Ch.H.: *Du, ich hatte nicht die Idee. Es war, glaube ich, schon davor gewesen, daß die Kinder von der Schule weggelaufen waren. Die Schule war gegenüber. Der Älteste hatte sie alle angestiftet, aus der Schule wegzulaufen und zum Spielen an die Wharf zu gehen. Unten am Fluß fanden sie ein Teerfaß. Und da ist einer, wahrscheinlich der Älteste, darauf gekommen, den geistig Minderbemittelten unter ihnen mal richtig einzuschmieren. Dabei hat sie eine Frau entdeckt, die ist zu uns gekommen und hat das erzählt. Das war davor gewesen. Die Polizei mischte sich da ein. Dann waren sie auf den Gedanken gekommen, wieder aus der Schule wegzulaufen, waren zu uns ins Haus gekommen und rannten blitz-blatz nach draußen. Ich konnte sie ja nicht laufen lassen und bin hinterhergerannt. Dann nahmen sie Steine und warfen nach mir. 'Was wollt ihr eigentlich?', fragte ich. 'Ich komme mit.' - Es war eine spontane Reaktion. Ich wußte ja, so kriegte ich sie nicht nach Hause, indem ich sagte: 'Jetzt kommt nach Hause!'*

Es geht also nicht um das etwas idyllisch-pädagogische Bild, das ich aus der Zeit ihrer Arbeit in Östrupgård im Kopf hatte: Die Erzieherin zieht mit Ziege, Dackel und Kindern durch die Gegend oder in den Küchengarten; diese Kinder hier sind aggressiv, sie rennen aus der Schule, sie quälen ein schwaches Kind, sie bekommen es mit der Polizei zu tun. Als die Erzieherin mit ihnen mitgehen will, werfen sie mit Steinen nach ihr; sie sind nicht mehr einzufangen, weder mit Worten noch mit Gewalt. Es bleibt nichts anderes übrig, als mit ihnen mitzugehen, weil sie dann vielleicht weniger "anstellen", sich und andere Menschen nicht gefährden. Das ist also anders als in Östrupgård; aber dennoch bleibt es so etwas wie "begleitende" pädagogische Arbeit: Die Pädagogin geht - gegen den Willen der Kinder - mit den Ausreißern mit, begleitet sie nicht nur im wörtlichen Sinn, sondern verwickelt sie in Gespräche, macht sie nachdenklich und zeigt den Kindern die möglichen Konsequenzen ihrer Pläne auf: Da sie die Gasmasken vergessen haben, läßt sie sich nicht dazu überreden, sie für die Kinder zu holen; also gehen sie ohne Gasmasken und riskieren, in eine bedrohliche Situation - im Krieg - zu geraten; da sie Durst bekommen, holt sie ihnen kein Wasser, sondern überläßt es ihnen, das selbst zu tun, weist sie allerdings auf die Möglichkeit hin, der Polizei gemeldet zu werden. Offensichtlich begreifen die Kinder diese Begleitung zunehmend nicht mehr als lästige Kontrolle, sondern auch als Schutz, und sei es als Schutz vor ihren eigenen, sie selbst gefährdenden Ideen. Das wird deutlich, als die Kinder müde werden, das Wetter umschlägt und sie zu überlegen beginnen, ob sie nun weiter- oder zurückgehen sollen. Es bilden sich zwei Gruppen und jede möchte, daß die Erzieherin bei ihr bleibt und mitgeht. Schließlich kehren alle gemeinsam um, auch unter dem ängstigenden Eindruck eines Gewitters. Aber die Geschichte geht noch weiter:

"Als wir in die Nähe unseres Hauses kamen, fragten sie mich: 'Was sagst du denn jetzt der Matron?' (Heimleiterin, B.S.) - 'Das weiß ich noch nicht, ich weiß nicht, was sie sagt. Auf jeden Fall schwindele ich sie nicht an.' - Die Kinder verschwanden in ihren Zimmern, die Matron nahm mich beiseite und schimpfte mich gehörig aus. Am nächsten Tag, als wir uns unten wieder trafen, nannten die Kinder mich nicht mit meinem Namen, sondern 'Dolly Daydream'. Ich fragte: 'Wie kommt ihr denn dazu, mir einen neuen Namen zu geben?' Da sagte Daisy, zehn Jahre alt: 'You could only have been daydreaming, running away with us.'"

Warum kommt die zehnjährige Daisy auf diesen Namen für ihre Erzieherin? Weil sie sie für eine Tagträumerin hält, die vergessen hat, daß sie eine Erwachsene und eine Erzieherin obendrein ist und mit den Kindern fortläuft? Fort aus dem Heim, diesem engen Haus mit der strengen Matron, der Schule gegenüber und der Polizei an der Ecke; und immer ist man unter Kontrolle und Beobachtung und jeder Tag sieht aus wie der andere - und nichts passiert. Und die Eltern sind nicht da, auch die Geschwister nicht. Und endlich hat einer die Idee: Wir hauen ab, wir gehen in die Stadt, los, weit weg auf die fremde Straße. Alles ist jetzt neu und fremd und spannend - und da kommt diese Erzieherin mit, rennt uns nach und will mit und geht immer weiter mit uns - die ist verrückt oder wieder ein Kind oder sie träumt eben, wie wir manchmal als Kinder ja auch, einfach in den Tag hinein.

So könnte dieser schöne Name "Dolly Daydream" zu verstehen sein - oder auch nicht. Die Erzieherin träumt ja gar nicht; sie ist ja unterwegs diejenige aus der Ausreißerbande, die wach bleibt und alles, was ist und sein könnte, voraussieht. Aber in Daisys Namensvorschlag, den die anderen Kinder - und die Erzieherin auch - übernehmen, steckt ein Wunschtraum: daß Kinder mit Erwachsenen zusammenleben und zusammen durch's Leben gehen können, wie es Charlotte Sonntag hier und oft mit den Kindern, die um sie herum waren, getan hat.

TRAUMATISIERUNG UND VERTRAUENSENTWICKLUNG - PÄDAGOGISCHE ARBEIT MIT KINDERN AUS DEM KZ THERESIENSTADT

Der Bericht, den Charlotte Heckmann gemeinsam mit ihrer englischen Mitarbeiterin Cynthia Rowland im Jahr 1946 über ihre Arbeit mit Kindern aus dem KZ Theresienstadt geschrieben hat, kann als eine Antwort auf die Frage verstanden werden, die der Historiker Wolfgang Benz aufgeworfen hat:

"Und wie wenig weiß man vom Schicksal - zu schweigen von ihren Traumata und deren gewiß lebenslänglichen Folgen - der Kinder, die als Arbeitssklaven, KZ-Häftlinge, Geiseln, Kriegswaisen, Bombenopfern in vielen Ländern unter deutsche Herrschaft oder deutsche Bedrohung geraten waren?" (Benz, 1992, S.13)

Die Sichtweise auf diese Kinder, die Charlotte Heckmann in ihrem Arbeitsbericht mitteilt und die als Basis für ihre Umgangsweise mit diesen Kindern verstanden werden kann, ist geprägt von ihren Erfahrungen mit den von Flucht- und Trennungserlebnissen gezeichneten Kindern, mit denen sie es während ihrer pädagogischen Arbeit in Dänemark und England zu tun hatte; es ist ein warmherzig-realistischer Blick auf diese von Mißtrauen und Feindseligkeit gegen die Erwachsenen bestimmten Kinder:

"Für diejenigen unter uns", schreibt Charlotte Heckman, "die keinerlei Erfahrungen

mit Arbeit dieser Art hatten, war es ein Problem, ohne Feindlichkeit auf die Feindseligkeit der Kinder zu reagieren. Man mußte versuchen, sie als das hinzunehmen, was sie wirklich war, nämlich die Reaktion auf die feindliche Umgebung der Vergangenheit, und der verzweifelte Versuch, sicherzustellen, daß es in der Gegenwart wirklich keine Feindschaft mehr gab."

Diese pädagogische Zielsetzung, nämlich eine Verhaltensweise zu den mißtrauisch-aggressiven Kindern zu entwickeln, die ihnen - immer wieder auf's Neue, bei täglich auftretenden Konflikten - ein Gefühl von Sicherheit und Akzeptiertwerden vermittelt, führt nun aber nicht dazu, diese Kinder in einen künstlich-pädagogischen Beziehungsraum zu versetzen, das meint, sie "in Watte zu verpacken":

"Es bedeutete nicht, eine übernatürliche Geduld zu zeigen, das wäre nicht gut für die Kinder gewesen und ganz schlecht für die Erwachsenen; die Kinder hätten es auch nicht für ehrlich gehalten. Dagegen hielten wir ein gelegentliches scharfes Wort oder selbst einen Klaps für viel gesünder, und für die Kinder auch akzeptabler, als den verkrampften Versuch, freundlich zu sein. Vom Verstand her Sympathie mit unglücklichen, mißhandelten Kindern zu haben, ist die eine Sache, eine ganz andere ist es, die Tatsache praktisch hinzunehmen, daß Verfolgung die Menschen nicht liebenswürdiger macht oder ihren Charakter verbessert, besonders bei Kindern. Ohne die echte Akzeptanz der kindlichen Schwierigkeiten wäre übertriebene Nachsicht zur Anmaßung moralischer Überlegenheit geworden, völlig unberechtigt und entsprechend kränkend."

Diese pädagogische Einstellung ist von großer Tragweite für eine mögliche - und ja auch beabsichtigte - soziale Heilung dieser Kinder, weil sie die "kurzschlußhafte Etikettierung 'Opfer-Täter'" vermeidet, mit der die "KZ-Opfer ein zweites Mal ausgegrenzt" würden (Zander, 1992, S.129). Eine solche Haltung ist keineswegs selbstverständlich, wie der Bericht von Charlotte Heckmann und Cynthia Rowland an vielen Beispielen zeigt; nicht nur diejenigen unter den Lehrern und Erziehern, die keine Erfahrung in der Arbeit mit traumatisierten Kindern haben, müssen sich diese Wahrnehmungs- und Beziehungsfähigkeit erwerben. Auch die erfahrenen Pädagoginnen, wie Charlotte Heckmann selbst, brauchen einen längeren Prozeß des Lebens und des Arbeitens mit diesen Kindern. Erst müssen sie sie näher kennenlernen, um unter ihrer "Verhaltensoberfläche" - aggressives, mißtrauisches und zum Teil herrschsüchtiges Auftreten - "die wirklich erschütternden Tatsachen, die sie nicht assimilieren konnten" (Ch. Heckmann) zu erkennen. Dazu gehörte aber auch die Fähigkeit, die Kinder als einzelne Persönlichkeiten mit einer besonderen, nicht nur durch den Lageraufenthalt bestimmten, Lebensgeschichte wahrnehmen zu können.

Zunächst aber waren die Verhaltensweisen der Kinder durch ihre grauenhaften Erfahrungen im Konzentrationslager bestimmt; obwohl - wie Barbara Distel schreibt - das KZ Theresienstadt den Kindern "bessere" Lebensmöglichkeiten bot als die Vernichtungslager, wenigstens im ersten Jahr des Bestehens des Lagers, begannen schon ein Jahr nach seiner Eröffnung, 1942, "die Transporte aus Theresienstadt in die Vernichtungslager..., denen fast alle Kinder zum Opfer fallen sollten. Ein 14jähriges Mädchen schrieb in sein Tagebuch: 'Sobald es losgeht, werde ich davonlaufen. (...) Nein, ich gebe nicht auf, selbst, wenn es andere tun sollten, aber ich nicht! Ich möchte leben, ich möchte nach Hause zurückkehren, ich habe doch niemandem etwas getan, warum also sollte ich sterben müssen. Es ist so ungerecht!', und weiter: 'Interessant ist, daß wir Mädchen miteinander niemals über das Gas sprechen. Es ist, als ob das alles nicht wahr wäre, solange wir nicht darüber sprechen.' Von 15.000 Theresienstädter Kindern kehrten nach Ende des Krieges nicht einmal 150 zurück." (Distel, 1992, S.121f.)

Wie sehr die Kinder die zerstörerische Lebenswirklichkeit im KZ und die Herrschaftsverhältnisse der Gestapo beobachteten und als Element ihres Lebens in sich aufnahmen, zeigt der Bericht einer Überlebenden des KZ Auschwitz, die Kinder nach der Ankunft aus Theresienstadt in diesem Lager beobachtet hat; Barbara Distel zitiert daraus:

"Glauben konnten sie (die Kinder, B.S.) an gar nichts - doch, an etwas glaubten sie noch: an die Allgewalt des Kamins, der vor ihren Augen rauchte. Wenn er Flammen spie, bemerkten sie nur trocken, daß wieder ein Transport angekommen sein müsse. (...) Wenn wir nicht aufpaßten, dann spielten sie das Leben, wie sie es erlebten. Sie spielten 'Lagerältester' und 'Blockältester', 'Appell' und 'Mützen ab!', sie spielten die Kranken, die beim Appell ohnmächtig wurden und dafür Schläge bezogen, oder 'Arzt', der den Kranken ihre Essensration wegnahm, und ihnen die Hilfe verweigerte, wenn sie ihm nichts geben konnten. Und einmal spielten sie auch 'Gaskammer'." (Distel, 1992, S.126)

Die Kinder, mit denen Charlotte Heckmann und ihre Mitarbeiterinnen in Butcombe Court von September 1945 bis Ende November 1946 lebten und pädagogisch arbeiteten, hatten Erfahrungen wie diese hinter sich; sie kamen mit großen Erwartungen in das Haus in Butcombe Court:

"Sie kamen zu uns mit großem Optimismus", schreibt Charlotte Heckmann. "Sie hatten das Gefühl, daß sie sich nun niederlassen könnten, ein sorgloses Leben, ein glückliches Dasein genießen, das sie sich versprochen hatten, und auf das sie auch Anspruch zu haben glaubten. Sie würden befreit sein von der verhaßten Umgebung des Lagers und von der polnisch-jüdischen Gemeinschaft in England.

Nicht länger würden sie eine kleine, geächtete Minderheit sein, sondern eine Mehrheit, in der sie die Gebieter sein wollten. 'Wir sind die Herren', wurde uns mehrfach gesagt, und 'Herren' hatten sie vor zu sein, denn ihre Erfahrung hatte sie zu der Auffassung geführt, daß dies die einzig wahre Form ist, glücklich zu sein."

Carlo Ross, der als Junge im KZ Theresienstadt überlebt und seine Erfahrungen in einem Jugendbuch niedergeschrieben hat, beschreibt das Leben, das die Kinder in diesem Lager führen mußten; er beschreibt, wie sich die erwachsenen Inhaftierten Mühe gaben, den Jungen Bildung zu vermitteln, und berichtet auch von den Konflikten der Jugendlichen:

"An den Abenden, wenn zwischen acht und zehn Uhr Freistunden angesetzt waren, kamen gelegentlich Herren zu ihnen (den Jungen, B.S.), die einmal hervorragende Wissenschaftler, Künstler und Gelehrte gewesen waren, bevor sie der Rassenwahn in den grausamen Abgrund des Ghettos gestürzt hatte. Die Männer setzten sich zu den Jugendlichen, lehrten sie ihr Wissen, diskutierten mit ihnen. Schriftsteller lasen aus den Büchern, die einmal gedruckt werden sollten, wenn diese böse Zeit vorbei war, Schauspieler rezitierten Gedichte der Klassiker Lessing, Schiller und Goethe." (Ross, 1991, S.35)

Aber diese gelehrten und berühmten Erwachsenen, die versuchten, auch die Kinder im Lager in ein kulturelles Leben miteinzubeziehen (vgl. auch Distel, 1992, S.121 und Heuberger, 1991), konnten weder die Lebensverhältnisse im KZ verändern noch die ständig drohenden Transporte "nach Polen", "in den Osten" verhindern. Ross schildert die Konflikte, die die Jungen unter diesen Lebensbedingungen austragen mußten:

"Es kam immer wieder zu Schlägereien. Meist ging es um die Essenszuteilungen. Da flogen dann die Fetzen, denn Hunger tut verdammt weh und besonders dann, wenn man glaubt, daß ein anderer sich auf Kosten der Allgemeinheit bereichert. - Auch wegen der andauernden Verschmutzungen der Aborte gab es oft Streit. Niemand wollte es gewesen sein, und niemand war bereit, freiwillig die Sauberkeit wiederherzustellen. Da blieb dem Leiter nichts anderes übrig, als Zwang anzuwenden und mit dem Transport zu drohen." (Ross, 1991, S.35)

Der immer drohende "Transport" in die Vernichtung nach Auschwitz beherrschte das Leben und das Lebensgefühl im Lager; die SS-Offiziere waren die Herren über Leben und Tod. Die Kinder und Jugendlichen versuchten, unter diesen Verhältnissen weiterzuleben; sie versuchten, sich anzupassen, sich zu schützen und so mit ihren körperlichen und seelischen Kräften umzugehen, daß sie - so lange es eben ging - überleben konnten. Barbara Distel zitiert aus dem Bericht von Jehuda Bacon:

"Jehuda Bacon, der als 14jähriger von Theresienstadt nach Auschwitz kam und

*dem es als einem von wenigen gelang, im Männerlager aufgenommen zu werden,
schrieb nach seiner Befreiung: 'Unmittelbar vor der Vergasung brachte man uns
ins Männerlager - ich war auch bei dieser Gruppe. Als man uns von unseren Eltern
weggenommen hatte und wir den Tag genau wußten, wann diese ins Krematorium
gehen würden - wir haben es auch mitangesehen -, da konnte niemand von uns
weinen.'"* (Distel, 1992, S.126)

Die Kinder, mit denen Charlotte Heckmann in Butcombe Court zusammenlebte,
hatten Trennungserfahrungen dieser Art hinter sich; sie hatten erfahren, daß ihre
Eltern, die Erwachsenen, in die sie ihr erstes Vertrauen gesetzt hatten, sie hatten
weggeben müssen, umgebracht worden waren oder sie verlassen hatten:

*"Zuerst hatten wir neun Kinder", berichtet Charlotte Heckmann, "im Alter zwischen
neun und vierzehn Jahren. Später kamen noch zwei Mädchen von acht und neun
Jahren zu uns. Da war Hans, ein dunkler, gutaussehender Junge, vierzehn Jahre
alt, und sein elfjähriger Bruder Otto, aus ziemlich wohlhabendem, behütetem
Kaufmanns-Milieu. Der jüdische Vater war eines natürlichen Todes gestorben und
die nichtjüdische Mutter war irgendwo in der russischen Zone verschwunden.
Dann war da Fred, beinahe vierzehn Jahre alt, blond und blauäugig, von unschuldigem Aussehen, der perfekte 'nordische' Typ und von der Gruppe als Anführer
angenommen. Seine Mutter und Schwester waren nach Auschwitz verschickt, sein
Bruder in einem anderen Lager erschossen worden. Josef, elf Jahre alt, und seine
neunjährigen Zwillingsgeschwister Trude und Benjamin stammen aus einem guten
Handwerkerhause in Ostdeutschland. In Rudi, zwölf Jahre alt, einem kleinen,
unruhigen und erregbaren Knaben, der aus einem Waisenhaus nach Theresienstadt gebracht worden war, entdeckten wir bald den Kopf der Gruppe. Kurt,
ein bezaubernder, intelligenter Lockenkopf von elf Jahren, ohne Eltern, anscheinend aus einem sehr kultivierten Hause stammend, war von seinen Pflegeeltern
weg nach Theresienstadt gebracht worden. Von Karl, einem verschüchterten,
ängstlichen kleinen Waisenjungen von zehn Jahren wußten wir nichts außer Straße
und Hausnummer in einer großen Stadt. Vielleicht hat ihn die Polizei als heimatloses Kind eingefangen und nach Theresienstadt geschickt aufgrund seines jüdischen Familiennamens - doch ist das reine Vermutung, seine wirklich Herkunft
blieb ein Geheimnis. Liese, neun Jahre alt, stieß später zu uns. Ihre jüdische
Mutter war im Lager durch Krankheit gestorben, und man wußte nicht sicher, ob
der nicht-jüdische Vater noch lebte. Anna, acht Jahre alt, hatte weder ein Zuhause
noch Eltern und war von einer UNRRA-Gruppe aufgefunden worden. Ihre Mutter
war durch Bomben in der Stadt umgekommen, in der sie und das Kind als Flüchtlinge aus dem Osten Zuflucht gesucht hatten; der Vater war an der Ostfront vermißt."*

Diese kargen Daten über die Herkunft und Lebensgeschichte der Kinder - ange-
reichert durch Urteile, die Charlotte Heckmann über ihre äußere Erscheinung ab-
gibt - enthalten in äußerster Verkürzung die Erfahrungen von Tod, Verschwinden,
Vernichtung, Ermordung, Trennung, Verrat der erwachsenen Eltern, die jedes
dieser Kinder in besonderer Weise hinter sich hat oder genauer: mit sich und in
sich herumträgt. Mit diesen Erfahrungen haben sie die Zeit im KZ überlebt, sich

auf die dort mächtigen Erwachsenen eingestellt und jetzt, in England, sind sie erneut mit Erwachsenen konfrontiert. Wie sollen sie sich verhalten?

Zunächst einmal versuchen sie, nicht als Einzelne, sondern als Gruppe zu reagieren; der Einzelne ist der Macht der Erwachsenen stärker ausgeliefert als die Gruppe. Das mag eine ihrer Erfahrungen aus dem Lager sein. Also üben sie - nicht in allen, aber in den Situationen, in denen sie es mit Erwachsenen zu tun haben - Solidarität untereinander und vorsichtig-taktische Höflichkeit, Provokation und versteckte oder offene Aggression gegenüber den Erwachsenen:

"Den Erwachsenen gegenüber nahm das Verhalten der Gruppe allerdings immer mehr die Wesensart von Gangstern an. Nach außen waren sie sehr höflich, zeigten die konventionell guten Manieren, die die Nazis zur Kunst ausgebildet hatten, wenn sie sich von ihrer besten Seite zeigen wollten. 'Was für gute Manieren die Jungen haben', bemerkten gelegentliche Besucher, ohne von den Verbeugungen und dem Hackenschlagen beunruhigt zu werden, die die guten Manieren begleiteten. Die älteren Jungen brauchten lange Zeit, bis sie das formelle 'Sie' aufgeben und durch das spontanere 'Du' ersetzen konnten.- Diese Höflichkeit und Reserve verdeckten tiefes Mißtrauen und Feindseligkeit uns gegenüber, dazu eine große Verachtung, als sie entdeckten, daß wir nicht beabsichtigten, unsere Macht und Überlegenheit zu benutzen, um Disziplin durchzusetzen. Sie hatten so lange in einer Umgebung gelebt, in der größere Macht die einzige Rechtfertigung, die einzige Rechtsquelle war, daß sie nicht verstehen konnten, warum diejenigen, die nun die Macht hatten, sie nicht gebrauchten. Das konnte nur so sein, weil wir entweder zu feige wären oder weil wir schwindelten und betrögen und das bemäntelten, indem wir uns freundlich und vernünftig zeigten. Obwohl sie solche nazihaften Überlegungen abgestritten hätten und sie intellektuell auch wirklich ablehnten, hatten sie sie gefühlsmäßig doch ganz und gar geschluckt und handelten entsprechend."

Sie hatten die Überzeugung vom "Recht des Stärkeren" in ihrer Lebensgeschichte und während ihres KZ-Aufenthalts ja nicht als abstrakte politisch-pädagogische Parole kennengelernt, sondern als einen alltäglichen sozialen Vollzug, der ihr Leben bestimmte. Sie hatten darüber hinaus erfahren müssen, daß sie den Erwachsenen gegenüber nicht nur schwach und ihnen ausgeliefert waren, sondern daß sie zu den wertlosen Menschen gehören, die - nach der mörderischen Ideologie und Praxis der Nazis - vernichtet werden müssen. Diese Erfahrung von Macht- und Wertlosigkeit mußten sie in einer Phase ihres Lebens, in der sie Selbstwert- und Identitätsgefühle ausprägen wollten, in sich "verarbeiten", mit sich herumtragen, ausleben oder auch in sich verbergen. Zu welchen sozialen Aggressionsäußerungen diese widerstreitenden Gefühle des Einzelnen in der Gruppe führen können, berichtet Charlotte Heckmann ausführlich.

137

"Unsere erste Erfahrung in dieser Hinsicht war, daß Karl vor ein 'Sondergericht' gestellt und bestraft werden sollte, weil er Jude sei. Obwohl er, soweit wir wußten, nicht mehr oder weniger Jude war als irgendeiner von den anderen, wurde er beschuldigt, zur jüdischen Gemeinde im Lager übergegangen zu sein. Die Tatsachen darüber sollten von den Kindern eines anderen Heims ermittelt und so das volle Ausmaß seines 'Verrats' erwiesen werden. Karl, in seiner verträumten Art und mit seinem Mangel an Kontakt zur Außenwelt, war anscheinend das geborene Opfer. Doch konnte er mit einem gewissen Maß an leichter Quälerei fertigwerden, ohne seine gute Laune zu verlieren. 'Laß mich allein', sagte er meistens, wenn man ihm sein Jude-sein vorwarf, 'ich bin doch ein Mensch'. Man hatte Sympathie für Karl, selbst zu dieser Zeit, als die Wand zwischen ihm und der Wirklichkeit so massiv war, daß er sich oft fast wie ein Halbidiot benahm; man fühlte, daß er irgendwo einen Schatz von klarem Verstand besaß, der über dem Durchschnitt für sein Alter lag. - Dann nahmen sie ihn eines Tages mit in den Wald. Wir fanden erst später heraus, was tatsächlich passierte: Offenbar stand die Bande in einem Kreis um ihn herum, mit Stöcken bewaffnet, ohne ein Wort zu sagen. Dies war ihre typische Nazihaltung: Diese wohlüberlegte Taktik, andere zum Angriff zu provozieren, um damit die Entschuldigung für die nachfolgende Mißhandlung zu haben. Schließlich griff Karl an, fast hysterisch vor Angst. Es gelang ihm, aus dem Kreis auszubrechen. Die Bande stürzte ihm ins Haus nach und versuchte, auf ihn einzuschlagen mit allem, was sie hatten. Als es uns endlich gelungen war, sie auseinanderzubringen, war Karl verschwunden. Er war davongelaufen."

Das Beispiel kann nicht nur verdeutlichen, wie sehr einige der Jungen die Terminologie und Praxis der Nazis ("Sondergericht", "Verrat", Mißhandlungspraxis und Bedrohung) in sich aufgenommen hatten, sondern auch, wie sehr sie versuchten, die ihnen aufgezwungene Rolle des "schwachen, wertlosen, vernichtungswürdigen" jüdischen Menschen loszuwerden, in aggressiven Handlungen einen, den schwächsten, aus ihrer Gruppe zum Opfer herzurichten und - auch sich selbst damit, wenn ich die Handlung richtig verstehen kann - zu bestrafen. In dieser Situation ist die Umgangsweise bemerkenswert, die Charlotte Heckmann dem gedemütigten Jungen gegenüber praktiziert, aber auch die Reaktion der Kinder und Jugendlichen auf ihre Tat:

"Zuerst versuchten die Kinder, dies als eine neue und aufregende Entwicklung der Geschichte zu betrachten, doch schlug die Stimmung überraschend schnell, schneller, als wir erwartet hatten, in heftige Gewissensbisse um, mit einem klareren Verständnis dessen, was sie getan hatten. Nach etwa zwei Stunden, als es begann dunkel zu werden, kam Karl zurück. Er sagte, er wäre in der großen Stadt gewesen, einer Stadt voller Lichter, er wolle jetzt etwas essen und dann endgültig fortgehen. Er bekam seine Mahlzeit und Charlotte redete in aller Ruhe mit ihm, besprach die Dinge, die er mitnehmen müsse, und ob er genug Geld bei sich habe. Anfangs gab er kaum eine Antwort, aber als er merkte, daß andere sein heftiges Gefühl, ungerecht behandelt worden zu sein, verstanden, auch seinen Entschluß, selber etwas zu tun, um diese Quälerei zu beenden, kam er etwas aus sich heraus. Auf dem Weg nach oben, um einige Sachen für seine Reise zu holen, schlug Charlotte ihm vor, daß man die Sache vielleicht erst einmal mit Fred besprechen

könne. Karl stimmte zu, und Fred, der sich jetzt schon sehr für sein Verhalten schämte, versprach ihm, daß solche Attacken nicht mehr vorkommen würden - ein Versprechen, das er gehalten hat. Karl hatte seine Genugtuung und zeigte sogar Anfänge von Selbstbewußtsein. 'Haben sie mich vermißt, als ich weggelaufen war?', fragte er."

Charlotte Heckmann geht auf den Entschluß des mißhandelten Jungen ein, läßt sich auf seine Entscheidung, das Haus zu verlassen, ein, bespricht mit ihm die notwendigen Dinge, die zum Weggang erledigt werden müssen. Sie nimmt damit den Jungen und seine Gefühle, auch seine Wirklichkeitswahrnehmung, die ja gestört ist, ernst und lindert damit seine Demütigung: Er ist eine Person, wie jede andere auch, deren Beschlüsse und Handlungsweisen ernstgenommen werden. Charlotte Heckmann stellt eine Beziehung zu diesem Jungen her, die durch den aggressiven Akt der Gruppe - zu der er aber dennoch noch gehört, wie sich am Ende der Geschichte ja herausstellt - zu Menschen überhaupt verlorengegangen ist. Denn Karl lebt jetzt nur noch in seiner eigenen Welt; die große Stadt mit den vielen Lichtern, in der er gewesen sein will und in die er endgültig zurückkehren will, ist seiner eigenen Phantasie, seiner eigenen Welt entsprungen: eine wiederbelebte Erinnerung an seine Heimatstadt, aus der ihm nichts als die Straße und Hausnummer bekannt sind.

Parallel zur Handlungsweise der Pädagogin reagiert aber auch die Gruppe, und zwar mit Spannung und zunehmend stärker werdenden Schuldgefühlen. Der Anführer der Gruppe, mit dem Charlotte Heckmann ein Gespräch mit Karl arrangiert, mit Scham. Es kommt zu einem Schutzversprechen für Karl, das offensichtlich auch eingelöst worden ist. Zum Verständnis dieser Reaktionsweise der Gruppe und ihres Anführers mag die Vermutung von Minna Specht aus dem Jahre 1943 über jene Gruppe von Kindern in der Nazi-Gesellschaft beitragen, die sie in einer gewissen Distanz zu dieser Umwelt sieht:

"Neben diesen Gefährdeten steht jene Schar von Kindern, die in seltsamer Passivität in einer verdorbenen Welt leben können, ja mittun, was in der Wirkung nicht viel besser ist als die Verbrechen jener Verderbten, die aber mit dem Wechsel der Umstände plötzlich oder langsam eine innere Unberührtheit zeigen, die die Grenzen einer bloß äußeren Beeinflussung so deutlich enthüllt. Wie anders wären wir selber wohl sonst durch die Welt unserer Jugend geschlüpft mit all den Fallen, die sie für uns bereit hielt? Wie hätten wir uns ohne diesen Schutzmantel der äußeren Zustimmung vor den Angriffen der Umwelt bewahrt? Dieses scheinbare Sicheinfügen ist eines der großen Kunstmittel, über das die Jugend verfügt und das sie in stillschweigender Solidarität übt. Aber so wichtig es ist, die Motive solchen Verhaltens zu verstehen, es enthält die Gefahr des Auseinanderklaffens von Tun und Denken,

des Mißtrauens in die Welt der Erwachsenen, der Gewöhnung an das Irgendwie-Durchkommen. Das Tun und Lassen dieser Gruppe ist weit schwerer zu beurteilen, als das der richtig Verdorbenen, denen ihre Natur geholfen hat, zu werden, was sie sind. Sie enthält Tausende von Opportunisten und Enttäuschten, sie enthält die jugendlichen Prahler, die an nichts mehr glauben und das für Wirklichkeitssinn halten, wie am anderen Pol die innerlich intakt Gebliebenen, die sich aber nicht mehr erschließen." (Specht, 1943, S.14f.)

Mag diese hellsichtige Charakterisierung für die Kinder und Jugendlichen, die in Waisenhäusern und im KZ Theresienstadt nach mehr oder weniger langem Familienaufenthalt aufgewachsen waren, auch nicht in jedem Punkt zutreffen, so muß dennoch davon ausgegangen werden, daß auch diese Kinder ihre Versuche unternommen und für sich zu Überlebensstrategien entwickelt hatten, in einer von den Nazis beherrschten Welt zurechtzukommen. Dabei hatten sie aber ihr Gewissen für Recht und Unrecht und auch ihre Fähigkeit, Schuld und Scham zu empfinden, nicht gänzlich erstickt; es gab Reste "innerer Unberührtheit", die Verständnis für einander und auch die Entwicklung von Gemeinschaften möglich werden ließ:

"In einigen Bereichen", berichten Charlotte Heckmann und Cynthia Rowland, "waren sie jedoch gewissenhaft fair, wie z.B. bei der Organisation für die Benutzung des einzigen Fahrrades, das wir zunächst nur für sie beschaffen konnten. Sie vereinbarten untereinander, daß jeder den alleinigen Anspruch auf die Benutzung des Rades für soundso viele Stunden pro Wochen haben sollte, und wenngleich sich ein schwunghafter Handel abspielte, um das Rad von dem jeweiligen Besitzer zu borgen, wurde doch nie wirklich Druck ausgeübt, um die Kleineren um ihren angemessenen Anteil an der Benutzung zu prellen."

Dennoch zeigt der Bericht über das Verhalten der Kinder und Jugendlichen auch an vielen Verhaltensbeispielen, daß es falsch wäre, sich Illusionen über das Ausmaß an Orientierung an der Nazi-Ideologie und -Herrschaftspraxis dieser jungen Menschen zu machen:

"Mehr als irgend ein anderer Grund", heißt es in dem Bericht, "hatte ihr Bedürfnis nach Sicherheit sie dazu gebracht, so viel von der Nazi-Ideologie wie auch den Nazi-Verhaltensformen anzunehmen: Die Nazis hatten Macht, daher hatten sie Kontrolle über die guten Dinge des Lebens, daher hatten sie Sicherheit. Schwächere Menschen oder Gruppen, wie die Polen oder die Tschechen, waren besiegt worden, daher waren sie ohne Wert und also verächtlich. Aber die Russen hatten sogar die Nazis geschlagen. Die Art ihrer Bewunderung für die Russen zeigte sich weniger darin, wie sie von der wirklichen Großherzigkeit russischer Soldaten erzählten, als in der Beschreibung, wie russische Tanks eine benachbarte Stadt 'gesäubert' hätten, mit allen schauerlichen Vorfällen, die dabei passierten. - Auch die SS erweckte ihren Respekt auf eine Weise, die sie nicht offen zugegeben hätten. Kurt erklärte eines Tages, wie sehr er sich eine Stelle als Bote bei der SS gewünscht habe, wenn er älter gewesen wäre. Sie haben so wunderbare Motorräder

und so schicke Uniformen. 'Ich wollte ihnen natürlich nicht helfen, aber es wäre schön gewesen, ein Motorrad zu haben.'''

Das Bedürfnis nach Sicherheit, also nach Freisein von inneren Ängsten und äußeren Bedrohungen, hatte bei den Jungen zu sehr verschiedenen Verhaltensweisen geführt: Karl, der zum Opfer von Mißhandlungen der Gruppe geworden war, hatte sich in eine eigene Wirklichkeit geflüchtet; Fred hatte alle Eigenschaften in sich entwickelt, um als Anführer der Gruppe anerkannt zu werden; Rudi war in die Rolle eines Redners, voller Mißtrauen und Phantasie der Erwachsenenwirklichkeit gegenüber, geschlüpft. Diese drei Jungen werden in dem Bericht mit ausführlichen Entwicklungsberichten portraitiert.

Es ist hier nicht der Raum, auf diese Entwicklungsberichte ausführlich einzugehen, und daher will ich mich nur darauf beschränken, die Erfahrungen aufzuweisen, die diese drei Jungen aus ihrer Zeit im KZ Theresienstadt direkt, d.h. entweder in ihrem Verhalten oder in ihren Erzählungen, in ihr Leben im Heim in England mitbringen: Bei Fred, dem Anführer der Gruppe, scheint es die Einsicht in seine verlorene Kindheit zu sein, die ihn dazu bringt, jetzt endlich ein glückliches, das heißt geborgenes und versorgtes Leben zu erwarten und einzufordern:

"Wir wissen, daß er sich im Lager vor allem Unterricht gedrückt hat, weil man ihn in die Kleinkinder-Klasse gesteckt hatte, daß er schwer arbeitete in einer Schuhfabrik und auch als Gehilfe eines Elektrikers. Diese Arbeit brachte ihn zu dem festen Entschluß, endlich eine Ruhepause zu haben, um die verlorenen Jahre der Kindheit wettzumachen. In der ersten Zeit zeigte er einen starken Widerwillen, uns in irgendeiner Weise zu helfen. Er war entschlossen, sich allen Komfort, den er brauchte, durch Brüllen, Schimpfen oder Drohungen zu verschaffen, oder indem er sich bei anderen einschmeichelte mit seinem attraktiven Aussehen oder durch Aufzählung seiner vergangenen Mißgeschicke."

Fred versucht, mit den Mitteln des aggressiven Kommandierens oder mit Drohungen, wie er es ja im Lager bei den Mächtigen dort erlebt hatte, seine Forderungen nach einem bequemen Leben, auf das er nach seiner Leidenszeit im KZ ein Recht zu haben meint, durchzusetzen; aber er greift auch zu anderen Mitteln, die eher die eines Kindes sind: Mit liebenswürdigem Auftreten, den Erwachsenen nach dem Mund redend, oder mit der Erzählung seiner Leiden im Lager will er sich "liebkindmachen". Er ist ja auch noch ein Kind, obwohl er vierzehn Jahre alt ist, raucht und wie ein Erwachsener im KZ hat schuften müssen. Er orientiert sich an den Erwachsenen, muß aber in bestimmten Situationen, zum Beispiel in der

Schule - die er nun in England besuchen muß - auch die Kinder zum Maßstab nehmen:

"Es kam die Zeit, da seine Führerstellung in der Gruppe ernstlich bedroht war. Er hatte außerordentliche Schwierigkeiten beim Lernen, und es war selbst innerhalb der Gruppe klar, daß er in seinen Schularbeiten weit unter dem Normalmaß lag. Er konnte kaum schreiben, nicht einmal auf Deutsch, und was das Lesen betraf, so war er mit dem einfachsten, kindischsten Text schon vollauf zufrieden. Was er brauchte, wäre Kindergartentraining gewesen, und dazu einen Lehrer, der begabt genug war, Kindergartenmethoden anzuwenden, ohne sein Selbstwertgefühl zu verletzen."

Diesen Lehrer gibt es nicht im Team, aber es gelingt den Pädagoginnen, Fred in einen Holzarbeits-Kurs aufzunehmen, und hier findet er mit seinen praktischen Fähigkeiten Anerkennung. Er nutzt diese neuen Kenntnisse nicht nur für sich, sondern auch für die Kindergruppe, deren Anführer er ja bleiben möchte, und baut für sie ein Waldhaus:

"Er fing auch an, mit den anderen Kindern ein Haus im Wald zu bauen. Dieses Haus, in den verschiedenen Stadien seines Auf- und Umbaus, wurde eine ständige Einrichtung. Es gab schon einen Schuppen im Wald, den sie hätten benutzen können, aber sie wollten etwas ganz und gar Eigenes. Als es schließlich zur Besichtigung freigegeben wurde, erwies es sich als eine sehr beachtliche Sache. Es hatte eine Tür, Fenster und ein Dach, einen Ofen aus Ziegeln und Mörtel, der zwar rauchte, aber zur Zufriedenheit aller funktionierte. Ein Ziergarten war in Vorbereitung, mit Spaliergitter und Wegen. Ein Holzwagen sorgte für die Verbindung mit dem Haupthaus, er war auch von solidem Entwurf, aber etwas unbeweglich. Das Waldhaus war Freds größte Errungenschaft."

Es ist eine große Leistung, denn mit dem Bau eines eigenen Hauses ist es Fred und den anderen Kindern gelungen, sich einen ganz eigenen Aufenthalts- und sozialen Beziehungsraum aufzubauen, in dem sie sich geborgen und bei sich fühlen können. Dies eigene Haus, mit allem, was zu einem Haus gehört - auch mit einem Ofen, der Wärme spendet - kann noch nicht gänzlich autark existieren, es benötigt noch - mit dem selbstgebauten Holzwagen praktiziert - die Verbindung mit dem Haus der Erwachsenen, aber es ist ein Haus, in dem die Kinder ohne Kontrolle - aber in der Nähe - der Erwachsenen leben können. Dieser Eigen-Bau ist das Ergebnis eines Prozesses, in dem die Kinder soviel Vertrauen zu den Erwachsenen entwickelt haben, daß sie sich eine eigene Unterkunft bauen können, ohne die Erwachsenen verlassen zu müssen. Aber wie wird das Leben der Kinder weitergehen, nachdem - wie am Ende des Berichts mitgeteilt wird - das Heim in Butcombe Court aufgelöst werden muß? Werden diese Kinder auf andere Erwachsene, auf die sie sich werden einstellen müssen, ihr einmal wiedergewonnenes Vertrauen übertragen können?

Wenn Fred seine Wirklichkeitserfahrungen im Lager in der Weise zu verarbeiten sucht, daß er fordernd, aggressiv, aber auch konstruktiv auf die neue Lebenswirklichkeit mit Erwachsenen und Kindern im Heim eingeht, so reagiert sein zwölfjähriger Freund Rudi ganz anders darauf: Die sein und der anderen Kinder im KZ-Leben bedrohende und zerstörende Machtausübung der Erwachsenen beantwortet er mit einer besonderen Form von Mißtrauen:

"Er war ungewöhnlich mißtrauisch", heißt es in dem Bericht, "und konnte den geringsten Vorfall zu einer phantastischen Geschichte aufbauschen. Den Erwachsenen konnte er nicht trauen und mußte daher Geschichten erfinden, um zu beweisen, daß sie nicht vertrauenswürdig waren. Seine Sensationslust war zum Teil auf sein verzweifeltes Bedürfnis nach Sicherheit zurückzuführen. Er glaubte, daß er diese Sicherheit niemals erreichen könne, und das veranlaßte ihn, jedes Ereignis, das sie bedrohen könnte, zu einer wirklichen Bedrohung zu übersteigern."

Bei den Ereignissen, die Rudi zum Anlaß dazu nimmt, sie in eine phantastische Geschichte zu verwandeln, geht es um Handlungen oder Meinungen von Erwachsenen ihm und den anderen Kindern gegenüber. Aus diesen vermeintlichen Taten der Erwachsenen, also jetzt der Pädagoginnen und Pädagogen, der "Betreuer", wie sie im Heim in Butcombe Court heißen, fabriziert Rudi eine Bedrohungsgeschichte und benutzt dazu das Erfahrungsmaterial, das er im Lager geboten bekommen hat. Wie er es im KZ hat erleben müssen, daß die mächtigen Erwachsenen sich Privilegien, vor allem beim Essen, herausnehmen, so vermutet er das auch bei den mit Macht ausgestatteten Pädagogen:

"Eines der ersten und erfolgreichsten Produkte aus Rudis 'Propaganda-Abteilung' war die Geschichte, daß die 'Betreuer', nachdem die Kinder ins Bett geschickt worden waren, sich einen lustigen Abend machten mit allerlei Leckereien, die man den Kindern vorenthielt. Diese Geschichte kam auf, weil wir abends, wenn die Arbeit des Tages getan war, zusammen aßen und dabei der Verlauf des nächsten Tages und irgendwelche besonderen Probleme besprochen wurden. Damals konnten die Kinder noch nicht akzeptieren, daß wir dann Speisen aßen, die sie zu einer anderen Zeit bekamen, und wenn irgend etwas auf unseren Tisch kam, das sie nicht bekommen hatten, so gab es andererseits viele Dinge, die für sie allein reserviert waren."

Aber das kann Rudi auf dem Hintergrund seiner Erfahrungen mit Erwachsenen weder verstehen noch akzeptieren. Er erfindet seine Geschichte von den Privilegien der Erwachsenen nicht völlig; er verdreht sie aber so, daß sie sich erfolgreich gegen die Erwachsenen richten läßt, so daß sie ihr Verhalten ändern müssen:

"Monate lang", heißt es weiter, "mußten wir deshalb besonders darauf achten, daß nichts auf unseren Tisch kam, das die Kinder nicht während des Tages auch schon bekommen hatten, bis sie schließlich das echte Vertrauen hatten, daß wir unsere Position nicht mißbrauchten."

Mit seinen Geschichten kann Rudi also Einfluß auf die Wirklichkeit der Erwachsenen nehmen, aber es dauert eine längere Zeit, bis er auf seine Übertreibungen, Sensationen und Verdrehungen verzichten kann. Er macht dabei verschiedene Versuche, so auch den, einen Bericht über seine Erfahrungen im Lager zu schreiben:

"Eines Tages machte er den Vorschlag, er wollte als Aufsatz einen Bericht über das Leben in Theresienstadt schreiben: Wir besprachen mit ihm den Wert eines solchen Berichts. Selbst die 'Betreuer', so sagten wir, können jetzt über Theresienstadt berichten, über das sie so viel gehört hatten. Aber sie waren nicht dort, wandte Rudi ein. Dennoch hätte es nicht viel Sinn, ein Augenzeuge zu sein, wenn der Bericht dann nicht genau wäre, nicht wahr? Rudi dachte darüber nach und verkündete am nächsten Tag mit Begeisterung und vielleicht einer Spur von Selbstverleugnung: 'Ehe ich etwas schreibe, werde ich's überdenken und ganz sicher sein, daß es stimmt.'"

Eine heikle Diskussion zwischen Rudi und den erwachsenen Pädagogen: Rudi weiß, wie alle Menschen, die das unvorstellbare Leben in einem KZ hinter sich haben, daß nur er - eben nicht die Erwachsenen, die ja nicht dabei waren - über diese Erfahrungen authentisch berichten kann; aber kann er schon soviel Vertrauen zu diesen anderen Erwachsenen haben (die ja nun auch schon einiges über das Leben im KZ Theresienstadt erfahren haben, also sich eigentlich ein Wissen angeeignet haben, das ihm zukommt), daß er das aufschreiben kann, was der Wahrheit, die er vor sich verantworten kann, entspricht? Soweit ist es noch nicht; Rudi überlegt - und leider erfahren wir nicht, ob er den Bericht geschrieben hat.

Der dritte Junge, von dem es in dem Bericht von Charlotte Heckmann und Cynthia Rowland eine längere Entwicklungsgeschichte gibt, ist der elfjährige Karl, der - wie berichtet - zum Opfer einer Mißhandlung durch die Gruppe wird. Karl hat sich eine eigene, nur für ihn existierende Wirklichkeit geschaffen. Er wird von einem schrecklichen Traum gequält und beginnt ihn nach einiger Zeit zu erzählen:

"Da war ein Transport', sagte er, 'kam nach Theresienstadt, und manche Leute waren tot, manche waren zu müde zum Reden, mache konnten gerade sagen, 'Frau, Frau', und das sollte heißen, sie wollten was zu essen." - Ein anderes Mal: 'Da war ein Transport', kam nach Theresienstadt und alle Leute waren tot. Sie waren richtig

tot, aber ihre Augen waren offen. Ich wollte sie nicht angucken, aber ich konnte nicht anders, ich mußte immer hinsehen.'"

Karl muß immer auf diese Traumbilder, die sehr nahe an seiner Erlebniswelt während des Transports in das KZ Theresienstadt sein werden, sehen; er kann nicht wegsehen. Sein Verhalten, aus dieser Wirklichkeit herauszugehen in eine andere, ist deshalb für ihn lebenserhaltend, und so verstehen es auch seine "Betreuer":

"In einer solchen Welt", schreiben sie, "konnte Karl nur eines tun, nämlich sie ganz und gar ausschließen. Das tat er, und die Wand, die er um sich errichtete, war so hoch, ließ so wenig Verbindung mit der Wirklichkeit, daß die anderen Kinder im Lager ihn verständlicherweise für einen Halbidioten hielten."

Karl hat schon im Lager begonnen, seine Wirklichkeit aufzubauen; er hat seine Trennungserfahrungen nur durch ein Auslöschen aus seinem Gedächtnis ertragen können - seine Herkunft und Lebensgeschichte weiß er nicht mehr:

"Von Verwandten spricht er nicht, noch von irgendjemandem, der jemals für ihn gesorgt haben könnte, abgesehen von der gelegentlichen Erwähnung einer Großmutter, die, wie er sagt, nicht seine wirkliche Großmutter war. Er sei elf Jahre alt, meinte er, wußte aber nicht sein genaues Geburtsdatum, nur daß es so um Weihnachten herum sei. Fred setzte es prompt auf den 26. Dezember fest. "

Nur im grauenhaften Traum sieht Karl, vielleicht, seine Angehörigen: Tot, mit offenen Augen; jemand sagt "Frau, Frau", "und das sollte heißen, sie wollten was zu essen", träumt er. Auf die Wirklichkeit außerhalb seiner Person reagiert er mit seiner Art von Verträumtheit und, wie es in dem Bericht heißt, "mit wilden hysterischen Wutanfällen". Lange Zeit war er der Prügelknabe für die anderen Kinder, die ihre Aggressionen an ihm abreagieren, an ihn weitergeben konnten. Aber nach der Mißhandlung durch die Gruppe steht er unter dem Schutz ihres Anführers Fred (der ja auch sein Geburtsdatum festlegt) und hält einen gewissen Kontakt zu den übrigen Kindern:

"Häufig stand er dabei, ein wohlwollender Zuschauer, und verschaffte sich im übrigen seinen eigenen Zeitvertreib. Sein allmählich wachsendes Geschick, mit Fremden Kontakt anzuknüpfen, wurde von der Gruppe jedoch als ausgesprochen nützlich betrachtet. Karl war es, der sich zuerst mit dem Bauern anfreundete, obwohl keiner die Sprache des anderen verstand, und er wird oft als Unterhändler bei Verhandlungen mit ihm gebraucht."

Er - ausgerechnet der Fast-Außenseiter der Gruppe - wird in komplizierten sozialen Beziehungssituationen zur fremden Umwelt ihr Sprecher und Unterhändler; den Kontakt zum Bauern hat er im übrigen über Tiere gefunden: "Im Umgang mit

Tieren verschwanden seine Ungeschicklichkeit und Unsicherheit, und die Hunde der Nachbarschaft trauen ihm voll und ganz."

Auch die Kinder trauten ihm immer mehr zu und lassen ihn seine Art, mit der neuen Wirklichkeit zurechtzukommen, ausprobieren; das wirkt sich gut auf ihn aus, und er gewinnt Selbstvertrauen:

"Allmählich traut er sich auch mehr bei praktischen Aufgaben zu, die er gründlich, manchmal sogar zu gründlich ausführt. Er übernahm es, das Fahrrad neu anzustreichen, und um das recht gut zu machen, malte er auch den Sattel an! Die anderen Kinder nahmen das aber gelassen hin, es war eben die Art, wie Karl etwas machte."

Nicht nur die Tiere und die Kinder brachten Karl Vertrauen entgegen, auch die Erwachsenen, der Bauer in der Nachbarschaft und die Pädagoginnen und Pädagogen gehen behutsam auf seine Art der Wirklichkeit ein. Wie anders ist der abschließende Satz in dem Bericht über ihn zu verstehen, eine Beobachtung voller Zärtlichkeit und Hoffnung:

"Der Anblick von Karl, wie er mit glückstrahlendem Gesicht aus dem kleinen Zelt schaut, in dem er während des Sommers zusammen mit einem anderen Jungen schlafen durfte, läßt einen glauben, daß der einst verlorene, ängstliche kleine Ausgestoßene seinen Weg in die Zukunft finden wird, sofern er nur weiterhin echte Sicherheit und echte Zuneigung erfährt."

"Sicherheit" und "Zuneigung" sind die Worte für die Beziehungswünsche, die diese drei Jungen - und die übrigen acht Kinder - Hans (14 Jahre alt), Otto (11), Josef (11), Trude und Benjamin (9), Kurt (11), Liese (9) und Anna (8) - den Erwachsenen, die sie im Heim Butcombe Court treffen, zeigen; andere Erwachsene als jene, die sie bisher - und vor allem im KZ Theresienstadt - kennengelernt hatten. Aber die Kinder zeigen diese Bedürftigkeit nicht direkt und offen; wie sollten sie das auch können, denn bisher sind sie ja immer von den mächtigen Erwachsenen enttäuscht oder mißbraucht und ausgebeutet worden. Die Verhaltensstrategien, die sie sich aus diesen Erfahrungen heraus angeeignet hatten für den Umgang mit Erwachsenen - Aggressivität, Forderungen, Anpassung, Phantasterei (Lügen), Apathie, Rückzug in eine eigene Wirklichkeit - behielten sie zunächst auch bei den "neuen" Erwachsenen bei. Zum einen konnten sie diese Verhaltensweisen, die sie über Jahre hin - manche von ihnen hatten drei Jahre im KZ gelebt - für sich entwickelt hatten, gar nicht so schnell ablegen, und zum anderen konnten sie ja auch nicht einsehen, warum sie so etwas tun sollten, denn dieses Verhalten, dessen Basis ein grenzenloses Mißtrauen gegen jeden Erwachsenen war, hatte zu ihrem Überleben beigetragen. Warum lebensnotwendige Verhaltens- und Denkweisen ändern? Im übrigen fühlten sie sich nach der Befreiung aus dem KZ als "Herren"; die Rollen waren endlich vertauscht für sie: "'Wir sind die Herren', wurde uns mehrfach gesagt," berichtet Charlotte Heckmann, "und 'Herren' hatten sie vor zu sein, denn ihre Erfahrung hatte sie zu der Auffassung geführt, daß dies die einzig wahre Form ist, glücklich zu sein." Wie reagieren die Pädagogen auf diese Einstellung der Kindergruppe?

Sie erwarten von den Kindern Mitarbeit bei der Haushaltsarbeit:

"Der Haushalt wurde in gemeinsamer Arbeit geführt, es gab keine Hausangestellten. Jeder nahm an allen Arbeiten gemäß seinen Fähigkeiten teil. Das war deutlich vor den Augen der Kinder, doch wenn wir ihnen erklärten, daß auch sie ihren Anteil übernehmen sollten, so empfanden sie das als eine unbillige Zumutung."

Sie waren ja schließlich die "Herren"; im Lager hatten sie - als Sklaven - hart genug arbeiten müssen. Bei den kleineren Kindern gelang es mit der Zeit, sie zur Mitarbeit zu gewinnen, mit einem "großen, klaren Plan", der an die Wand geheftet wurde. Aber bei den Großen war eine pädagogische Kooperationsplanung nicht möglich. Es blieb nichts anderes übrig, als abzuwarten. Aber die Pädagogen stellten eine Verhaltensregel auf, von der erwartet wurde, daß alle sie einhielten: "Pünktlichkeit bei den Mahlzeiten, den Unterrichtsstunden und den Schlafenszeiten."

Um das Verantwortungsgefühl vor allem der großen Jungen zu wecken, richten die Erzieher regelmäßig Zusammenkünfte mit allen Kindern ein, bei denen der älteste Junge, Hans, den Vorsitz führen sollte. Die Kinder und auch Hans lassen sich darauf ein, und es kommt zu einer partnerschaftlichen Diskussion zwischen den Kindern/Jugendlichen und den "Betreuern". Für den Erfolg, nämlich den Gewinn an Vertrauen, dieser Diskussionsveranstaltung ist es wesentlich, daß die Erwachsenen ernsthaft und zu Konsequenzen bereit auf die Beiträge der Kinder und Jugendlichen eingehen:

"Das Hauptthema ihrer Diskussionen war die Frage des Taschengeldes, das sie als hoffnungslos unzureichend empfanden, und die Ernährung, über die sie sich ständig beklagten, entweder, daß sie ungenügend wäre, oder daß die 'Betreuer' anderes und besseres Essen bekämen. Wenn immer möglich, gingen wir auf diese Klage ein; auch dann, wenn es so schien, als hätten wir die Meinung der Kinder nicht genügend berücksichtigt. Gleichzeitig vertraten wir aber auch unseren Standpunkt, daß wir von den Kindern nicht die Zusammenarbeit bekamen, die wir

hätten erwarten können. Meist fanden wir, daß wir nach jeder dieser Zusammen-
künfte einen Schritt weitergekommen waren, wenngleich die Kinder nachher
manchmal meinten, daß sie sich mit zu vielem einverstanden erklärt hätten, und
schnell einen Rückzieher machten."

Das ist verständlich, denn so ohne weiteres konnten die Kinder ihr Mißtrauen, ver-
raten oder übervorteilt zu werden, nicht aufgeben; vor allem dann nicht, wenn es
um für sie zentrale Belange ging, nämlich Taschengeld und Ernährung. Geld als
Zeichen des Erwachsenenstatus und der Autonomie hatten sie ja bisher überhaupt nicht für sich zur Verfügung gehabt; und das Essen hatte schon im Lager
die Rolle für das Überleben gespielt. Hier, im Umgang mit diesen anderen Erwachsenen, war das Essen das entscheidende Kriterium dafür, wieweit diesen
Erwachsenen zu vertrauen war, aber auch dafür, wieweit man sich - körperlich
und seelisch - auf sie einlassen konnte. Es ist deshalb auch nicht verwunderlich,
daß der Konflikt, der Vertrauens- und Machtkampf mit den Pädagoginnen und
Pädagogen sich an der Frage des Essens entzündet. Charlotte Heckmann und
ihre Mitarbeiterinnen und Mitarbeiter orientierten sich auch in dieser Frage - wie
schon bei den übrigen institutionellen pädagogischen Grundregeln: Kooperation,
Disziplin, Diskussionsrunden - an ihren Erfahrungen und Überzeugungen, die sie
in ihren früheren pädagogischen Tätigkeiten erprobt und erworben hatten; sie er-
nährten sich also vegetarisch und erwarteten das auch von den Kindern.

"Obwohl wir bereit waren, den Kindern Fleisch zu geben, wenn sie darauf bestün-
den, so hatten doch frühere Erfahrungen gezeigt, daß Kinder ohne große Schwie-
rigkeiten fleischlose Kost annehmen und mögen. Das traf zunächst auch zu, die
Kinder sagten sogar, wie gern sie das viele frische Gemüse und Obst mochten,
das sie bekamen. - Diese Stimmung hielt jedoch nicht lange an, und bald wurde
die Angelegenheit zur Sprache gebracht."

Es kommt zur Diskussion mit den Erwachsenen, die auch versprechen, eine andere Lösung - das bedeutet, eine andere Köchin - zu finden. Doch das brauchte
Zeit, und den Kindern konnte nicht erklärt werden, daß das mit der ungesicherten
Existenz des Hauses überhaupt zusammenhing. Die Kinder fühlten sich in ihrem
Mißtrauen gegen die Erwachsenen - die viel versprechen und nichts davon tun -
bestätigt. In dieser Situation entwickelt Hans, der älteste Junge, eine Alternative
für die Kinder: Die Idee, in ein anderes Heim auszuziehen. Es kommt zu Unruhe
und gesteigertem Mißtrauen gegen die Erwachsenen. Charlotte Heckmann reflektiert im Nachhinein sowohl die Motive der Kinder wie auch ihre eigenen pädagogischen Absichten:

"Außerdem wurde uns auch bewußt, daß wir uns am Anfang nicht klar genug darüber gewesen waren, welch ungeheure Bedeutung für diese Kinder alles hatte, was mit Essen zusammenhing, nachdem sie Monate oder Jahre im Lager gehungert hatten. Obwohl sie tatsächlich reichlich bei uns zu essen bekamen, fühlten sie sich nicht beruhigt über ihre Verpflegung, solange sie etwas entbehren mußten, was auch sie hätten bekommen können."

Sie versteht, wie sie zu Beginn dieser Konfliktgeschichte schreibt, diesen Bericht "auch als einen Bericht über einen unserer Fehler". Sie kann sich sehr gut in die Situation der Kinder hineinversetzen, auch in die Bedeutung, die für sie die Idee haben muß, das Heim zu verlassen:

"Erfahrungen in Heimen haben immer wieder gezeigt", schreibt sie, "daß die meisten Kinder zu gewissen Zeiten weglaufen wollen und es oft auch tun. Unsere Kinder konnten das - fast möchte ich sagen, leider - nicht. Sie waren Fremde in einem fremden Land und es fehlte ihnen die Gewißheit, daß es einen Ort gab, wohin sie gehen konnten, und die Kenntnis des Weges dorthin, wie evakuierte Kinder (aus England, B.S.) sie hatten."

Die Pädagogen stehen vor einem Dilemma:

"Wenn wir andererseits unseren Kindern gesagt hätten", reflektiert Charlotte Heckmann, "daß sie nicht fortgehen dürften, so würden sie sich nur von Leuten eingeengt gefühlt haben, die eben mehr Macht hatten als sie. Stattdessen versuchten wir, ihr Gefühl von Sicherheit bei uns zu stärken und sie allmählich die Bedeutung eines solchen Schrittes (das Heim zu verlassen, B.S.) begreifen zu lassen."

Dazu dienen die regelmäßigen Besprechungen mit den Kindern unter Vorsitz von Hans, dem Initiator des Auszugsplans. Und ausgerechnet er findet schließlich zu einer ersten Lösung dieses Konflikts: Er beruft eine Besprechung ein, es kommt noch einmal zu einer ausführlichen Auseinandersetzung um die Frage des Vegetarismus mit den Erwachsenen, und schließlich kommen die Kinder auf die Idee, "daß die älteren Jungen für das Fleischkochen verantwortlich sein sollten, obwohl klar war", schreibt Charlotte Heckmann, "daß das wirkliche Schwierigkeiten mit sich bringen würde."

Doch das Einverständnis mit diesem Vorschlag bei den Erwachsenen führte bei allen "zu einem Gefühl von Zufriedenheit und Freude". Aber nicht bei allen Kindern. Der älteste Junge, Hans, hat sein Mißtrauen den Erwachsenen gegenüber und sein Bedürfnis nach einer Führerrolle noch nicht aufgegeben; er ist zwar einerseits zur Kooperation mit den Erwachsenen bereit, andererseits behält er sein Mißtrauen ihrer Machtposition gegenüber.

Diese zwiespältige Haltung führt zu neuem Konfliktpotential, und es ist interessant, nachzuvollziehen, wie dieser Vertrauenskonflikt gelöst wird und als Ergebnis zu Vertrauensgewinn bei Kindern und "Betreuern" führt: Hans schreibt eine Wandzeitung, auf der er und andere Kinder und Jugendliche ihre Unzufriedenheit, ihre Anschuldigungen gegen die Erwachsenen öffentlich eintragen können. Diese Zeitung ist allerdings neben seinem Zimmer, ganz oben im Haus, aufgehängt, so daß die kleineren Kinder - und auch die Erwachsenen, die da nicht hinkommen sollen - die Eintragungen nicht lesen können. Einer der "Betreuer", der von der Existenz dieser Wandzeitung erfahren hat, fragte - dem Bericht zufolge -: "Wenn das eine öffentliche Bekanntmachung ist, warum gibst du ihr dann nicht mehr Öffentlichkeit?" Darauf hängt Hans die Zeitung unten im Haus auf, wo jeder sie sehen konnte. Im Bericht heißt es dazu abschließend:

"Nun bekam sie (die Wandzeitung, B.S.) mehr den Charakter einer Zeitung mit Karikaturen und mit Artikeln, die die Erwachsenen mehr wegen allgemeinen Fehlverhaltens anklagten, ohne auf bestimmte Beispiele einzugehen, um so die Feindschaft der Kinder aufrecht zu erhalten. - Wieder einmal schienen die Kinder überrascht, daß die Zeitung nicht verboten wurde, daß die Erwachsenen vielmehr ein freundliches Interesse daran zeigten, auch an den Extranummern und Sonderausgaben, ohne die unfairen Angriffe übelzunehmen."

Auch in meinem Gespräch mit Charlotte Heckmann spielt die Auseinandersetzung um die Wandzeitung eine Rolle, und zwar in jenem Zusammenhang, in dem wir über die Formen des Zusammenlebens zwischen Erwachsenen und Kindern in diesem Heim sprechen, über die "pädagogische Atmosphäre":

Ch.H.: *Ich denke jetzt gerade an die Zeitschrift, die Wandzeitung der Theresienstadt-Kinder, die sie ganz oben, unterm Dach, aufhängten, wo keiner sie sah. Sie war hauptsächlich nur ein Opponieren gegen die Erwachsenen.*

N.W.: *Eine Art Ventil.*

Ch.H.: *Wie bitte?*

N.W.: *Eine Art Ventil für ihre Frustration.*

Ch.H.: *Ja. Also ein Angriff, denn sie betrachteten uns ja als ihre Feinde. Als wir ihnen sagten: 'Nun bringt die Wandzeitung doch 'runter und macht die unten an, wir wollen auch etwas schreiben'. Das war für sie - sie drückten es nicht so aus - das war für sie sicher ein Aha-Erlebnis. Vielleicht das Gefühl, daß sie hier ein Recht zugesprochen kriegen, was sie bisher nicht gekannt hatten.*

B.S.:   *Und was sie sich nur quasi im Geheimen nahmen, indem sie die Zeitung so hoch anbrachten, daß sie im Grunde keiner sehen konnte. Und daß die, die betroffen waren, nämlich Sie, als Erwachsene, das überhaupt nicht zur Kenntnis nehmen konnten.*

Ch.H.:   *Wir kamen da noch eher 'rauf (lacht), aber die anderen, die Kinder, die kleinen, kriegten ja weniger davon zu sehen.*

B.S.:   *War das nun ein pädagogischer Trick von Ihnen, daß Sie sagten, 'die haben die Zeitung da oben, die sollen sie mal 'runterholen, damit das öffentlich wird, dann können wir uns auch beteiligen'. War das eine pädagogische Absicht bei Ihnen?*

Ch.H.:   *Nein, es war einfach das Gefühl, daß es so keinen Zweck hat (mit der Zeitung). (Lacht). Und auch dieses Bewußtsein, daß wir mit den Kindern etwas z u s a m m e n tun wollten. Wir wollten nicht, daß nur sie untereinander darüber reden. Wir wollten ja darüber mit ihnen sprechen.*

Die Erwachsenen wollten mit den Kindern gemeinsam die Wandzeitung nutzen, auch für ihre Klagen über das Verhalten der Kinder: "Wir wollten mitschreiben", sagt Charlotte Heckmann. Damit gewinnen beide Seiten - neben den "Besprechungen" unter Vorsitz von Hans - ein neues Medium für die Auseinandersetzung: Anders als im Gespräch, wo ein Wort das andere wieder aufhebt, bleibt ein Text auf einer Wandzeitung eine Zeit lang stehen, jedenfalls so lange, bis er nicht ausgestrichen wird. Man kann tagelang überlegen, wie - ob mit einer Zeichnung, einem Schimpfwort oder einem überlegten Satz - man auf eine Eintragung reagieren will. Die Wandzeitung trägt, wie die übrigen Formen der Verständigung auch, zur Konfliktlösung bei. Das wird sehr deutlich, als Hans - immer noch nicht gänzlich seine Opposition gegen die Erwachsenen aufgebend, er ist schließlich auch vierzehn Jahre alt - versucht, eine Gruppe der älteren Jungen aufzubauen, an deren Treffen die Erwachsenen nicht teilnehmen sollen. In dieser Situation sagt der frühere Anführer der Gruppe, Fred - jedenfalls verzeichnet es so der Bericht von Charlotte Heckmann -: "'Nein', sagt Fred, 'die Erwachsenen' - und es war bedeutsam, daß wir nicht mehr die 'Betreuer' waren - 'gehören auch zur Gemeinschaft'."

Damit ist ein wichtiger Schritt für die Verständigung zwischen den Kindern aus dem KZ Theresienstadt und ihren Pädagogen getan oder besser: gesagt. Die Feststellung von Fred zeigt, daß, jedenfalls für ihn, ein Vertrauensverhältnis zwischen beiden Seiten besteht, das eine neue Basis für Konfliktlösungen bietet.

Wird diese Vertrauensbasis aber auch für die Beziehung zu anderen Erwachsenen außerhalb des Heims in Butcombe Court tragfähig sein? Wird sie, nachdem - wie ich vorhin schon erwähnte - das Heim hat aufgelöst werden müssen, auf andere, wieder fremde Erwachsene übertragen werden können oder bedeutet sie nur eine Bindung an diese Pädagoginnen und Pädagogen in Butcombe Court, die diesen konfliktreichen Prozeß der Vertrauensentwicklung mit ihnen durchgestanden haben? Auf diese Fragen gibt es in dem Bericht von Charlotte Heckmann und Cynthia Rowland zwar nicht direkte, aber in die Zukunft weisende Antworten. Sie betreffen drei Verhaltensweisen der Kinder, an denen deutlich wird, daß sie ein gewisses Selbstvertrauen, die Fähigkeit, mit sich selbst umzugehen, Kooperations- und Konfliktfähigkeit im Umgang mit Erwachsenen - auch außerhalb des Hauses - erworben oder wiedergewonnen haben.

Die Kinder beginnen wieder zu spielen:

"Ein Anzeichen für die veränderte und friedliche Atmosphäre im Hause war die Tatsache, daß die Kinder wieder spielen konnten. Als sie ankamen, wußten sie zuerst einfach nichts mit sich anzufangen, wenn die Erwachsenen ihre Tätigkeit nicht anleiteten und überwachten. Sie waren so sehr mit dem Problem ihrer Beziehung zur Umwelt beschäftigt, zu anderen Menschen und besonders zu den Erwachsenen, daß das all ihre Kraft in Anspruch nahm, so daß sie unruhig und unzufrieden waren, unfähig zu ruhigem Spiel oder irgendeiner Form schöpferischer Tätigkeit."

Sie können sich also auf sich und ihre Phantasien einlassen, ihre Weltsicht zum Ausdruck bringen und sich auch aufeinander einlassen, ohne von den Erwachsenen angeleitet oder angeregt zu werden und vielleicht auch, ohne auf die Erwachsenen dabei zu achten. Sie sind bei sich und unter sich; das wird nicht ohne Aggression und Kränkungen abgegangen sein, aber das Wichtige ist, daß die Kinder sich und die anderen ertragen können.

Die Kinder können sich auf die Mitarbeit im Haushalt einlassen:

"Die Frage der Mitarbeit bei den Haushaltsaufgaben wurde durch einen Arbeitsplan gelöst, der von einem Kind und einem Erwachsenen aufgestellt wurde, die alle drei Wochen wechselten. Die Entscheidungen dieser beiden wurden von allen ohne Diskussion akzeptiert."

Wenn man an die Unfähigkeit zur Mitarbeit zu Beginn ihres Aufenthalts im Heim denkt, ihr Selbstverständnis, "als Herren" bedient werden zu wollen, dann ist die Fähigkeit, mit einem Erwachsenen zusammen einen Plan aufstellen zu können, ein großer sozialer Gewinn: Kinder und Erwachsene müssen in diesem Plan nach Fähigkeits- und Zeitkriterien eingeteilt werden; Kompromisse müssen dabei geschlossen und Lösungen bei Engpässen gefunden werden. Und schließlich müssen alle, Erwachsene wie Kinder, sich in der Lage sehen, diese Arbeitseinteilungen zu akzeptieren und auch auszuführen. Wenn diese Kooperation vielleicht auch nicht jeden Tag reibungslos geklappt haben mag, so ist die Verhaltensstruktur, die damit erworben werden kann, eine wichtige Voraussetzung, mit anderen Menschen kooperativ leben zu können.

Die Kinder gehen in öffentliche Schulen und müssen sich auf andere Erwachsene einstellen lernen:

"Obwohl sie sehr froh darüber waren, nun in eine 'richtige' Schule zu gehen, waren sie recht kritisch gegenüber den autoritäreren Methoden, die in größeren Klassen unvermeidlich sind. Aber wenngleich sie kritisch waren, waren sie nicht feindlich. Sie hatten genügend Sicherheit gewonnen, um mit einer Situation umzugehen und sie anzunehmen, die ihnen nicht besonders gut gefiel. Sie konnten ganz freimütig feststellen, daß sie die Schulmahlzeiten nicht mochten, ohne daraus einen Vorwurf zu machen oder darin eine Kränkung zu sehen."

Auf die neuen Erwachsenen, die mit anderen Umgangsformen auf sie eingehen, als die Pädagoginnen und Pädagogen im Heim, können sie - und warum sollte ich dem Bericht nicht Glauben schenken? - ohne Feindseligkeit reagieren, eben mit Kritik. Diese veränderte Einstellung wird bei der für die Kinder bedeutsamen Essensfrage besonders erkennbar: Sie mögen die Schulmahlzeiten nicht, werden sie also auch kaum oder gar nicht essen - und dabei in Konflikte mit den Erwachsenen in der Schule geraten -, aber sie reagieren nicht mit Schulverweigerung oder Aggressivität.

Vielleicht ist die Vermutung am Ende des Berichts, daß diese Verhaltensweisen der mit Trennungserfahrungen und nicht vorstellbaren Leiden im KZ gezeichneten Kinder als "ein Zeichen ihrer Genesung" zu verstehen seien, zu optimistisch; sicherlich aber sind die Hinweise darauf, daß diese Kinder wieder so leben können, daß sie sich und andere nicht zerstören oder als Feinde angreifen müssen. "Das Ausmaß dieses Schocks", schreiben Charlotte Heckmann und Cynthia Rowland am Ende ihres Berichts, "konnten wir selber nicht völlig ermessen. Wir konnten nur eine Ahnung davon bekommen, indem die Kinder selber allmählich ruhiger auf ihre Erfahrungen zurückblickten und nach und nach darüber sprechen konnten." Die Erwachsenen waren dabei ihre Zuhörer und wurden zu ihren Freunden.

"KINDER HABEN EIN RECHT AUF LIEBE" - ZU DEN PÄDAGOGISCHEN "PRINZIPIEN" VON CHARLOTTE HECKMANN

Mit dieser Überschrift wird Charlotte Heckmann nicht einverstanden sein, weder mit dem Zitat noch mit dem Begriff "pädagogische Prinzipien". Wenn ich diesen Titel dennoch gewählt habe, so geschieht das, um die pädagogische Haltung, mit der Charlotte Heckmann ihre langjährige Arbeit mit vielen verschiedenen, fast immer mit Trennungserfahrungen belasteten Kindern, geleistet hat, herausarbeiten zu können. Schon dieser Bandwurmsatz verdeutlicht mir, daß das ein kompliziertes Unternehmen werden wird. Im Gespräch mit ihr über den Satz "Kinder haben ein Recht auf Liebe", den ich als Motto für ihre pädagogische Arbeit überhaupt verstehen wollte, wird das Nicht-Einverständnis, um nicht zu sagen: der Widerspruch, von Charlotte Heckmann dazu sehr klar:

Ch.H.: *Hab' ich das gesagt?*

B.S.: *Ja, auf Seite 32. (96) Für mich ist das die Quintessenz dieser ganzen Pädagogik: Kinder haben ein Recht auf Liebe, ein R e c h t auf Liebe, auch dann noch, 'wenn sie sich benehmen, wie abscheuliche Biester'.*

Ch.H.: *Mir ist dieses zu theoretisch.*

B.S.: *Und wieso?*

Ch.H.: *(längere Pause) Ich würde das heute gar nicht so formulieren (Pause), wenn es - jetzt sag ich es mit meinen Worten in Kladde - wenn ich sage, 'die Kinder haben ein Recht auf Liebe', dann geht das hier oben (zeigt auf ihre Stirn) vor und es muß von hier (zeigt auf ihre Brust) kommen.*

B.S.: *Ja.*

Ch.H.: *Also bei mir, mein Weg geht so (zeigt auf ihre Brust und danach auf ihren Kopf) und nicht so (zeigt wieder auf ihren Kopf und danach auf ihre Brust).*

Dies ist eine der wenigen (wenn nicht die einzige) Stellen in unserem Gespräch, an der sich Charlotte mit einer betonten Geste äußert; anscheinend verstehe ich ihre Worte allein nicht gut genug. Sie muß sie zweimal gestisch unterstreichen.

Aber es geht nicht nur um mangelndes Verständnis bei mir; ich denke, daß es ihr mit dieser Geste vom Herzen zum Kopf auch darum geht, große Worte, Pathetik und Abstraktion zu vermeiden.

In einer späteren Phase unseres Gesprächs komme ich auf die Bedeutung von Grenzsetzungen und "pädagogischer Liebe" zu sprechen, und diesmal entwickelt Charlotte Heckmann eine pädagogische Argumentation, die ihre Auffassung von selbstkritischer pädagogischer Praxis verdeutlicht:

Ch.H.: *Daß ich Grenzen setze? Ja, aber das hat weder mit Liebe noch mit Recht etwas zu tun.*

B.S.: *Sondern - mit was hat es zu tun?*

Ch.H.: *Das kann einmal mit den Grenzen meiner eigenen Kraft zu tun haben, hat es wahrscheinlich meistens. Ich hatte ja immer das Gefühl - auch bei Joan, die Ihnen ja ein Begriff ist - wenn ich bei ihr nicht vorwärtskam, dann habe ich noch irgendetwas verkehrt gemacht. Da hab' ich sie noch nicht richtig bedacht, sie noch nicht erfaßt, sondern da hab' i c h noch etwas verkehrt gemacht. Dabei hab' ich aber nicht gedacht, daß sie ein R e c h t hat, geliebt zu werden. Ich weiß nicht, ob Sie das verstehen. Ich kann das auch heute nicht sehen bei Zwistigkeiten mit Menschen, sondern ich frage mich: Irgendetwas hab' ich verkehrt gemacht - was hab' ich verkehrt gemacht?*

B.S.: *Das fragen Sie sich.*

Ch.H.: *Das frag' ich mich, aber noch gar nicht mal: Was habe ich verkehrt gemacht, sondern nur die Feststellung: Ich hab' etwas verkehrt gemacht.*

Charlotte Heckmann geht es also weder um ein "Recht der Kinder" noch um ein Programm oder Prinzip "pädagogischer Liebe"; es geht ihr um eine selbsterforschende und selbstkritische Haltung der Erzieherin. Es geht dabei aber nicht um sich selbst anklagende Kritik, sondern um ein Nachdenken darüber, ob ich das Kind, mit dem ich es als Pädagogin oder Pädagoge zu tun habe, "richtig bedacht" und "richtig erfaßt" habe. Oder - konnte ich weiter fragen - ob ich zu sehr von mir, von meinen Gefühlen und Werturteilen, die ich dem Kind gegenüber empfinde und entwickelt habe, ausgehe - und eben nicht von der emotionalen, intellektuellen oder sozialen Situation des Kindes.

Was diese Selbstreflektion für das pädagogische Handeln bedeuten kann, wird an vielen Beispielen der Arbeit mit Kindern, die Charlotte Heckmann im Exil praktiziert, deutlich. Ein besonders eindringliches Beispiel ist ihre Umgangsweise mit

der von Wutanfällen überwältigten Joan, mit der sie mit in den Keller, in den Straf-
raum, geht; sie bleibt bei ihr, läßt sich auf die heftige Aggression dieses Mäd-
chens ein, stellt sich ihr in gewisser Weise zur Verfügung, aber stellt sich ihr auch
entgegen.

Begleiten, in Beziehung bleiben und sich gleichzeitig entgegensetzen bezeichnen
die Handlungsweisen, die Charlotte Heckmann für ihre Kinder bereithält. Dafür
gibt es eindrucksvolle pädagogische Szenen: Wie sie zum Beispiel mit den Kindern, die das Heim verlassen - gegen ihren Willen -, mitzieht, sie auf die fremde
Straße begleitet und ihnen - als Pädagogin, die sie auch als Mitausreißerin bleibt -
die Konsequenzen ihrer Pläne vor Augen führt. Sie begleitet auch den mißhandelten Karl, der das Heim in Butcombe Court verlassen will, hilft ihm bei den Aus-
reisevorbereitungen und arrangiert für ihn eine soziale Situation, die es ihm ermöglicht, bei den anderen Kindern zu bleiben.

Ich weiß nicht, ob es mir mit dieser Art der kommentierenden Nacherzählung der
pädagogischen Berichte von Charlotte Heckmann gelungen ist, die Entwicklung
ihrer pädagogischen Haltung aufzuzeigen; die Grundlage dieser Haltung beschreibt sie selbst am klarsten, als sie über die pädagogischen Anforderungen
spricht, die an sie und die übrigen Erzieherinnen und Erzieher von den Kindern
aus dem KZ Theresienstadt gestellt wurden: Das Problem, "ohne Feindlichkeit auf
die Feindseligkeit der Kinder" reagieren zu können.

Das hört sich so selbstverständlich und einfach an; aber es ist - wie die Schwierigkeiten der Pädagoginnen und Pädagogen zeigen, die heute mit aggressiven
und haßerfüllten Kindern und Jugendlichen umgehen müssen, so schwer in eine
glaubwürdige Haltung und Handlung umzusetzen. Aber von Charlotte Heckmann
können wir heute eine Einstellung zu Kindern lernen - wenn wir uns mit ihren
pädagogischen Erfahrungen auseinandersetzen -, die sie als Ergebnis ihrer Auseinandersetzung mit den Kindern aus dem KZ Theresienstadt formuliert:

*"Kinder sind menschliche Wesen, unterlegen nur in physischer Kraft und Erfah-
rung, mit der Fähigkeit nachzudenken, die immer vorhanden ist und ständig
wächst, mit einem Gefühl für Werte, das oft weniger abgestumpft ist als das von
Erwachsenen. Wenn es einen wirklichen Unterschied gibt, so besteht er in der Tatsache, daß die Interessen von Kindern und Erwachsenen verschieden sind, und
beide müssen lernen, die des anderen zu respektieren."*

Charlotte Heckmann 1945

Inge Hansen-Schaberg

LEBEN, LERNEN UND ARBEITEN IN DER GEMEINSCHAFT - CHARLOTTE HECKMANN UND MINNA SPECHT

In der praktischen Erziehungsarbeit Charlotte Heckmanns geb. Sonntag und in den pädagogischen Konzeptionen Minna Spechts standen vier gemeinschaftsprägende Elemente im Mittelpunkt: Kinder, Jugendliche und Erwachsene sollten Überzeugungen ausbilden, Toleranz üben, Vertrauen und Selbstvertrauen aufbauen und Bindungsfähigkeit entwickeln. Die in diesem Buch publizierten Texte Charlotte Heckmanns geben ein lebendiges Zeugnis dieser pädagogischen Zielsetzung und Praxis. Ich möchte im folgenden den zeit- und lebensgeschichtlichen Rahmen der Erziehungstätigkeit Charlotte Heckmanns im Exil abstecken und die Auseinandersetzung Charlotte Heckmanns mit der Persönlichkeit und Pädagogik Minna Spechts beleuchten.

ZEITGESCHICHTLICH-BIOGRAPHISCHE HINTERGRÜNDE DER PÄDAGOGISCHEN PRAXIS CHARLOTTE HECKMANNS IM EXIL

Charlotte Sonntag kam, wie sie es selbst beschreibt, im April 1934 gemeinsam mit ihrem Bruder Wolfgang als Besucherin an die Exilschule Minna Spechts, die im Kleinen der Anfang einer Nachfolgeschule des Landerziehungsheims Walkemühle bei Melsungen sein sollte. Es war keine zufällige Begegnung von im Exil Lebenden, sondern das Interesse Charlotte Sonntags, die während ihrer Ausbildung zur Sozialarbeiterin in Dresden (1931-1933) durch ihre Dozentin Elisabeth Rotten das erste Mal von der Walkemühle und deren Leiterin Minna Specht gehört hatte und dort am liebsten ihr Anerkennungspraktikum gemacht hätte. Dieses Schulexperiment war 1924 von Leonard Nelson (Heydorn 1974; Franke 1991) und Minna Specht vom äußeren Rahmen her nach den Ideen Hermann Lietz' (Koerrenz 1989) und von der inhaltlichen Ausrichtung her auf dem philosophisch-politischen Hintergrund einer neukantianischen Vernunftspädagogik gegründet worden (Hansen-Schaberg 1992). Dort wurden jüngere Erwachsene aus dem Umkreis des Internationalen Jugend-Bunds (IJB) und ab 1926 des Internationalen Sozialistischen Kampfbundes (ISK) zu sozialistischen Führerpersönlichkeiten erzogen (Link 1964; Klär 1982). Zudem gab es eine Kinderabteilung, die reformpädagogisch orientiert und frei von der für die Erwachsenen vorgegebenen Zielsetzung arbeitete. Sie sollte eine Freistatt sein, in der die Kinder den Glauben an die Wahrheit, ihr Selbstvertrauen und ihr Rechtsgefühl bewahren konnten: "In dieser Schule braucht man nicht zu lügen.", wie Leonard Nelson 1926 schrieb.[1] Da die Schule durch Schenkungen und Spenden von der Gesellschaft der "Freunde der Philosophisch-Politischen Akademie" finanziert wurde und die Lehrkräfte unentgeltlich arbeiteten, war der Aufenthalt in der Walkemühle schulgeldfrei. Angesichts der zunehmenden Gefahr des Zusammenbruchs der Weimarer Republik durch das Erstarken des Nationalsozialismus wurde die Erwachsenenabteilung 1931 aufgelöst, um die Kräfte auf den Aufbau einer Einheitsfront von sozialistischen und kommunistischen Gruppen zu konzentrieren und die Tageszeitung "Der Funke" in Berlin herauszugeben. Daran beteiligt waren Willi Eichler (Lemke-Müller 1988) als Chefredakteur und u.a. Gustav Heckmann (Horster/Krohn 1983) und Minna Specht, letztere ca. ein knappes Jahr, dann wandte sie sich wieder der Walkemühle und erstmalig der Arbeit mit den dort verbliebenen Kindern zu. Nach der Beschlagnahmung der Schule durch die Nazis konnte ein Teil des Vermögens ins Ausland gebracht und für die Fortsetzung des pädagogischen Experiments und für die politische Arbeit im Widerstand und im Exil verwendet werden.

In einem Sommerhaus in Möllevangen auf Sjaelland in Dänemark war eine provisorische Lösung zur Rettung der Kinder gefunden worden. Auf diese kleine Gruppe von acht Kindern und drei Erwachsenen, nämlich Minna Specht, Liselotte Wettig und Gustav Heckmann, trafen also Charlotte Sonntag und ihr Bruder, blieben eine Woche und gaben Gymnastik- bzw. Musikunterricht. Charlotte Sonntag wurde von Minna Specht "unter die Lupe genommen", wie sie schrieb - eine Prüfung, die wohl positiv ausfiel, denn im Mai 1935 übernahm sie im neuen Schuldomizil auf dem Herrenhof Östrupgård auf Fyn für ca. 20 Kindern zunächst die Leitung der Hauswirtschaft und den Gymnastikunterricht, jedoch schon zwei Monate später die Aufgabe, einen Kindergarten aufzubauen, da die Anzahl der kleinen Kinder wuchs. Sie wohnte mit den Kleinen abseits des Hauptgebäudes im Häuslerhaus und entwickelte gemeinsam mit ihnen eine Fülle selbstgewählter, er-

---

1 Leonard Nelson: Über die Walkemühle. In: Die Tat. Monatsschrift für die Zukunft deutscher Kultur. 17.Jg., Heft 11, Feb. 1926, S.869. (In: GS, Bd.VIII, S.575-578)

lebnisorientierter Aktivitäten, über die sie in ihren Texten ausführlich berichtet. Nach einem Brand in Östrupgård in der Nacht vom 1. zum 2. September 1937 wurde ein Teil des Wohngebäudes zerstört, so daß die Schule noch einmal umziehen mußte. Die jüngeren Schulkinder und der Kindergarten bezogen mit Charlotte Sonntag und Liselotte Wettig das direkt am Meer gelegene Haus "Storms Hus" in Falsled, während die größere Gruppe im Försterhof Hanneslund, eine halbe Fahrradstunde entfernt, unterkam.[2]

Es handelte sich dabei um eine vorläufige Lösung, weil die Umsiedlung nach Großbritannien bereits beschlossen war; denn zum einen wurde die Okkupation Dänemarks durch das nationalsozialistische Deutschland befürchtet, zum anderen war es während der ganzen Zeit in Dänemark nicht gelungen, die Isolation der Schule aufzubrechen und Zugang zur Bevölkerung und Anschluß an die Arbeiterbewegung zu bekommen. Die Schule galt als deutsche Emigrantenschule, und zudem gaben die Dänen ihre Kinder nicht in Internate, während durch die Möglichkeit, die Schule an eine von Quäkern initiierte Siedlungsgemeinschaft arbeitsloser Bergarbeiter in Süd-Wales anzuschließen, berechtigte Hoffnungen auf eine Änderung dieser Situation bestanden. Minna Specht hatte sich bei dieser Entscheidung nicht nur auf ihr eigenes Urteil verlassen, sondern im Juli 1937 Charlotte Sonntag und Gustav Heckmann beauftragt, sich ebenfalls dieses Projekt anzusehen und eine geeignete Unterkunft für die kleineren Kinder zu finden. In "The White House", direkt im industriellen Gebiet von Cwmavon, war die Unterbringung der älteren Schülerinnen und Schüler beabsichtigt, weil diese nach der Planung Minna Spechts den Kontakt zur Siedlungsgemeinschaft entwickeln und am Aufbau einer Produktionsschule teilhaben sollten. Dank der Fürsprache der Quäker konnten Kindergarten und Schule mit achtzehn Kindern bzw. Jugendlichen und allen Erwachsenen[3] im Laufe des Jahres 1938 nach Wales emigrieren; elf Jugendliche fuhren übrigens gemeinsam mit Gustav Heckmann mit dem Fahrrad nach Esbjerg zur Fähre nach Harwich und dann weiter bis nach Cwmavon. Im ländlichen Llanfoist bei Abergavenny war ein Haus für die Arbeit mit den kleineren Kindern gefunden worden, wo es Charlotte Sonntag und Liselotte Wettig auch gelang, englische Kinder allerdings aus bürgerlichen Familien und nur tagsüber zu

---

2 Während der Zeit des dänischen Exils haben außer den bisher genannten die folgenden Frauen und Männer unterschiedlich lange in der Schule mitgearbeitet: Hedwig Urbann, Käthe Wengler, Lene Dutschke, Lola Reitz, Hans Lewinski, Martha Friedländer, Emmi Rase, Karl Lund, Anna Sörensen, Karen Skytte.

3 Es handelte sich hier um Gustav Heckmann, Hans Lewinski, Charlotte Sonntag, Minna Specht, Hedwig Urbann und Liselotte Wettig.

160

integrieren.[4] Im Gegensatz dazu erfüllten sich die Erwartungen an das Schulprojekt in Cwmavon überhaupt nicht, da hier politische Vorbehalte gegen die Deutschen und auch Aversionen unter den Kindern und Jugendlichen nicht ausgeräumt werden konnten und zudem nach wenigen Monaten die Finanzierung der Siedlungsgemeinschaft durch die englische Regierung aussetzt wurde, was zu deren Auflösung führte.

Minna Specht ergriff daraufhin erneut die Initiative und zwar die Gründung einer internationalen Schule, für die der Herrenhof Butcombe Court bei Bristol, Somerset, erstanden wurde. Beabsichtigt war die Erziehung und Unterrichtung von Kindern unterschiedlichster Nationalität und Herkunft und damit die Erprobung eines Modells zur Vorbereitung einer europäischen Gesellschaft nach dem Ende des Krieges.[5] Den "Grundstock" sollten die Kinder aus dem "White House" und dem "Llanfoist House" bilden, die im April bzw. Mai 1940 auf Butcombe Court einzogen, jedoch nur wenige Wochen bleiben konnten. Die weltgeschichtliche Entwicklung machte die schöne Utopie einer internationalen pädagogischen Gemeinschaft zunichte: Bereits nach dem Überfall Hitlers auf Polen und dem Kriegseintritt Großbritanniens verschärfte sich die Situation für die deutschen Emigrantinnen und Emigranten in der Form, daß politische Überprüfungen vor "Tribunals" stattfanden. Während das erste Verhör im November 1939 positiv ausging, erfolgte während des Westfeldzugs Hitlers eine zweite Vorladung im Juni 1940 mit dem Ergebnis, daß Minna Specht, Liselotte Wettig, Gustav Heckmann und Hans Lewinski als "enemy aliens" nach wochenlanger Inhaftierung im Londoner Frauengefängnis bzw. im Männergefängnis in Bristol auf der Isle of Man bzw. in Kanada interniert wurden.[6] Von der Stammbesetzung blieb lediglich Charlotte Sonntag von der Internierung verschont. Minna Specht hatte ihr die Verantwortung für die Schule übertragen; unterstützt wurde sie dabei von Ada Lessing, Eva von der Dunk sowie der Engländerin Lola Reitz. Butcombe Court wurde jedoch ständig durch Polizeistreifen und Hubschrauber observiert, weil der Verdacht bestand, daß das Haus einen unterirdischen Gang nach Bristol besitze, der zu Spionage-

---

4 Weitere Mitarbeiterinnen für eine gewisse Zeit waren Eva von der Dunk, Martha Friedländer, Ada Lessing und Lola Reitz.
5 Minna Specht: The Scheme for an International School. Unveröffentlichtes Typoskript. Cwmavon, o.J. (Ende 1939).
6 Gustav Heckmann und Hans Lewinski kamen nach einigen Monaten wieder zurück nach Großbritannien, weil sie sich als Freiwillige für das Pionierkorps zur Verfügung gestellt hatten. Minna Specht und Liselotte Wettig dagegen mußten über ein Jahr auf der Isle of Man bleiben, bis ihre Gegnerschaft zum Nationalsozialismus und ihre Loyalität mit den Alliierten bezeugt waren.

zwecken benutzt werden könnte; dieser Gang, den die Schulgemeinschaft damals nicht kannte, existierte tatsächlich (Gespräch mit Charlotte und Gustav Heckmann am 26.8.1988). Da die Küstengebiete zur "restricted area" erklärt wurden, in der der Aufenthalt aller Ausländer untersagt war, mußte die Schule schließen. Ein Teil der Kinder konnte gemeinsam mit Charlotte Sonntag während der Sommermonate in einem Garten von Quäker-Freunden zelten, dann fanden sie Aufnahme in einem Heim in Worcestershire oder bei Familien. Charlotte Sonntag erhielt das Angebot, als Assistentin in einem Heim für aus Südengland evakuierte, schwer erziehbare Kinder in der Nähe von Leeds zu arbeiten, blieb dort von 1941 bis 1943 und wurde dort bald vom Gesundheitsministerium als Leiterin des psychiatrischen Kinderheims eingesetzt. Über diese Arbeit berichtet sie in ihrem in diesem Buch erstmals veröffentlichten Text ausführlich.

Ein weiterer Versuch, das Schulexperiment fortzusetzen, wurde von Minna Specht nach ihrer Entlassung aus der Internierung nicht unternommen, vielmehr kam es ihr darauf an, Einfluß auf die bildungspolitischen Entwürfe für die Gestaltung der deutschen Nachkriegsgesellschaft zu gewinnen. Deshalb drängte Minna Specht auf die Anwesenheit der ISK-Mitglieder in London und ihre Mitarbeit bei der Entwicklung dieser Perspektiven, was für Charlotte Sonntag die Aufgabe ihrer Heimleitungstätigkeit bedeutete. Sie nahm zunächst die Arbeit in einem Kindergarten in London auf, konnte aber dann ihren Wunsch verwirklichen, sich zum "Psychiatric Social Worker" an der London School of Economics ausbilden zu lassen. In diese Zeit (1945) fiel auch die Eheschließung zwischen Charlotte Sonntag und Gustav Heckmann, die erleichert wurde, weil die während der Weimarer Republik von Leonard Nelson aufgestellten Forderungen der Ehe- und Kinderlosigkeit und des Verzichts auf persönliche Bindungen zugunsten einer Konzentration auf die politische Arbeit auf einer Sitzung des ISK in London 1939 oder 1940 aufgehoben worden waren (Gespräch mit Charlotte und Gustav Heckmann am 26.8.1988).

Nach dem Kriegsende konnte Minna Specht Butcombe Court unter großen Schwierigkeiten wieder in Besitz nehmen und das Haus für die Unterbringung von Kindern aus Konzentrationslagern und für europäische Kriegswaisen zur Verfügung stellen, die in den örtlichen Schulen unterrichtet werden sollten. Es kamen halbjüdische Kinder aus Theresienstadt in das von Charlotte Heckmann geleitete Haus.[7] Der finanzielle Träger war zunächst die Quäkerorganisation, ab 1947 das

---

7 Ihre Mitarbeiterinnen und Mitarbeiter waren Emmi Gleinig, Artur Levi, Eva Seligmann, Jeanne und Hans Lewinski, Irmgard und Dudley Paine, Hilde Kopp, Cynthia Rowland, die unterschiedlich lange blieben (vgl. Charlotte Heckmanns Brief an Erna Blencke vom 19.11.1975).

amerikanische Foster Parents Commitee, das die Kinder dann zum Teil in Heime des Komitees, zum Teil in Familien unterbrachte.[8] In dem gemeinsam mit Cynthia Rowland erstellten Bericht "Children from Theresienstadt" berichtete sie über die Probleme dieser Arbeit, die in der antisemitischen und nazistischen Prägung dieser Kinder und in der Überwindung des tiefen Mißtrauens gegenüber Erwachsenen lagen.

Minna Specht war inzwischen nach Deutschland zurückgekehrt und Leiterin der Odenwaldschule geworden. Bei den ersten Sondierungen über den Wiederaufbau der im Krieg zerstörten Walkemühle schlug sie Charlotte Heckmann als mögliche Leiterin einer dort zu errichtenden Kinderabteilung vor[9], aber alle Pläne zur Wiederbelebung dieser Schule mit einer offenen reformpädagogischen Konzeption wurden aus noch ungeklärten Gründen fallengelassen. Im November 1946 kam Charlotte Heckmann nach Deutschland zurück und baute in Hannover eine Erziehungsberatungsstelle der Arbeiterwohlfahrt auf, und Gustav Heckmann bekam 1946 eine Professur für Pädagogik und Philosophie an der Pädagogischen Hochschule Hannover.

ZUR AUSEINANDERSETZUNG CHARLOTTE HECKMANNS MIT DER PÄDAGOGIK UND PERSÖNLICHKEIT MINNA SPECHTS

Minna Specht war für Charlotte Heckmanns pädagogische Entwicklung während der dreizehn Jahre des Exils wichtig. Dabei war sie nicht nur Vorbild, sondern bot auch durch die Auseinandersetzung mit der von ihr vertretenen Pädagogik die Basis für die Ausprägung des spezifischen pädagogischen Profils Charlotte Heckmanns, das von Bruno Schonig in diesem Buch analysiert wird.

Unter den erzwungenen veränderten politischen und ökonomischen Verhältnissen des Exils bildete Minna Specht pädagogische Prinzipien aus, die der problematischen Situation der "entwurzelten" Kinder gerecht zu werden versuchten. Zunächst für die asylsuchenden Kinder, die schon in der Walkemühle erzogen worden waren, später auch für weitere Kinder von Emigrantinnen und Emigranten und im Widerstand Kämpfenden entwickelte sie ein Zusammenwirken der Grundsätze Einfachheit, Unabhängigkeit und Leben in der Gemeinschaft, um das

8   Brief Charlotte Heckmanns an Erna Blencke, 19.11.1975.
9   Brief Minna Spechts an Willi Schaper vom 2.5.1946.

Vertrauen in andere Menschen wiederzugewinnen und das Selbstvertrauen auszubilden[10]:

- Die Einfachheit der Umgebung hatte den Vorzug, daß die Kinder und die Erwachsenen ihre Lebensbedingungen gemeinsam gestalten mußten, so daß die Eingewöhnung in die neuen Verhältnisse als aktiver Prozeß geleistet wurde, als Beispiel nannte Minna Specht die gemeinsame Herrichtung der Häuser.

- Das Prinzip "Unabhängigkeit von der Tradition" drückt positiv aus, was erzwungenerweise für die Kinder Lebensrealität war, nämlich die Lösung vom Elternhaus, von Freunden, von ihren Heimatorten... Die Aufgabe war, die Wunden dieser Trennung zu erkennen, zu heilen und Ersatz zu schaffen für die erlittenen Verluste, z.B. Ferienreisen zu den Eltern, solange dies möglich war.

- Das Gemeinschaftsleben nahm einen wichtigen Stellenwert ein, das, wie schon in der Walkemühle erprobt, die gemeinsame Bewältigung des Alltagslebens und den Unterricht und die Erziehung umfaßte, aber unter den Bedingungen des Exils eine stärkere emotionale Bedeutung bekam: Die Schulgemeinschaft wurde zur Ersatzfamilie (vgl. auch Feidel-Mertz 1986, S.235).

Für den Unterricht konzipierte Minna Specht in Zusammenarbeit mit Gustav Heckmann aus den bei Nelson angedeuteten "natürlichen Entwicklungsstufen des menschlichen Geistes" (Nelson 1920, S.18ff.) eine altersstufenbezogene Didaktik, die Anschauung und Erfahrungen mit der die Schule umgebenden Umwelt zur Voraussetzung einer wissenschaftlichen Ausbildung mit mathematisch-naturwissenschaftlichem Schwerpunkt machte und schließlich die Auseinandersetzung mit philosophischen Fragen vorsah.[11] Die Entwicklung der Kindergartenpädagogik wurde durch Charlotte Sonntag bestimmt, denn auf diesem Gebiet hatte Minna Specht keine Erfahrung.

Minna Specht litt während der gesamten Exilzeit darunter, daß die gesellschaftliche Isolation der Schule nie wirklich aufgehoben werden konnte, auch wenn es an Versuchen nicht gefehlt hat, Kinder der Gastländer für die Schule zu gewinnen und Anschluß an die Arbeiterbewegung zu bekommen. Sie formulierte 1936 als Aufgabe der Emigrantenschule, die *"Kinder in ein solches Milieu zu bringen, wie*

---

10   Minna Specht: Education for Confidence. London 1944. Publiziert auf Deutsch unter dem Titel "Erziehung zum Selbstvertrauen", in: Hildegard Feidel-Mertz (Hg.): Schulen im Exil, (1993) S.92-103.

11   Minna Specht/Gustav Heckmann: Erziehungsplan für die Schule in Möllevangen. Unveröffentlichtes Typoskript. Möllevangen, Februar 1934. Zur Pädagogik im dänischen Exil siehe auch Birgit S. Nielsen: Erziehung zum Selbstvertrauen (1985).

es für den lebendigen Kontakt mit der Welt nötig ist."[12] Mit einem scharfen Seiten-
hieb auf bürgerliche Landerziehungsheime fügte sie hinzu: "Wir müssen die Gefahr umgehen, eine wohlangesehene, fortschrittliche Schule zu werden, in der
liberale Bürger ('Bürger!') ihre Kinder anmelden. Der Zugang zur Welt sollte der
zur Arbeiterklasse sein oder doch mindestens zu radikal eingestellten Menschen.
Eine dänische 'Odenwaldschule' zu werden genügt nicht."[13] Deshalb erhoffte sie
von dem Anschluß an das Quäker-Siedlungsprojekt arbeitsloser Bergarbeiter in
Süd-Wales die Integration ihrer Schule in einen sozialen und politischen Zusammenhang und die mögliche Realisierung einer Produktionsschule. Dies wurde
durch äußere politische Bedingungen ebenso verhindert wie auch die Umsetzung
ihrer Idee einer internationalen, sozialistischen Schule zu Beginn des 2. Weltkriegs.

In den pädagogisch-politischen Konzeptionen Minna Spechts während des Exils
und auch darüber hinaus spielten die folgenden methodischen, didaktischen und
inhaltlichen Aspekte eine bedeutende Rolle: die Entwicklung einer altersstufenbe-
zogenen Didaktik, der Vorrang der eigenen Erfahrung und der Selbsttätigkeit im
Lernprozeß, die Arbeit in Projekten, die praktische, handwerkliche Betätigung, das
sokratische Gespräch, d.h. der herrschaftsfreie Dialog der Auszubildenden untereinander und in Interaktion mit den Lehrkräften, als Möglichkeit des Erkenntnis-
gewinns und der Konfliktlösung, und die Auswahl von Themen, die sich zum
selbsttätigen Umgang und zum erfahrungsbezogenen Erkenntnisgewinn eigneten
und gesellschaftsrelevante Fragestellungen und die berufliche Orientierung ein-
schlossen. Somit charakterisieren *Anschauung, Selbsttätigkeit, Exemplarität und
politische Ausrichtung* die Pädagogik Minna Spechts. Von besonderer Wichtigkeit
für das Verständnis ihrer Pädagogik scheint mir die Tatsache, daß sie als Sozialistin jede politische Beeinflussung, Indoktrination, Verführung und Bevormundung
der Schülerinnen und Schüler ablehnte und die Überzeugung vertrat, daß Er-
kenntnisprozesse über gesellschaftliche Verhältnisse und philosophische Fragen
selbsttätig und eigenverantwortlich erfolgen müssen.

---

12 Minna Specht: Eine Schule in Wales. Die Situation unserer dänischen Schule. Unveröffent-
    lichtes Typoskript. S.3. Hervorhebung M.S.
13 ebda. S.3. Hervorhebung M.S. Die grundsätzliche Ablehnung der Odenwaldschule als Schule
    für Kinder liberaler Bürger hat Minna Specht jedoch nicht gehindert, 1946 als Leiterin an die-
    ses Landerziehungsheim zu gehen, aber diese Haltung hat wohl auch bewirkt, daß sie 1951
    die Odenwaldschule verließ, als sie die angestrebte soziale Öffnung nicht verwirklichen
    konnte.

Charlotte Sonntag nahm in dem Team der Pädagoginnen und Pädagogen in den Exilschulen eine Sonderposition ein, weil sie nicht durch die Walkemühle und die ISK-Arbeit in Deutschland geprägt war und durch die Arbeit mit den kleinsten Kindern einen größeren Freiraum brauchte. Sie setzte sich mit den Prinzipien der Pädagogik Minna Spechts intensiv auseinander, und ihre kritischen Nachfragen bezogen sich immer auf Situationen, Erlebnisse und Vorkommnisse, in denen Anspruch und Realität auseinanderklafften. Schon beim ersten Besuch in Möllevangen berührte sie die Frage der Toleranz, als von einem Schüler in herabsetzender Art über Religion gesprochen wurde.

In einer Pädagogik, die sich die Ausbildung des Charakters und die Entwicklung der Vernunft zum Ziel gesetzt hat, spielen Disziplin, Ordnung und Pflichterfüllung eine bedeutende Rolle. Für die Kinder und Erwachsenen galten strenge Richtlinien, die jedoch in der Arbeit mit den Kindergartenkindern nicht umsetzbar waren. Der Versuch Charlotte Sonntags, die an sie gestellten Anforderungen zu erfüllen, aber auch für die Kinder und ihre Bedürfnisse einzutreten, führte zu Problemen. Minna Specht hatte sie zu Beginn der Kindergartenarbeit veranlaßt, nach der Methode A.S. Neills in Summerhill vorzugehen. Erst durch das sich dadurch entwickelnde relativ ungebundene, nicht sehr disziplinierte Leben der Kinder bemerkte Minna Specht, daß die eher antiautoritäre Haltung im Widerspruch zu ihren pädagogischen Grundsätzen stand. Daraufhin forderte sie Charlotte Sonntag nach einem Zusammentreffen mit Maria Montessori auf, nach deren Methode zu arbeiten. Die Weigerung Charlotte Sonntags erregte ihr Mißfallen, führte aber dazu, daß eine produktive Auseinandersetzung über diese gegensätzlichen pädagogischen Ansätze erfolgte, über die Charlotte Heckmann schrieb:

"Sie (Minna Specht) schlug mir vor, gemeinsam die für die Arbeit unserer Schule wesentlichen Grundgedanken beider Methoden herauszuarbeiten. Das waren bei Neill: Vermeidung von Angst, Selbsttätigkeit, eigene Initiative, ein großes Maß an Freiheit. Bei Maria Montessori: vorsichtige, gezielte Lenkung, planmäßig und langsam wachsende, zu Disziplin erziehende Anforderungen. Durch diese Erkenntnisse hatte meine Arbeit, dank Minnas Initiative, eine Vertiefung erfahren." (Erinnerung an Minna Specht 1980, S.41f.)

Dieser Konflikt wirft ein Licht auf die Führungseigenschaften Minna Spechts: Nach den Aussagen Charlotte Heckmanns sah sie "die 'short-comings' (die Unzulänglichkeiten) unserer Gemeinschaft, die Schwächen der Erwachsenen" (ebd., S.39f.) und versuchte durch ihren Ideenreichtum Veränderungen zu initiieren, was aber oftmals zu widersprüchlichen, von spontanen Einfällen herrührenden Anweisungen führte, wie das Beispiel Neill/Montessori zeigt. Problematisch war auch der Versuch Minna Spechts, die Erziehung der Erwachsenen im Sinne der Nelson'schen Lehre weiterzuführen. Sie bemängelte vor allem die Anpassungsbereitschaft und die wenig ausgeprägte Neigung der einzelnen, sich selbst zu vernünftiger Selbstbestimmung zu erziehen:

"Ein gewisser Doktrinarismus gegenüber den bei uns als Normen anerkannten Urteilen, eine ängstliche Enge, nur ja nicht von ihnen abzuweichen, eine damit zusammenhängende Armut an schöpferischen eigenen Ideen und eine zu große Abhängigkeit von dem Urteil anderer Genossen, die eine gewisse Anerkennung genießen, kennzeichnet diese Situation. Freiheit, Mut, Initiative würden anzeigen, daß es mit der Selbstbestimmung besser stünde."[14]

Charlotte Heckmann glaubte, daß eine Ursache dafür und für die von Minna Specht kritisierte Langsamkeit oder Schwerfälligkeit ihrer Mitarbeiterinnen und Mitarbeiter in der Ungeduld, aber auch in der Sprunghaftigkeit Minna Spechts lag, die zur Unruhe und Unsicherheit bei Einzelnen davon Betroffenen führte. Ich denke, es könnte an dem Führungsstil und an der Autorität Minna Spechts gelegen haben, daß die Arbeit im Team nicht immer den hochgesetzten Erwartungen entsprach. Dabei war Minna Specht sensibel genug, Schwierigkeiten in der Zusammenarbeit auch auf eigene Unzulänglichkeiten zurückzuführen, wie es ein Brief an Charlotte Sonntag beweist[15]:

"Den ganzen Tag in der stillen Stimmung, die man Trauer, Wehmut oder Besinnung nennen kann; ich denke das dritte. Ich will nicht ungeduldig sein, aber ich fühle oft Angst, ob ich wirklich, ob wir alle das Maß an eisernem Fleiß angesetzt haben, durch das die Grenzen der Mittelmäßigkeit gesprengt werden können. Ich selber fühle mein Nachlassen, mein Michrechtfertigen, und wenn ich dann spüre, 'er' und 'er'[16] folgen nicht mit ganzem Verstehen und 'sie' kriegt ihr krauses Gesicht[17], dann kämpfe ich im Grunde gegen Tränen, gegen eine aufsteigende Trauer, die mich würgt. Ich bin Euch gar nicht überlegen, ich bin nur unter Nelsons starker Hand gewesen, wahrscheinlich mit viel größerer Angst, als 'sie' sie kennt. Und da bin ich nicht so sehr gewachsen. Nur ich habe gelernt, Furcht zu überwinden, ganz tief innen in mir. Nach solchem Tag werde ich dann still, als wenn die Natur mir helfen will." (Erinnerung an Minna Specht 1980, S.47)

Der in diesem Zusammenhang verfaßte Text Minna Spechts "Die Erziehung der

---

14 Minna Specht: Die Erziehung der Erzieher. Undatiertes Typoskript, S.3.
15 Brief Minna Spechts an Charlotte Sonntag, undatiert, nach Schätzung Gustav Heckmanns noch im dänischen Exil. Gustav Heckmann hat diesen Brief auf der Gedenkverstaltung zum 100. Geburtstag Minna Spechts verlesen und dabei die in dem Brief auftretenden Namen durch die Personalpronomen "er" und "sie" ersetzt.
16 Das sind nach Auskunft von Gustav Heckmann Liselotte Wettig und er gewesen.
17 Das bezog sich auf Charlotte Sonntag.

Erzieher" war für die Publikation in einer dänischen Zeitschrift vorgesehen. Der Einspruch Charlotte Sonntags bewirkte jedoch, daß Minna Specht beleidigt und vorwurfsvoll reagierte - "Charlotte hat es mir verboten!" -, aber auch daß er bis heute unveröffentlicht im Nachlaß Minna Spechts lag.[18] Es scheint eine Stärke Minna Spechts gewesen zu sein, daß sie berechtigte Kritik und Hinweise auf Verstöße gegen eigene Ansprüche annehmen konnte, und Charlotte Sonntag gehörte zu den wenigen, die sich getraut haben, sie darauf hinzuweisen und sie zu kritisieren. Besonders eindrucksvoll ist in diesem Zusammenhang das Einschreiten Charlotte Sonntags, als sie Zeugin einer ungerechten Behandlung einer Mitarbeiterin wurde. Sie stellte Minna Specht nach vielen Stunden des Unbehagens zur Rede und erhielt eine schroffe Abfuhr; aber Minna Specht hatte das Einfühlungsvermögen, sich noch in der gleichen Nacht dafür zu entschuldigen. Für Charlotte Heckmann hat dieser Zwischenfall bis heute eine immense Bedeutung:

"Dies war eines der stärksten, der tiefsten Erlebnisse, die ich als noch junger Mensch mit Minna hatte: Diese Fähigkeit, über den eigenen Schatten zu springen und damit sich selber und dem anderen zu helfen." (Erinnerung an Minna Specht 1980, S.38)

Sie waren eine Zeit lang gewissermaßen aufeinander angewiesen: Während Charlotte Sonntag die fachliche und persönliche Autorität Minna Spechts anerkannte, wurde sie für Minna Specht zum Korrektiv, wenn Lücken zwischen Ideal und Wirklichkeit entstanden waren.

Charlotte und Gustav Heckmann betonten in dem Gespräch mit mir, daß bei Minna Specht ein "ursprüngliches Bedürfnis, bilden zu wollen", vorhanden war, daß sie eine "ursprünglich pädagogische Natur" besaß. Ihr Unterricht hatte nach den Aussagen von Charlotte und Gustav Heckmann eine besondere Qualität, insbesondere der Geschichtsunterricht soll am eindrucksvollsten gewesen sein, selbst wenn nicht alles den Tatsachen entsprochen habe: "Wo ihre Kenntnisse lückenhaft waren, ergänzte sie das durch ihre schöpferische Phantasie." (Gustav Heckmann am 26.8.1988). Minna Specht hatte kühne Ideen, konnte Positives aus Menschen herausholen und wollte in jeder Gemeinschaft gestaltend wirken. Ihre Menschenkenntnis war allerdings nicht besonders ausgeprägt. Sie urteilte schnell über ihre Mitmenschen, war dabei oftmals zu vertrauensselig oder auch ablehnend und ungerecht. Sie hatte aber die Fähigkeit, Menschen aufzunehmen und

---

18   Der Text wird erstmals in diesem Buch veröffentlicht.

sofort eine anspruchsvolle Mitarbeit zu verlangen. Dabei war sie - zurecht - von ihrer Wirkung als Pädagogin überzeugt, aber "sie griff dann manchmal daneben", wie Charlotte Heckmann sich ausdrückte. Zum Beispiel erzählte Charlotte Heckmann die folgende kleine Geschichte: Die älteren Jugendlichen aus Theresienstadt rauchten und verstießen damit gegen eines der in ISK-Kreisen bestehenden Verbote. Als Minna Specht eines Tages zu Besuch kam, nahm sie sich sofort dieses Problems an und kam zuversichtlich von der Unterredung mit den Jugendlichen zurück. Es stellte sich heraus, daß sie ihnen Fahrräder versprochen hatte, wenn sie das Rauchen aufgeben würden. Der Haken bestand allerdings darin, daß es gar keine Aussichten auf die Anschaffung von Rädern gab.

Als Minna Specht 1943 Charlotte Sonntag zum Zwecke der politischen Arbeit nach London beorderte, hatte Charlotte Sonntag Bedenken, die Kinder im Stich zu lassen, und meinte, daß Minna Specht ihre pädagogische Arbeit in Nordengland nicht richtig einschätzte. Diese Meinungsverschiedenheit und die Tatsache, daß Charlotte und Gustav Heckmann nach der Rückkehr nach Deutschland in Hannover lebten, führten dazu, daß die Verbindung zu Minna Specht sich lockerte. Erst kurz vor dem Tode Minna Spechts war der Kontakt wieder der alte, als Charlotte Heckmann zwei Tage nach Bremen kam, wo Minna Specht die letzten Jahre ihres Lebens zusammen mit Grete Henry-Hermann lebte. Nach Auskunft Charlotte Heckmanns hat sie zu ihr gesagt: "Jetzt ist es genau wie früher. Jetzt sind wir uns wieder so nah gekommen!"

LITERATUR

Benz, Ute und Wolfgang (Hg.):
Sozialisation und Traumatisierung. Kinder in der Zeit des Nationalsozialismus. Frankfurt am Main 1992.

Distel, Barbara:
Kinder in Konzentrationslagern. In: Benz 1992, S.117-127.

Erinnerung an Minna Specht aus Anlaß ihres 100. Geburtstags am 22. Dezember 1979. Veranstaltung in Hannover am 19. Januar 1980. Hg. von der Philosophisch-Politischen Akademie. Frankfurt am Main 1980 (Gesprächsbeiträge von Karl-Heinz Bramson, Martha Damkowski, Fritz Eberhard, Sajero Gloger, Charlotte Heckmann, Gustav Heckmann und Susanne Miller).

Feidel-Mertz, Hildegard (Hg.):
Schulen im Exil. Die verdrängte Pädagogik nach 1933. Reinbek 1983.

Feidel-Mertz, Hildegard:
Schule im Exil - Bewahrung und Bewährung der Reformpädagogik. In: Röhrs, Hermann (Hg.): Die Schulen der Reformpädagogik heute. Düsseldorf 1986. S.233-239.

Franke, Holger:
Leonard Nelson. Ein biographischer Beitrag unter besonderer Berücksichtigung seiner rechts- und staatsphilosophischen Arbeiten. Ammersbek bei Hamburg 1991.

Hansen-Schaberg, Inge:
Minna Specht - Eine Sozialistin in der Landerziehungsheimbewegung (1918-1951). Untersuchung zur pädagogischen Biographie einer Reformpädagogin. Frankfurt am Main, Bern, New York, Paris 1992.

Heckmann, Gustav:
Leben ohne Gewalt - Elisabeth Rotten. In: Neue Sammlung, 4.Jg. (1964), S.490-500.

Heuberger, Georg:
Im Ghetto-Lager Theresienstadt. In: vom Bauhaus nach Terezin. Friedl Dicker-Brandeis und die Kinderzeichnungen aus dem Ghetto-Lager Theresienstadt. Hg. von Georg Heuberger, Jüdisches Museum Frankfurt. Frankfurt am Main 1991, S.47-54.

Heydorn, Heinz-Joachim (Hg.):
Leonard Nelson. Ausgewählte Schriften. Studienausgabe. Frankfurt am Main, Köln 1974.

Horster, Detlev/Krohn, Dieter (Hg.):
Vernunft, Ethik, Politik. Gustav Heckmann zum 85. Geburtstag. Hannover 1983.

Klär, Karl-Heinz:
Zwei Nelson-Bünde: Internationaler Jugendbund (IJB) und Internationaler Sozialistischer Kampfbund (ISK) im Licht neuer Quellen. In: IWK, 18.Jg. (1982), S.310-361.

Koerrenz, Ralf:
Hermann Lietz. Grenzgänger zwischen Theologie und Pädagogik. Eine Biographie. Frankfurt am Main, Bern, New York, Paris 1989.

Lemke-Müller, Sabine:
Ethischer Sozialismus und soziale Demokratie. Der politische Weg Willi Eichlers vom ISK zur SPD. Bonn 1988.

Link, Werner:
Die Geschichte des Internationalen Jugendbundes (IJB) und des Internationalen Sozialistischen Kampfbundes (ISK). Meisenheim/Glan 1964.

Nelson, Leonard:
Erziehung zum Führer. Leipzig 1920. Jetzt auch zugänglich in: Bernays, Paul/Eichler, Willi/Gynsin, Arnold/Heckmann, Gustav/Henry-Hermann, Grete/von Hippel, Fritz/Körner, Stephan/Kroebel, Werner/Weisser, Gerhard (Hg.): Leonard Nelson: Gesammelte Schriften (GS) in 9 Bänden. Hamburg 1970-1974, Bd.VIII, S.497-522.

Nelson, Leonard:
Über die Walkemühle. In: Die Tat. Monatsschrift für die Zukunft deutscher Kultur. 17.Jg., Heft 11, Feb. 1926, S.869. (In: GS, Bd.VIII, S.575-578)

Nielsen, Birgit S.:
Erziehung zum Selbstvertrauen. Ein sozialistischer Schulversuch im dänischen Exil 1933-1938. Vorwort von Hellmut Becker. Wuppertal 1985.

Ross, Carlo:
Im Vorhof der Hölle. Ein Buch gegen das Vergessen. Recklinghausen 1991.

Specht, Minna:
Gesinnungswandel. Die Erziehung der deutschen Jugend nach dem Weltkrieg. Hg. vom ISK. London 1943.

Specht, Minna:
Education for Confidence. London 1944. Publiziert auf Deutsch unter dem Titel "Erziehung zum Selbstvertrauen", in: Feidel-Mertz 1983, S.92-103.

Zander, Wolfgang:
Die traumatisierenden Einflüsse der NS-Zeit und des Zweiten Weltkrieges. In: Benz 1992, S.128-140.

Archivalien

Archiv der sozialen Demokratie, Bonn

Nachlaß Minna Specht:

Minna Specht/Gustav Heckmann:
Erziehungsplan für die Schule in Möllevangen. Möllevangen, Februar 1934.

Minna Specht:
Eine Schule in Wales. Die Situation unserer dänischen Schule. Unveröffentlichtes Typoskript. Östrupgård, 27.11.1936.

Minna Specht:
Die Erziehung der Erzieher. Typoskript. Ohne Ort, undatiert (dänisches Exil).

Minna Specht:
The Scheme for an International School. Unveröffentlichtes Typoskrikpt. Cwmavon, o.J. (Ende 1939).

Brief Charlotte Heckmanns an Erna Blencke, 19.11.1975.

Charlotte Heckmann:
Erinnerungen an die Schule in Dänemark. Undatiertes Typoskript.

Sammlung Arbeiterjugendbewegung in Kassel und Nordhessen. Im Besitz von Heide Andres-Müller, Kassel, und Hildegard Feidel-Mertz, Frankfurt am Main:

Brief Minna Spechts an Willi Schaper vom 2.5.1946.

Mündliche Quellen

Gespräch Inge Hansen-Schabergs mit Charlotte und Gustav Heckmann am 26.8.1988 in Hannover (unveröffentlichtes Tonband).

Gespräch Bruno Schonigs mit Charlotte Heckmann am 8.2.1994 in Hannover (unveröffentlichte Tonbandabschrift).

VERZEICHNIS DER ABBILDUNGEN

Alle Bilder aus Privatbesitz

ANHANG

ERINNERUNGEN AN CHARLOTTE HECKMANN

Nach seinem Gespräch mit Charlotte Heckmann regte Bruno Schonig an, das Buch durch Erinnerungen ehemaliger Schülerinnen und Schüler der Schule in Dänemark zu ergänzen. Ich habe daraufhin einige meiner früheren Schulkameraden gebeten, ihre Erinnerungen an Charlotte aufzuschreiben. Alle haben diesem Wunsch gern entsprochen. Auch ihnen herzlichen Dank dafür.

Nora Walter

Lisa Nowotny (geb. Walter)

MEINE WENIGEN ERINNERUNGEN AN CHARLOTTE
IN DÄNEMARK UND ENGLAND

Ob ich mich wirklich daran erinnere oder es nur durch eine Fotografie wachgerufen wurde, das kann ich beim besten Willen nicht beschwören, aber ich meine, mich an Charlottes Stimme und Einstellung den Kleinen gegenüber zu erinnern, die sie ja in Östrupgård in Dänemark im Kindergarten betreute: Wenn die was "ausgefressen" hatten, beugte sie sich zu ihnen 'runter, sah sie fest an und reagierte auf das Getane mit freundlicher, aber gleichzeitig keinen Zweifel an der Ernsthaftigkeit des Gesagten aufkommen lassender Stimme.

Die größte Freude und stärkste Erinnerung an Charlotte habe ich von einem Tanz, den sie uns - wahrscheinlich anläßlich des "Winterfestes" - bei Kerzenschein im Rittersaal von Östrupgård (Minna Spechts Zimmer, wo wir uns immer zur "Kapelle" versammelten) vorführte.

Ganz abgesehen von dem schönen Tanz, der mich beeindruckte, war dabei das, was mir am Besten in Erinnerung ist, das wunderbare rote zweiteilige Tanzkostüm, das sie selbst aus hunderten von Pailletten genäht hatte: Das Oberteil war ganz glatt gearbeitet mit schlichtem Halsausschnitt und langen, anliegenden Ärmeln. Dann kam ein "Naturgürtel" unterhalb der Brust, wo das Oberteil endete - also nackte Haut - und darunter ein bei Drehungen weit ausschweifender langer Rock - alles in roten Pailletten, in denen sich das Kerzenlicht spiegelte - herrlich! Das Kleid ist leider bei Bombenangriffen auf Bristol/England, wohin alle nicht unbedingt benötigten Sachen, Möbel und auch unser schöner Bechstein-Schulflügel ausgelagert waren, verbrannt. Zum 85. Geburtstag in diesem Jahr habe ich Charlotte auf einer Postkarte mit aufgeklebten roten Pailletten ihr damaliges Kleid nachgemacht, und sie hat mir bestätigt, daß es genau so ausgesehen habe.

Eine dritte, leider sehr traurige Erinnerung habe ich an Charlotte von 1940, als unsere Schule in Butcombe Court bei Bristol war und alle Lehrer und Lehrerinnen, inklusive der Leiterin, Minna Specht, interniert wurden, außer Charlotte. Plötzlich lag die ganze Verantwortung für die Kinder nur auf ihren Schultern. Aus irgendeinem Grunde suchte ich Charlotte und fand sie in Minnas großem Zimmer sitzend, den Kopf mit geschlossenen Augen auf die Hand gestützt. Sie lauschte am Grammophon Beethovens 5. Klavierkonzert, sicher um daraus Kraft zu schöpfen in schwerer Zeit. Ich schloß ganz leise wieder die Türe...

Kassel, 28.2.1994

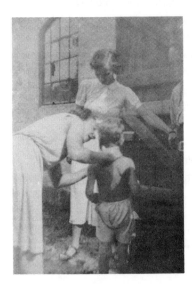

Ein ernstes Wort vor dem Kindergartenhaus

Veron Markos-Bugyil

CHARLOTTE - ERINNERUNGEN UND GEDANKEN

Bewunderung - Möllevangen

Vielleicht kommt sie zu uns. Die, zu uns in *unsere* Schule? Ausgeschlossen, die fällt ja ganz aus dem Rahmen, die ist doch ganz anders. Guck dir doch bloß schon mal diese Haare an: lange, gewellte Haare, wo wir doch alle kurze Haare haben, auch die Erwachsenen, und das ist auch richtig so. - Aber Charlotte war anders, ganz anders. Und nach der Kapelle tanzte sie. (Eine Ballett-Tänzerin in unserer Schule - das wird ja immer schöner!) Aber getanzt hat sie - wunderbar! Und so leicht und ganz barfuß, und gelacht hat sie dabei, als gehöre ihr die ganze Welt. Und ein Kleid hat sie angehabt aus *reinem* Gold - doch, das ist wahr, denn es hat gestrahlt wie die Sonne im Juli, so daß es ganz hell wurde in der Stube. Das Kleid war ein ganz kleines bißchen unanständig, denn zwischen dem Oberteil, das gerade noch die Rippen bedeckte, und dem Glockenrock war sie ganz nackt.

Später hat Charlotte erzählt, daß ich sie bei der Hand genommen und ihr gesagt hätte: "So, jetzt will ich dir etwas aus meiner Jugend erzählen." Aber ich erinnere mich ganz anders, ich habe ihr nämlich gesagt: "So, jetzt mußt du mir erst mal deine Lebensgeschichte erzählen." Und das ist wahr, denn sie tat das auch, und darum weiß ich, daß Charlotte schon als kleines Mädchen in die Ballettschule gehen mußte und oft bei Vorstellungen getanzt hat, weil sie damit nämlich Geld verdienen und ihrer Mutter helfen konnte. Und einmal hatte sie einen verletzten Fuß (*verstaucht*, das ist schlimmer als gebrochen) und tanzte aber ganz bis zum Ende der Vorstellung. Da war ich vielleicht verblüfft: "Aber hat denn das nicht furchtbar weh getan?", fragte ich. Charlotte lachte hell auf: "Natürlich hat das weh getan, was meinst du!" - "Aber warum hast du denn nicht aufgehört?" - "Vor dem Ende der Vorstellung kann man nicht aufhören, und außerdem brauchte meine Mutter das Geld."

Später gingen wir dann im Kreis herum und bewegten die Arme und sangen: "Nur vorwärts geht im Leben und nie einen Schritt zurück...". Das war ein Lied, das ihr Bruder Wolfgang selber komponiert hatte.

Trost - Östrupgård

Sie kam aber doch zu uns in die Schule - allerdings in den Kindergarten zu den ganz Kleinen. Da herrschte sie über eine Schar lärmender kleiner Kinder. Wie sie mit dieser Schar und dem entsetzlichen Lärm fertig wurde, ist mir immer ein Rätsel geblieben, aber sie wurde ganz schön damit fertig. Und manchmal war es ganz stille - nach dem Mittagessen nämlich, wenn die Kleinen schlafen mußten, und dann schlich ich hinunter zu ihr in die Küche und setzte mich auf die Apfelkiste und schüttete ihr mein Herz aus - wenn ich schlechter Laune war, weil mich jemand angeschnauzt hatte. Und sie hörte mir zu, mir ganz allein, von Anfang bis Ende, und dann hat sie mir erzählt, und dann wurde ich wieder guter Laune.

In der Zeit nach dem Brand in Östrupgård und bis wir in England in Butcombe Court wieder zusammen waren mit dem Kindergarten, haben wir uns nicht so oft getroffen.

Freundschaft - Butcombe Court und später

Butcombe Court war das gefundene Paradies, nicht nur, weil Haus, Garten und Park groß und wunderschön waren, sondern weil die Schule und der Kindergarten wieder zusammen waren. Die älteren Schüler waren zwar ausgeflogen, denn sie mußten ja arbeiten lernen, aber Butcombe Court war das Land der Hoffnung: Hier würde alles gut werden. Hier werden wir alles wieder schön zusammen aufbauen und unsere Studien und Arbeitspläne machen. Wie überall fing es natürlich mit Pflanzen und Wändemalen an, aber der Unterricht fing auch langsam an, und gemeinsame und individuelle Studienpläne, wie wir uns auf das Abitur (School certificate) vorbereiten wollten.

Eines schönen Junitages war alles aus: Die Erwachsenen waren nach Bristol zur Polizei zitiert worden. Als sie zurückkamen, sagte Minna: "Das Schlimmste ist passiert, ich bin verhaftet worden, die Schule muß geschlossen werden." - "Und was wird aus uns?" - und diesmal konnte sie nicht sagen, "Vielleicht gehen wir nach Dänemark..." - "Ich werde mit Bertha Bracey sprechen", sagte sie - und ging sich umkleiden.

Ein wunderbares Gefühl von Sicherheit spürten wir, als Charlotte wieder bei uns war und sich um uns kümmerte. Einige Tage lang waren wir allein gewesen mit zwei englischen Lehrern. Die waren zwar sehr nett, hatten aber keine Ahnung, wie man mit so einer Situation fertig wird. So wurden wir faul und ließen uns etwas gehen.

Aber nun war Charlotte wieder da, und so fühlten wir uns in Sicherheit. "Wir werden bis zum letzten Tag weiter genauso leben wie früher. Unterricht kann ich euch leider nicht geben, so werdet ihr selbständig studieren." Und wir lernten und machten unsere Haushaltspflichten, standen morgens pünktlich auf, führten ein geregeltes Leben, machten "Kapelle" und hörten viel Musik.

Charlotte erklärte uns, daß wir in Refugee Hostels gehen würden, sobald sie einen Platz für uns hätte. Sie sprach zu uns wie zu Freundinnen und nicht wie zu kleinen Kindern.

Da Charlotte als einzige der Lehrer nicht interniert worden war (warum, hat sie sicher schon erzählt), trug sie die ganze Verantwortung für uns - für die Schule - und mußte alles allein machen - und das war selbstverständlich! (Warum eigentlich?)

Mit dem ersten Hostel war sie gar nicht zufrieden, weil wir da nichts rechtes lernen würden, und so holte sie uns persönlich von dort weg und fand ein besseres (Lynwood Manor), wo wir Gärtnerei und Landwirtschaft lernen konnten.

Während dieser Zeit besuchte ich sie einmal in Yorkshire, wo sie "schwierige" Kinder betreute. Das war eine ganz rauhe Bande, die sich dauernd balgten und brüllten, im Kino auf und ab sprangen und sich mit allerlei Zeug bewarfen. Charlotte griff nur ein, wenn es zu wild wurde oder wenn eines der Kinder auf der Straße im Verkehr in Gefahr geraten konnte. "Sollen sie sich austoben. Diese Kinder haben noch nie ein normales, geregeltes Leben gekannt."

An eine Szene erinnere ich mich noch genau: Ein älteres, dickliches Mädchen saß auf einem Tisch und heulte. Charlotte stand vor ihr und hielt ihr beide Hände und sprach zu ihr, ruhig, freundlich, aber sehr streng. Ich weiß nicht mehr, was sie dem Mädchen sagte, noch warum das Mädchen heulte, das ist auch unwesentlich. Was wichtig war (ist), war Charlottes Stärke, ihre Sicherheit und ihre Geduld, die das Mädchen spürte und sie allmählich beruhigte: "Ich stehe dir bei, ich helfe dir, aber du mußt auch das Deine dazu tun."

An einem schönen Sommertag zeigte Charlotte uns ein Haus, wo wir vielleicht - einige von uns - mit den Birminghams zusammen leben und eine Quäkerschule besuchen könnten. Charlotte spürte noch immer die Verantwortung für die Schule auf ihren Schultern und wollte, wenn auch im kleinen Rahmen, diese Gemeinschaft wieder herstellen. - Dieser schöne Plan wurde leider nicht verwirklicht, weil wir die Erlaubnis dazu nicht bekamen. (Was wäre gewesen, wenn... Das ist eine ungarische Krankheit: Wir grübeln immer darüber nach, was gewesen wäre, wenn...)

Später - 1985 in Bonn bei Nora und Lisa - haben wir uns über diese Episode unterhalten. Ich wollte Charlotte damit überhaupt keine Vorwürfe machen, denn ich wußte ja, daß sie ihr Bestes für uns getan hatte, um diese Hoffnung zu erfüllen. Im Gegenteil wollte ich betonen, wie wichtig es für uns war, mit Charlotte und den Freunden zusammen zu leben, in einer Gemeinschaft, wie sie unsere Schule gewesen ist, diese Zusammengehörigkeit und diese Sicherheit zu spüren, die wir in unserer Schule gehabt hatten.

In England sah ich Charlotte zum letzten Mal mit Gustav in Butcombe Court, jung verheiratet und glücklich strahlend - wie sich das für jung verheiratete Leute gehört.

(Frühjahr 1994)

Thomas Kalischer

ERINNERUNG

Nora bat mich, ein paar Zeilen über irgendwelche Erinnerungen aufzuschreiben, die ich an Charlotte hätte. Das ist natürlich nicht leicht, denn ich war nur 13 3/4 Jahre alt, als ich sie zum ersten Mal in Östrupgård traf, und ich verließ unsere Schule dreieinhalb Jahre später. Es war wohl, nachdem ich mich ein bißchen eingewöhnt hatte und durch die Freundlichkeit der Lehrer und die Freundschaft, die mir die Schüler entgegenbrachten, zu Hause fühlte, daß ich erstmals den Kindergarten entdeckte mit den sehr jungen Kindern, die "die Flöhe" genannt wurden. Die fröhliche Atmosphäre, die Wärme und Liebe, die man da spürte, hatte, so glaube ich, Charlotte geschaffen. Ich erinnere mich an sie in jenen Tagen als an eine junge, charmante, sehr energische und sympathische Person, die einem gerade in die Augen blickte und einen sofort einzuschätzen wußte. Diese Gabe schuf ein Gefühl von Vertrauen und Freundschaft. Ich bin sicher, sie erkannte (obwohl sie nie davon sprach) die sich entwickelnden Persönlichkeiten ihrer jungen Schützlinge, und konnte sie dann behutsam lenken und beeinflussen.

Nach meiner Erinnerung gab es oft idyllische Anblicke; kleine, fröhliche Kinder genossen im Garten den warmen Sonnenschein und die Tiere, zu denen die kleine Ziege namens Meckerle gehörte. Bei einer Gelegenheit - so schrieb ich viele Jahre später an Gustav - organisierte Charlotte mit den Kindern eine Wanderung in zügigem Tempo durch die Natur, wobei "Das Wandern ist des Müllers Lust" gesungen wurde, ein Volkslied, dessen Refrain endlos ausgedehnt wurde.

Ein andermal waren alle Kinder zusammengekommen, um irgendetwas zu feiern. Während Musik gespielt wurde, tanzten Charlottes "Flöhe" (das ist nicht abschätzig zu verstehen!) ganz spontan und hübsch zu der Musik. Als Musik und Tanz beendet waren, klatschten wir, aber Charlotte winkte ab - aus guten Gründen, nehme ich an.

Ihre Kinder waren zu jung, um schon Unterricht zu haben, aber sie betätigten sich kreativ. An einem Sommerabend hatten die kleinen Kinder bunte Laternen gemacht. Nach dem Abendessen gingen wir zu ihnen. Sie steckten die Laternen an und sangen: "Laterne, Laterne, Sonne, Mond und Sterne" usw. Das schuf ein Gefühl der Innigkeit, und wir gingen alle fröhlich zu Bett. Wenn mein Gedächtnis mich nicht täuscht, war es gerade in jener Nacht, daß es in der Schule brannte. Das begann auf dem Heuboden; die sehr heiße Sonne, die auf das kleine Dachfenster schien, hatte das feuchte Heu entzündet.

Außer in Llanfoist in Südwales (wo der Kindergarten nach dem Umzug nach Großbritannien zunächst untergebracht war. N.W.) habe ich Charlotte dann, soweit ich mich erinnere, nur noch bei einem Sommerkursus während des Krieges getroffen; ich glaube, er war von der S.V.G. organisiert (S.V.G. = Socialist Vanguard Group, der britische Zweig der politischen Organisation ISK, der sich die Lehrer der Schule verbunden fühlten. N.W.). Das war, ehe sie Gustav Heckmann heiratete. Um zur Tagungsstätte zu kommen, mußte man vom Bahnhof eine Stunde auf der Landstraße gehen. Ich pfiff während des Weges eine fröhliche Melodie, und Charlotte, die schon da war, amüsierte sich, als sie mich kommen hörte, und bot mir ein sympathisch lächelndes Willkommen.

Viele der Teilnehmer an dem Sommerkurs waren Intellektuelle, und in den Gesprächen wurden Gedanken über ein gerechteres und anständigeres Großbritannien und ein friedliches Europa nach dem Kriege besprochen, Gedanken der Gerechtigkeit, die sich auf philosophische Überlegungen gründen. Viele, viele Jahre später hat mich Charlotte auf die Bedeutung dieser Idee der Gerechtigkeit hingewiesen, auf die Bedeutung haltbarer Prinzipien für die Lösung der vielen Probleme, die die Menschheit bedrücken.

Mai 1994

(Aus dem Englischen übersetzt von Nora Walter)

DATEN ZUM LEBEN VON CHARLOTTE HECKMANN

1909	als Charlotte Sonntag geboren.
1931-1933	Ausbildung zur Sozialarbeiterin in Dresden-Hellerau.
1933	Emigration nach Dänemark. Verantwortlich für den Kindergarten in den von Minna Specht begründeten und gemeinsam mit Gustav Heckmann geleiteten Nachfolge-Schulen der Walkemühle in Dänemark.
1938	Umzug mit den Schülerinnen und Schülern nach Llanfoist bei Abergavenny/Wales.
1940	Umzug mit den Kindern nach Butcombe Court bei Bristol/Somerset. Internierung der meisten Lehrer.
1941-1943	Leitung eines englischen psychiatrischen Kinderheims für "milieugestörte" Kinder in Pool-in-Wharfdale und Burley/Nordengland. Ausbildung zur Psychiatric Social Worker an der London School of Economics.
1945	Heirat mit Gustav Heckmann.
1945-1946	Leitung eines Heims für "halbjüdische" Kinder aus dem ehemaligen Konzentrationslager Theresienstadt in Butcombe Court bei Bristol.
1946	Rückkehr nach Deutschland. Aufbau einer Erziehungsberatungsstelle der Arbeiterwohlfahrt in Hannover.
1950	Geburt des Sohnes Peter.
1975-1986	Leitung eines Volkshochschulkurses für Frauen mit dem Ziel, Frauen zum Diskutieren anzuregen.

Lebt heute mit Gustav Heckmann in Hannover.

Charlotte und Gustav Heckmann 1984

Minna Specht

DIE ERZIEHUNG DER ERZIEHER

Der Gedanke, den Text von Minna Specht "Die Erziehung der Erzieher" in den Anhang dieses Buches aufzunehmen, tauchte erst gegen Ende von dessen redaktioneller Bearbeitung auf. Als Charlotte Heckmann ihn jetzt, Jahrzehnte nachdem ihr der Gedanke "Erziehung der Erzieher" begegnet war, las, war sie ganz sicher, daß ihr Minna Specht seinerzeit nicht den ganzen Artikel vorgelesen oder gezeigt, sondern nur mit ihr darüber gesprochen hatte. Daß Erwachsene nur ein Recht hätten, Kinder zu erziehen, wenn sie auch selber erzogen würden, leuchtete Charlotte Sonntag unmittelbar ein.

Der Artikel sollte damals an das dänische Vorstandsmitglied der Schule, Dörte Gregersen, nach Kopenhagen geschickt werden, und Charlotte Sonntag faßte das so auf, daß damit über das, was in der Schule getan wird, berichtet würde. - Als Minna Specht - aus welchen Gründen immer - ihr sagte, sie hätte die Erziehung der Erzieher aufgegeben, hätte Charlotte Sonntag daher eine Inkonsequenz darin gesehen, einen solchen "Bericht" weiterzugeben, und sagte Minna Specht das auch. Über die Gründe für deren "Überreaktion" auf diesen Einwand kann allenfalls spekuliert werden.

Der Inhalt des Artikels ist indes so interessant, daß seine erstmalige Veröffentlichung in diesem Zusammenhang gerechtfertigt erscheint. Auch Charlotte Heckmann begrüßt diese Möglichkeit.

Nora Walter

Das Problem, den Erzieher zu erziehen, ist für mich aus der Frage entstanden, mit welchem Recht erziehen wir Kinder, wenn wir selber, unvollkommene, unerzogene Menschen, uns den Eingriffen entziehen, denen wir die Kinder täglich aussetzen? Ferner bedrängt mich die Sorge, daß wir als Erzieher vergessen, wie das Erzogenwerden auf den Menschen wirkt. Wenn ich mir klar mache, wie oft am Tag an ein Kind Vorschläge, Ermahnungen, Hinweise ergehen, und ich mir denke, ich sollte auch nur annähernd so oft kritisiert, ja auch nur fühlbar beobachtet werden, wie das an Kindern geschieht, so revoltieren meine Nerven bereits bei der bloßen Vorstellung.

Daß die Aufgabe unterbleibt, hat mannigfache Ursachen. Ohne eine systematische Aufstellung zu geben, nenne ich die Gründe, die mir aufgrund längerer Erfahrung gegenüber dem Versuch, es mit der Erziehung der Erwachsenen ernst zu nehmen, häufig vorgebracht worden sind. Ich meine, daß diese Gründe, wenn sie stichhaltig wären, in den meisten Fällen auch für die Kinder geltend gemacht werden könnten.

Ich nenne vorweg den Grund, der sehr selten genannt wird; der, daß Erziehung der Erwachsenen *überflüssig* sei. Es gibt wohl keinen Erwachsenen, der sich für erzogen hält. Aber daneben steht nun gleich das Argument, das mehr Anhänger hat als das zuerst genannte: Es sei *aussichtslos*, den mißlungenen Versuch der Kinderzeit weiter fortzusetzen, zumal die Schwächen inzwischen zu Gewohnheiten erstarrt seien, denen keine Elastizität, sie noch auszumerzen, gegenüberstehe. Nun können wir zugeben, daß Gewohnheiten bei zunehmendem Alter eine Rolle spielen. Die Anstrengung, sie loszuwerden, ist also erheblicher als beim Kind. Aber dem Erwachsenen steht eine Kraft zur Aufbietung von Anstrengungen zur Seite, die dem Kind weit weniger hilft: Das Kind kann die Tragweite seiner Schwächen nicht in dem Maße bewerten, wie es dem Erwachsenen möglich ist; es steht ihnen also unbefangener, und vom Standpunkt der Initiative aus, hilfloser gegenüber. Obendrein ist die Ansicht, daß unsere Schwächen und Bosheiten die Form der Gewohnheit angenommen hätten, vielfach eine faule Ausrede, da sehr oft ein deutlicher Entschluß der wenig moralischen Handlung vorausgeht.

Dazu kommt ein Einwand, der manches für sich hat, freilich darum auch für Kinder gelten kann. Man sollte ein an sich schweres Leben nicht noch durch mehr oder minder *täppische Erziehungsversuche* noch unerträglicher machen. Gewiß ist das Leben vieler Kinder nicht so schwer wie das vieler Erwachsener. (Mehr läßt sich bei dieser Vergleichung nicht zugunsten der Erwachsenen behaupten.) Aber das Leben des gesunden Kindes pflegt ausgefüllt zu sein von seinen Interessen; dieses Leben wird durch Eingriffe, gegen die es sich obendrein schlechter wehren kann, als ein Großer (wir wollen nur denken an den Schulzwang, an die Reinlichkeitsgebräuche usw.), mindestens so gestört wie bei dem Erwachsenen, der Täppischkeit obendrein mit dem Bild vom süßen Kern in rauher Schale abreagieren kann. Hierzu ließe sich noch vieles sagen, was zunächst die Aufgabe des Erziehers gegenüber Kindern leichter zu machen scheint, vor allem die große Liebe zum jungen Menschen, die die Gefahr der Täppischkeit vermindert. Aber diese Gedanken sind noch nicht hinreichend geordnet bei mir.

Zu dem Argument, *das Ansehen des Erziehers leide*, wenn die Kinder sehen, daß es bei den Erwachsenen offensichtlich noch hapert, läßt sich nur sagen, daß dieses Ansehen nicht genug geschwächt werden kann in seiner inneren Verlogenheit.

Wer die Haltlosigkeit solcher Argumente erkennt und trotzdem sich nicht zum Erziehen seiner Kameraden entschließt - aus Schwäche, weil er sich selber zu unvollkommen dünkt, weil er keine Übung besitzt oder welche Gründe er sonst hat - gerät als gerechtdenkender Mensch dahin, nun auch das Erziehen der Kinder zu lassen und sich aufs Unterrichten und einen freundlichen Umgang mit ihnen zu beschränken. So motiviert, sicher die sympathischste Form der Resignation.

Nur wollen wir hier in unserer Schule dann unsere Denkschriften kassieren samt den Büchern, aus denen wir unsere Denkschriften mit Grundsätzen über Erziehung ausstaffiert haben.

Ich will nun noch den Versuch machen zu zeigen, worin sich der Mangel an Erziehung in unserem engeren Kreis zeigt. Sicher am allerwenigsten an so groben Affären wie Faulheit, Grobheit, Unzufriedenheit, Egoismus. Überhaupt nicht auf dem Gebiet, das man so gewöhnlich als Pflichttreue bezeichnet, worunter man meint, daß dem Lehrer eine Reihe von Aufgaben vorliegen, die er gewissenhaft zu erfüllen hätte. Die Schwäche in unsrem Kreis liegt weder hier, noch in dem Mangel an Bereitschaft, ein Leben unter gewissen Opfern auf sich zu nehmen. Weit mehr findet sie sich in dem Punkt, den wir vernünftige Selbstbestimmung nennen, in diesem Punkt besser als freie Selbstbestimmung bezeichnet. Ein gewisser Doktrinarismus gegenüber den bei uns als Normen anerkannten Urteilen, eine ängstliche Enge, nur ja nicht von ihnen abzuweichen, eine damit zusammenhängende Armut an schöpferischen eigenen Ideen und eine zu große Abhängigkeit von dem Urteil anderer Genossen, die eine gewisse Anerkennung genießen, kennzeichnet die Situation. Freiheit, Mut, Initiative würden anzeigen, daß es mit der Selbstbestimmung besser stünde.

Was können wir hier tun?

Zunächst, uns diesen Zustand einzugestehen und ihm Verständnis entgegenzubringen. Denn das Gefühl mit sich herumzuschleppen, daß man unfrei sei, hilft an sich gewiß nicht aus der Klemme. Aber wir können sicher mehr tun. Ich glaube, daß es gut ist, dem Kameraden, der noch nicht hinreichende Selbsttätigkeit erworben hat, weitgehend - und d.h. soweit es seine Kräfte vertragen - auf sich selber zu stellen, ja, ihn im Stich zu lassen. Was heißt das, im Stich lassen? Ihm nicht immer Anregungen zu geben, ihn nicht zu erinnern, ihn nicht während einer Arbeit zu stützen, sondern ihn seine Sache ruhig zu Ende wursteln zu lassen, selbst wenn man sieht, er kommt nicht damit durch. Ihm also *nach* der Erfahrung die Kritik zu sagen, ihn mit den Konsequenzen seiner Verträumtheit - oder wie man seine Unfähigkeit im einzelnen nennen mag - bekannt zu machen. Bei dieser Methode muß er natürlich zugleich wissen, daß er das Recht hat, Fehler zu machen, wenn er auf eigene Verantwortung handelt.

Ferner ist es wichtig, daß der Lehrer Gelegenheit hat, Mut, Initiative zu *zeigen*, indem er Muße hat, mindestens das Maß an Selbsttätigkeit im Erwerb *neuer* Kenntnisse, Fertigkeiten, Einsichten zu erwerben wie seine Schüler. Muße - keine Muße, die ihm die Schulleitung gewährt, sondern die er sich verschafft; auch keine, die in vielen Freistunden glücklich da ist, sondern eine, die er sich während seines Unterrichtens nimmt und die eine wohltätige Atmosphäre schafft für alle, die dann mit solch einem forschenden, experimentierenden Menschen zusammen sind.

Sehr wichtig ist die Herstellung eines engen Kontaktes unter den Mitarbeitern, die es ihnen selbstverständlich macht, von den eigenen Schwierigkeiten zu sprechen. Es vergehen bisher oft Wochen, in denen man keine Vorstellung davon hat, was der andere eigentlich treibt, womit er sich herumquält, welche Erfolge ihn erfreuen. Jeder murkst allein, mit der Entschuldigung, daß die eigenen Angelegenheiten den anderen ja nicht interessieren könnten. Rechenschaft zu geben, nicht durch die für Behörden hergerichteten Pensenbücher, auch nicht nur durch Tagebücher, die in verschlossenen Schubladen liegen, sondern Rechenschaft vor allem vor den Kindern, aber auch vor den Erwachsenen, über Ziele, Wünsche, Niederlagen und Errungenschaften. Daran kann sich dann überhaupt erst die Möglichkeit anschließen, gemeinsam zu *arbeiten*, dem anderen was abzunehmen und sich selber helfen lassen.

Zum Schluß will ich andeuten, ob ich glaube, mit dem Erziehen einmal am Ende zu sein. Ich glaube es eigentlich nicht. Aber ich meine, daß das Erziehen vor anderen Betätigungen menschlicher Gemeinschaft zurücktreten kann, wenn ein Mensch und sein Tun den Eindruck hinterläßt, daß er sich in seinem Leben von der Liebe zum Recht leiten läßt, daß er selber über dieses Verhältnis wacht, daß seine Neigungen in Verbindung mit Ideen stehen und die Abhängigkeit von Umständen, insbesondere dem Urteil anderer Menschen, sein eigenes Urteil und seine Willenskraft nicht schwächen.

Inge Hansen-Schaberg

AUSWAHLBIBLIOGRAPHIE

---

1. Auswahl zugänglicher Texte Minna Spechts

Minna Specht:
Hermann Lietz. Gedächtnisrede gehalten am 10.10.1919 auf dem ersten Bundestag des Internationalen Jugend-Bundes. Leipzig 1920. Jetzt zugänglich in: Kutzer, Elisabeth (Hg.): Hermann Lietz - Zeugnisse seiner Zeitgenossen. Stuttgart 1968. S.121-138.

Minna Specht:
Gesinnungswandel. Die Erziehung der deutschen Jugend nach dem Weltkrieg. Hg. vom ISK. London 1943. Englische Fassung: Education in Post-War Germany. London 1944.

Minna Specht:
Education for Confidence. A School in Exile. In: Children's Communities - Experiments in Democratic Living. Hg. von der New Education Fellowship. London 1944. S.20-28. Jetzt in deutscher Übersetzung von Jürgen P. Krause: Erziehung zum Selbstvertrauen. Eine Schule im Exil. In: Feidel-Mertz, Hildegard (Hg.): Schulen im Exil. Reinbek 1983. S.92-103.

Minna Specht:
Bericht und Pläne für das Landerziehungsheim Odenwaldschule bei Heppenheim an der Bergstraße, Großhessen, vom 2.1.1947. Nachlaß Minna Specht, AdsD. Zugänglich in: OSO-Heft 9/1985. Sonderheft zum Fest des 75jährigen Jubiläums. S.67-74.

Minna Specht:
Die Odenwaldschule. In: Die Genossin. November 1948. S.162-163.

Minna Specht:
Vom Mut zur Stoffbeschränkung. In: Hessische Beiträge zur Schulreform. Heft 2. Wiesbaden 1949. S.3-13.

Minna Specht:
Sozialismus als Lebenshaltung und Erziehungsaufgabe. Rede am 20.10.1951 auf der SPD-Frauenkonferenz in Fulda. Villingen 1951.

Minna Specht:
Die pädagogische Aufgabe des Geschichtsunterrichts. In: Geschichtsunterricht in unserer Zeit. Grundlagen und Methoden. (Hg. AG Deutscher Lehrerverbände und GEW). Braunschweig 1951. S.29-34.

Minna Specht:
Landerziehungsheime in Deutschland. Geschichte und heutige Situation. In: Atlantis (Freiburg). 25.Jg., 9/1953. S.406-408.

Minna Specht:
Die Schülermitverantwortung in Landerziehungsheimen. In: Schwalbacher Blätter. 25/1955. Jetzt zugänglich in: Gruppenpädagogik: Auswahl aus den Schwalbacher Blättern 1949-1959. Wiesbaden-Biebrich 1959. S.169-173,

Minna Specht:
Stadtrandschule und Landerziehungsheime. In: Die Sammlung. 11.Jg. (1956). S.192-195. Auch in: Klinger, Karlheinz/Rutz, Georg (Hg.): Die Tagesheimschule. Grundlagen und Erfahrungen. Frankfurt am Main, Berlin, Bonn 1964. S.23-25.

Minna Specht:
Geist und Tat in der Schule. In: Geist und Tat. 12.Jg., 1/1957. S.8-10.

Minna Specht:
Modellschulen - ein Schritt zur Bildungsreform. In: Geist und Tat. 12.Jg., 6/1957. S.203-206.

Minna Specht:
Pädagogin und Schulreformerin. In: Frauen machen Politik. Schriftenreihe für Frauenfragen Nr.4. Hg. vom Vorstand der SPD. Bonn 1958. S.5-8. Jetzt zugänglich unter dem Titel: Minna Specht über sich selbst. In: Becker, Hellmut/Eichler, Willi/Heckmann, Gustav (Hg.): Erziehung und Politik. Minna Specht zu ihrem 80. Geburtstag. Frankfurt am Main 1960. S.369-374.

2. Wissenschaftliche Darstellungen über Minna Specht

Hansen-Schaberg, Inge:
Minna Specht - Eine Sozialistin in der Landerziehungsheimbewegung (1918 bis 1951). Untersuchung zur pädagogischen Biographie einer Reformpädagogin. Frankfurt am Main, Bern, New York, Paris 1992.

Hansen-Schaberg, Inge:
Die erlebnis- und erfahrungsbezogene Pädagogik Minna Spechts. In der Schriftenreihe "Wegbereiter der modernen Erlebnispädagogik", Heft 31, Lüneburg 1992.

Hansen-Schaberg, Inge:
Konstruktive Toleranz für das Leben in der Gemeinschaft - Notizen über die Pädagogin Minna Specht (1879-1961). In: "Deutsche Lehrerzeitung", 39.Jg. Nr.49/1992, S.11.

Hansen-Schaberg, Inge:
Minna Spechts Pädagogik im Exil (1933 bis 1945). In: Lehmann, Monika/Schnorbach, Hermann (Hg.): Aufklärung als Lernprozeß. Festschrift für Hildegard Feidel-Mertz. dipa-Verlag. Frankfurt am Main 1992, S.120-128.

Hansen-Schaberg, Inge:
"Lehrjahre" in Göttingen: Die politische Pädagogin Minna Specht 1879-1961. In: Weber-Reich, Traudel (Hg.): "Des Kennenlernens wert". Bedeutende Frauen Göttingens. Göttingen 1993, S.212-226.

Hansen-Schaberg, Inge:
Die Pädagogin und Sozialistin Minna Specht. In: OSO-Hefte Neue Folge: 15/1993, S.138-148.

Hansen-Schaberg, Inge:
Rückkehr und Neuanfang. Die Wirkungsmöglichkeiten der Reformpädagoginnen Olga Essig, Katharina Petersen, Anna Siemsen und Minna Specht im westlichen Deutschland der Nachkriegszeit. In: Jahrbuch für Historische Bildungsforschung, Bd. 1. Hg. von der Historischen Kommission der Deutschen Gesellschaft für Erziehungswissenschaft, Weinheim 1993. S.319-338.

Hansen-Schaberg, Inge:
Europäische Erziehung im Exil am Beispiel der Pädagogik Minna Spechts. In: K.F. Wessel/W. Ebert/G. Eggers/C. Lost (Hg.): Lebensbildung in Europa zwischen Utopie und Wirklichkeit. Bielefeld 1994, S.241-245.

Hansen-Schaberg, Inge:
Minna Specht - Gedanken zum Leben und Werk einer außergewöhnlichen Reformpädagogin. Pädagogisches Forum (im Druck).

Hansen-Schaberg, Inge/Lost, Christine:
Minna Specht (1879-1961): Reformpädagogin und Sozialistin. Zur Geschichte doppelter Verdrängung und vertaner Chancen. In: Pehnke, Andreas (Hg.): Ein Plädoyer für unser reformpädagogisches Erbe. Neuwied 1992, S.151-163.

Hansen-Schaberg, Inge/Lost, Christine:
Pädagogik in Europa - das Beispiel Minna Specht (1879-1961). Beitrag auf der Tagung der Gesellschaft für Exilforschung in Luxemburg im März 1992. "In: Galerie", 10.Jg., 3/1992, Luxemburg, S.384-394.

Hansen-Schaberg, Inge/Lost, Christine:
Minna Specht (1879-1961): Reformpädagogische Konzepte im internationalen Kontext. In: Neue Sammlung 33.Jg. 1/1993, S.141-152.

Harder-Ersdorff, Elisabeth:
Minna Specht. Sozialismus als Lebenshaltung und Erziehungsaufgabe. In: Brehmer, Ilse (Hg.): Mütterlichkeit als Profession. Pfaffenweiler 1990, S.165-174.

Heydorn, Irmgard:
Minna Specht - ein Leben im Dienst der Erziehung des Menschen. In: Lehmann, Monika/Schnorbach, Hermann (Hg.): Aufklärung als Lernprozeß. Festschrift für Hildegard Feidel-Mertz. dipa-Verlag. Frankfurt am Main 1993, S.138-149.

Lost, Christine:
Zu einem unveröffentlichten Tagebuch von Minna Specht (1879-1961). In: Beiträge zur Allgemeinen Pädagogik 2/3/1989. Hg. von der Akademie der Pädagogischen Wissenschaften der DDR, Institut für Theorie und Geschichte der Pädagogik. Berlin 1989. S.86-94.

Lost, Christine:
Das Moskauer Tagebuch. Minna Specht im Jahre 1927. In: Lehmann, Monika/Schnorbach, Hermann (Hg.): Aufklärung als Lernprozeß. Festschrift für Hildegard Feidel-Mertz. dipa-Verlag. Frankfurt am Main 1992, S.205-216.

Lost, Christine:
Mitteilungen zu Minna Specht: Moskauer Tagebuch 1927. In: OSO-Hefte Neue Folge: 15/1993, S.149-162.

Lost, Christine:
Erlebnispädagogik und Emigration. Von J.A. Comenius bis Minna Specht. Wegbereiter der modernen Erlebnispädagogik, Heft 36. Lüneburg 1993.

Lost, Falk:
Sie hätte den Südpol entdecken können. Notizen zur Reformpädagogin Minna Specht (1879-1961). In: Deutsche Lehrerzeitung (Berlin) 37.Jg., Nr.46/1990. Plus Nr.9. S.4 (1. Teil) und Nr.50/1990. Plus Nr.10. S.4 (2. Teil).

Ludwig, Harald:
Theorie und Praxis des Landerziehungsheims und der Ganztagsschule bei Leonard Nelson und Minna Specht. In: Ludwig, Harald: Entstehung und Entwicklung der modernen Ganztagsschule in Deutschland, Bd. 1. Köln, Weimar, Wien 1993, S.177-210.

3. Minna Specht: Festschriften, Nachrufe und Erinnerungen

Becker, Hellmut/Eichler, Willi/Heckmann, Gustav (Hg.):
Erziehung und Politik. Minna Specht zu ihrem 80. Geburtstag. Frankfurt am Main 1960.

Begegnungen mit Minna Specht. Beiträge von Erna Blencke, Irmgard Heydorn, Margarete Peschel, Otto Peschel. In: OSO-Heft. Neue Folge 7/1983. S.5-22.

Eichler, Willi:
Politische Bildung und Erziehung. Minna Specht zum 70. In: Geist und Tat. 4.Jg., 12/1949, S.547-550.

Eichler, Willi:
Der handelnde Mensch. Minna Specht zum 75. In: Geist und Tat. 9.Jg., 12/1954. S.382-383.

Eichler, Willi:
Minna Specht zum Gedächtnis. Rede anläßlich der Trauerfeier. In: Geist und Tat, 16.Jg., 3/1961. S.86-88.

Eichler, Willi:
Sozialisten. Biographische Aufsätze über Karl Marx, Leonard Nelson, Friedrich Ebert, Edo Fimmen, Minna Specht, Kurt Schumacher, Erich Ollenhauer. Bonn-Bad Godesberg 1972.

Erinnerung an Minna Specht aus Anlaß ihres 100. Geburtstages am 22. Dezember 1979. Veranstaltung in Hannover am 19. Januar 1980. Hg. von der Philosophisch-Politischen Akademie. Frankfurt am Main 1980 (Gesprächsbeiträge von Karl-Heinz Bramson, Martha Damkowski, Fritz Eberhard, Sajero Gloger, Charlotte Heckmann, Gustav Heckmann und Susanne Miller).

Goosmann, Paul:
Minna Specht gestorben am 3. Februar 1961. In: Internationales Jahrbuch. Band VIII 1961/1962. Hg. von der Arbeitsgemeinschaft Deutscher Lehrerverbände. Braunschweig. S.3-6.

Heckmann, Gustav:
Der Erzieher Minna Specht. In: Allgemeine Deutsche Lehrerzeitung. 13.Jg., 8/1961. S.120-122.

OSO-Reader: Minna Specht. Texte zusammengestellt für die Tagung in der Odenwaldschule vom 29. Juni bis 1. Juli 1990. Hg. von Hartmut Alphei, Eva Knop, Dagny Wasmund. Ober-Hambach 1990 (unveröffentlicht).

OSO-Hefte: Minna Specht. Berichte aus der Odenwaldschule. Neue Folge: 15 (1993). Hg. im Auftrag der Konferenz der Odenwaldschule von Wolfgang Harder, Redaktion: Hartmut Alphei, Barbara Schweigkofler. Ober-Hambach, Oktober 1993.

4. Literatur zur Pädagogik im Exil

Budde, Peter:
Katharina Petersen und die Quäkerschule Eerde. Eine Dokumentionscollage. In: Lehmann Monika/Schnorbach Hermann (Hg.): Aufklärung als Lernprozeß. Festschrift für Hildegard Feidel-Mertz. Frankfurt am Main 1992, S.86-101.

Feidel-Mertz, Hildegard: (Hg.):
Schulen im Exil. Die verdrängte Pädagogik nach 1933. Reinbek 1983.

Feidel-Mertz, Hildegard:
Pädagogik im Exil nach 1933. Erziehung zum Überleben. Bilder und Texte einer Ausstellung. Frankfurt am Main 1990.

Feidel-Mertz, Hildegard:
Schule im Exil - Bewahrung und Bewährung der Reformpädagogik. In: Röhrs, Hermann (Hg.): Die Schulen der Reformpädagogik heute. Düsseldorf 1986. S.233-239.

Feidel-Mertz, Hildegard:
Sisyphos im Exil - Die verdrängte Pädagogik 1933 - 1945. In: Keim, Wolfgang (Hg.): Pädagogen und Pädagogik im Nationalsozialismus - Ein unerledigtes Problem der Erziehungswissenschaft. Frankfurt am Main; Bern; New York; Paris 1988. S.161-178.

Feidel-Mertz, Hildegard:
Pädagogen im Exil. Zum Beispiel: Hans Weil. In: Böhme, Edith/Motzkau-Valeton, Wolfgang (Hg.): Die Künste und Wissenschaften im Exil. Heidelberg 1993.

Feidel-Mertz, Hildegard/Schnorbach, Hermann:
Lehrer in der Emigration. Der Verband deutscher Lehreremigranten (1933-1939) im Traditionszusammenhang der demokratischen Lehrerbewegung. Weinheim 1981.

Feidel-Mertz, Hildegard/Schnorbach, Hermann (Hg.):
Verband deutscher Lehreremigranten, Informationsblätter und Programme. Weinheim 1981.

Friedländer, Sophie:
"Am meisten habe ich von meinen Schülern gelernt." Erinnerungen einer jüdischen Lehrerin. LehrerInnenlebensgeschichten 8. Hg. von Monika Römer-Jacobs/ Bruno Schonig. Berlin 1987 (Reprint 1993).

Hansen-Schaberg, Inge/Lost, Christine:
Zwischen Weimarer Republik und geteiltem Deutschland - Pädagoginnen und ihr Exil. In: Neue Sammlung, 34.Jg., 3/1994.

Keim, Wolfgang:
"Zum zweiten Mal habe ich alles verloren außer Kopf, Mut un Kämpfergeist". Der sächsische Pädagoge und Schulreformer Arthur Arzt und sein Exil. In: Lehmann, Monika/Schnorbach, Hermann (Hg.): Aufklärung als Lernprozeß. Festschrift für Hildegard Feidel-Mertz. Frankfurt am Main 1992, S.150-170.

Krause, Jürgen Peter:
Verdrängte Reformpädagogik. Anna Essinger und ihr Landschulheim in Schwaben und Kent. In: Monika Lehmann/Hermann Schnorbach (Hg.): Aufklärung als Lernprozeß. Festschrift für Hildegard Feidel-Mertz. Frankfurt am Main 1992, S.171-179.

Lewenstein (Johnston), Henry-Ralph:
Die Karl-Liebknecht-Schule in Moskau 1932-1937. Erinnerungen eines Schülers. Lüneburg 1991.

Liegle, Ludwig/Konrad, Franz-Michael (Hg.):
Reformpädagogik in Palästina. Frankfurt am Main 1989.

Link, Werner:
Erziehungspolitische Vorstellungen der deutschen sozialistischen Emigration während des Dritten Reiches. In: Geschichte in Wissenschaft und Unterricht, 19.Jg., 5/1968. S.265-279.

Mennicke, Carl:
Zeitgeschehen im Spiegel persönlichen Schicksals. Ein Lebensbericht. Hg. von Hildegard Feidel-Mertz. Weinheim 1994.

Nabel, Gunter:
Verwirklichung der Menschenrechte - Erziehungsziel und Lebensform. Hans Maeder und die Stockbridge School. Pädagogische Beispiele. Institutionenge-schichte in Einzeldarstellungen, Bd.1. Hg. von Hildegard Feidel-Mertz. Frankfurt am Main 1985.

Nielsen, Birgit S.:
Erziehung zum Selbstvertrauen. Ein sozialistischer Schulversuch im dänischen Exil 1933-1938. Vorwort von Hellmut Becker. Wuppertal 1985.

Otto, Reinhard:
Wie haste det jemacht? Lebenslauf von Hanna Grunwald-Eisfelder. Nach mündli-chen und schriftlichen Überlieferungen erzählt von Reinhard Otto. Soltau 1992.

Schnorbach, Hermann:
Lehrer im Internationalen Gewerkschaftsbund. Entstehung und Entwicklung des Internationalen Berufssekretariats der Lehrer 1918-1945. Weinheim/München 1989.

Walter, Nora:
Mit Kindern in Dänemark. In: Horster, Detlev/Krohn, Dieter (Hg.): Vernunft, Ethik, Politik. Gustav Heckmann zum 85. Geburtstag. Hannover 1983, S.99-105.

5. Literatur zum Werk und Leben Leonard Nelsons, zum IJB und zum ISK

Franke, Holger:
Leonard Nelson. Ammersbek bei Hamburg 1991.

Hansen-Schaberg, Inge:
1. Zur Lebensgeschichte Leonard Nelsons. 2. Die Bedeutung des Lebenswerks Leonard Nelsons in der Beurteilung durch Minna Specht. In: Minna Specht - Eine Sozialistin in der Landerziehungsheimbewegung, a.a.O. 1992, S.147-168.

Heydorn, Heinz-Joachim (Hg.):
Leonard Nelson. Ausgewählte Schriften. Studienausgabe. Frankfurt am Main, Köln 1974 und Frankfurt am Main 1992.

Hoffmann, Walter:
Leonard Nelson in Melsungen. Rede zur Abitur-Abschlußfeier der Geschwister-Scholl-Schule Melsungen. In: Neue Sammlung. 26.Jg., 1/1986, S.79-88.

Kamuf, Ullrich:
Die philosophische Pädagogik Leonard Nelsons. Ein Beitrag zur Bildungstheorie. Königstein/Ts. 1985.

Klär, Karl Heinz:
Zwei Nelson-Bünde: Internationaler Jugendbund (IJB) und Internationaler Sozialistischer Kampfbund (ISK) im Licht neuer Quellen. In: IWK, 18.Jg. (1982). S.310-361.

Link, Werner:
Die Geschichte des Internationalen Jugendbundes (IJB) und des Internationalen Sozialistischen Kampfbundes (ISK). Meisenheim/Glan 1964.

Miller, Susanne:
Leonard Nelson - ein revolutionärer Revisionist. In: Die Neue Gesellschaft, 29.Jg. (1982), S.582-584.

Miller, Susanne:
Der Internationale Sozialistische Kampfbund (ISK). In: Haas-Rietschel, Helga/ Hering, Sabine: Nora Platiel. Sozialistin - Emigrantin - Politikerin. Köln 1990. S.195-206.

Nelson, Leonard:
Gesammelte Schriften in neun Bänden. Bernays, Paul/Eichler, Willi/Gysin, Arnold/Heckmann, Gustav/Henry-Hermann, Grete/Hippel, Fritz von/Körner, Stephan/Kroebel, Werner/Weisser, Gerhard (Hg.). Hamburg 1970-1977.

Specht, Minna/Eichler, Willi (Hg.):
Leonard Nelson zum Gedächtnis. Mit einem Vorwort von Minna Specht. Frankfurt am Main, Göttingen 1953.

Ziechmann, Jürgen:
Theorie und Praxis der Erziehung bei Leonard Nelson und seinem Bund. Bad Heilbrunn 1970.

STUDIEN ZUR BILDUNGSREFORM

Herausgeber: Wolfgang Keim

Band 22 Inge Hansen-Schaberg: Minna Specht – Eine Sozialistin in der Landerziehungsheimbewegung (1918-1951). Untersuchung zur pädagogischen Biographie einer Reformpädagogin. 1992.

Band 23 Ulrich Schwerdt: Martin Luserke (1880 - 1968). Reformpädagogik im Spannungsfeld von pädagogischer Innovation und kulturkritischer Ideologie. 1993.

Band 24 Kurt Beutler: Geisteswissenschaftliche Pädagogik zwischen Politisierung und Militarisierung – Erich Weniger. 1994.

Band 26 Charlotte Heckmann: Begleiten und Vertrauen. Pädagogische Erfahrungen im Exil 1934 - 1946. Herausgegeben und kommentiert von Inge Hansen-Schaberg und Bruno Schonig. 1995.